# REDU Spiritual Wellness Center <sup>tm</sup>

## Narcissisme

12 étapes pour guérir et s'épanouir avec succès après un abus narcissique

# SONYA ROY

# Avis aux lecteurs

L'auteur de ce livre ne prodigue pas de conseils médicaux et ne recommande pas l'utilisation de techniques comme forme de traitement pour des problèmes physiques, émotionnels ou médicaux sans l'avis d'un médecin, que ce soit directement ou indirectement. L'objectif de l'auteur est uniquement de fournir des informations générales pour vous aider dans votre quête de bien-être émotionnel et spirituel. Si vous utilisez les informations contenues dans ce livre pour vous-même, ce qui est votre droit constitutionnel, l'auteur et l'éditeur n'assument aucune responsabilité pour vos actions.

Les informations contenues dans ce livre sont données de bonne foi à titre d'orientation générale et aucune responsabilité ne peut être acceptée pour les pertes ou les dépenses encourues en suivant les informations données. En particulier, ce livre n'est pas destiné à remplacer l'avis d'un expert médical ou psychiatrique. Il est destiné à des fins d'information uniquement et pour votre usage personnel et vos conseils. Il n'est pas destiné à poser un diagnostic, à traiter ou à se substituer à l'avis d'un professionnel de la santé. L'auteur n'est ni un médecin ni un conseiller et il convient de demander l'avis d'un professionnel avant de s'engager dans un programme de santé.

# Remerciements

Je dédie ce livre à ma fille Kaylun, que ton voyage soit rempli de lumière et de grâce. Avec tout mon amour à travers le temps et l'espace, Maman xoxo

## Table of Contents


*Narcissisme* ......................................................................................... *10*

Point de départ ................................................................................ 10

En quoi consiste le narcissisme ? .................................................. 13

Comment détecter si quelqu'un que vous connaissez est atteint de narcissisme ? ......................... 17

Est-ce possible de guérir du trouble narcissique ? ......................... 18

Les individus présentant des traits narcissiques ......................... 18

*La boîte à outils du narcissique* ................................................ *20*

Triangulation ................................................................................ 20

Miroir ............................................................................................ 21

Se vautrer dans la pitié ............................................................... 21

Projection ..................................................................................... 22

Passif-agressif ............................................................................. 23

Avoir l'attention à tout prix ........................................................ 23

Rejeter le blâme sur l'autre ........................................................ 24

Abus .............................................................................................. 25

Campagne de diffamation ........................................................... 27

Isolation ........................................................................................ 29

Les mensonges ............................................................................. 30

Sentiment de grandeur ................................................................ 32

Jekyll et Hyde ............................................................................... 32

Se faire sentir coupable .............................................................. 33

Gaslighting ................................................................................... 34

Jeux de l'esprit ............................................................................. 35

Le bombardement d'amour qui s'applique au conjoint et aux parents ......................... 36

Affection et Attention .................................................................. 37

Vos émotions ne comptent pas ................................................... 38

Liens traumatiques ...................................................................... 38

Menaces de coercition ................................................................. 39

Manipulation financière .............................................................. 40

La personne narcissique vieillissante ......................................... 41

Les conséquences d'avoir été en contact avec eux ...................... 42

Je peux les guérir ......................................................................... 42

Trouble de stress post-traumatique (TSPT) .............................. 43

*Parent narcissique* ..................................................................... *45*

Regardons ensemble ce qu'est un parent sain ............................ 45

Comment agit un parent narcissique ? ......................................... 45

Émotions : .................................................................................... 46

Vous êtes un outil ......................................................................... 46

Coercition .......................................................................................................................... 47

Incapable de prendre soin des autres ............................................................................... 48

Une extension d'eux-mêmes ............................................................................................. 48

Les apparences sont la priorité ......................................................................................... 50

Compétition ....................................................................................................................... 50

Le centre de l'attention ..................................................................................................... 51

Frères et sœurs .................................................................................................................. 52

Manque de communication ............................................................................................... 53

Pas de limites ..................................................................................................................... 54

Manque d'intimité .............................................................................................................. 54

Secrets ................................................................................................................................ 55

Discipline ............................................................................................................................ 56

Comportements violents ................................................................................................... 56

L'autre parent .................................................................................................................... 57

Si l'autre parent ne s'active pas ........................................................................................ 58

Le futur d'un enfant de parent narcissique ...................................................................... 58

**Les effets de grandir avec eux** ......................................................................................... **59**

**Les dommages causés par un parent narcissique** .............................................................. **60**

Vivre en mode hypervigilance .......................................................................................... 61

**Peut-on s'éloigner de nos parents ?** .................................................................................. **61**

*Relation avec une personne narcissique* ............................................................................. **63**

**Est-ce que tous les mauvais partenaires sont nécessairement narcissiques ?** ................... **64**

À quoi ressemble une relation saine ? .............................................................................. 64

À quoi ressemble une relation toxique avec un(e) narcissique ? ..................................... 64

À quoi ressemble une relation abusive ? .......................................................................... 65

C'est une relation abusive ................................................................................................. 65

Qu'est-ce qui déclenche le comportement abusif du narcissique ? ................................. 66

Pouvez-vous facilement repérer une personne narcissique ? .......................................... 67

Je tiens à vous rappeler qu'ils peuvent être hommes ou femmes, dans des relations hétérosexuelles ou homosexuelles. Être narcissique n'est pas réservé à une sphère d'individus spécifique, ni à une culture, une race ou une religion. Ils sont de toutes formes, mais sont généralement charmants, beaux et bien entretenus. Ils aiment se montrer, alors ils portent des vêtements de marque, des bijoux et conduisent des voitures de luxe. Tout pour projeter une image de réussite et d'argent. ..................................................................... 67

Leur objectif premier : Vous isoler de votre famille et vos amis ..................................... 67

Langage .............................................................................................................................. 67

Les excuses du narcissique ................................................................................................ 68

Est-ce vraiment une relation ? .......................................................................................... 69

Ça n'a jamais été une vraie relation ! ............................................................................... 69

Comment maintiennent-il leur image ? (Gaslighting) ...................................................... 70

Est-ce que je peux déjouer le Gaslighting ? ...................................................................... 70

Pourquoi se marient-ils ? ................................................................................................... 71

Que recherchent réellement les narcissiques chez un partenaire ? ................................. 71

*Sont-ils vraiment narcissiques ?* ......................................................................................... **72**

*Se séparer de la personne narcissique* ................................................................. **73**

**Connaissez-vous quelqu'un qui est dans une relation avec un(e) narcissique ?** ........................... **73**

Même si vous essayez de partir, ils voudront partir les premiers ................................. 73

Ils ne font pas que partir, ils veulent vous détruire ................................................ 74

Vous avez envie de vous venger ? ..................................................................... 75

Quitter la relation abusive ou narcissique .......................................................... 76

N'aie pas honte d'en parler. ............................................................................ 76

Ils vous blâmeront, peu importe ...................................................................... 76

Divorce ...................................................................................................... 77

*Pourquoi attirez-vous des Narcissiques ?* ............................................................. **80**

**Les signes qui démontrent que tu pourrais les attirer** ................................................. **80**

Comment éviter le piège du narcissique ? .......................................................... 82

*Guérir de la relation narcissique* .......................................................................... **85**

**Symptômes** .................................................................................................... **85**

**Combien de temps faut-il pour guérir ?** ................................................................. **86**

*Processus de guérison* ...................................................................................... **87**

**1.    Nous admettons que nous étions impuissants face aux effets du narcissique, que nos vies étaient devenues ingérables.** .............................................................................. **90**

Prière de l'étape 1 : ...................................................................................... 90

**2) Nous en venons à croire qu'une puissance supérieure à nous-mêmes pourrait nous restaurer dans notre santé mentale et cherchons, par la prière et la méditation, à améliorer notre contact conscient avec notre pouvoir supérieur et à suivre le but supérieur de notre âme, conformément à l'amour divin, à la sagesse divine et à la volonté divine.** ..................................... **110**

Prière pour l'étape 2 : .................................................................................. 112

**3) Nous faisons un inventaire complet et sans peur de nous-mêmes pour savoir qui nous sommes.** ............................................................................................................ **117**

Prière pour l'étape 3 : Prière de la sérénité ........................................................ 117

Le but de votre âme .................................................................................... 126

**4) Nous apprenons à prendre soin de nous-mêmes, à nous aimer et à nous respecter.** ................. **129**

Prière pour l'étape 4 : .................................................................................. 131

Prière St-Francois D'Assise ............................................................................ 138

**5) Nous mettons nos limites** ............................................................................... **140**

Droits fondamentaux .................................................................................... 144

Droits d'égalité .......................................................................................... 145

Prière pour l'étape 5 : .................................................................................. 145

Tu as le droit de : ....................................................................................... 145

Quels sont tes obligations et tes droits ? ........................................................... 146

**6) Nous prenons la responsabilité de nos pensées, nos mots et nos actions** ........................... **152**

Prière pour l'étape 6 : ........................................................................................ 152

**7) Nous nous pardonnons ainsi que nous pardonnons aux autres** ...................... **155**
Prière pour l'étape 7 : ........................................................................................ 155

**8) Guérison émotionnelle** .......................................................................... **158**
Prière pour l'étape 8 : ........................................................................................ 158

**9) Guérison mentale** ................................................................................. **165**
Prière pour l'étape 9 : ........................................................................................ 165

**10) Guérison spirituelle** ............................................................................ **170**
Prière pour l'étape 10 : ...................................................................................... 170

**11) Nous préparons ce que sera votre prochaine relation et ce que vous ressentirez** ................... **172**
Prière pour l'étape 11: ....................................................................................... 172

**12) Nous avons eu un éveil spirituel à la suite de ces étapes, portons ce message aux autres et appliquons ces principes dans toutes nos affaires.** ................................................ **176**
Prière pour l'étape 12 : ...................................................................................... 176

***Faire face à un narcissique que tu ne peux pas couper de ta vie*** .......................... **177**

**Examine leurs outils et leurs façons de riposter.** ............................................ **177**

**Comment vous protéger d'un narcissique** ..................................................... **177**

**Gérer une relation avec un membre de la famille** ........................................... **178**

**Faire face à quelqu'un au travail** ................................................................ **180**

**Gérer la garde des enfants** ........................................................................ **182**
Passer prendre, laisser les enfants ....................................................................... 183
Passeport et droit de voyager ............................................................................. 184
Les enfants utilisés comme outils ........................................................................ 184
Communication ................................................................................................. 186
L'apprentissage de l'autonomie chez l'enfant ....................................................... 186
Les limites ....................................................................................................... 186
Discipline ......................................................................................................... 187
La réalité modifiée pour s'adapter à la fantaisie de l'enfant. .................................. 187
Pension alimentaire .......................................................................................... 188
Vêtements, jouets, fournitures scolaires .............................................................. 188
École .............................................................................................................. 189
Sports, musique et activités parascolaires ........................................................... 189
Aliénation parentale .......................................................................................... 190
Supporter votre enfant ...................................................................................... 191
Cellulaire, appels et courriels ............................................................................. 192

***Conclusion*** ........................................................................................... **194**

***Autres livres du même auteure:*** ............................................................. **195**
À venir: ........................................................................................................... 196

*References* ............................................................................. *201*

# Narcissisme

## Point de départ

Je ne savais pas comment commencer ce livre. Quelle est la chose la plus importante que je puisse partager pour aider ceux qui sont dans une relation narcissique qui est toujours abusive ou ceux qui ont réussi à la quitter, mais qui en sont complètement brisés ? Ce livre est important pour moi parce que je l'ai vécu, plusieurs fois ! Il n'y a rien de pire que les conseils vides de quelqu'un qui n'a aucune idée de ce que vous avez vécu. Une relation narcissique est la pire des choses parce qu'elle est insidieuse et que les gens ne peuvent pas comprendre pourquoi vous êtes resté dans une telle relation. Pourquoi n'es-tu pas parti ? disent-ils.

C'est, de loin, la chose la plus difficile que j'ai faite dans ma vie. Il n'est pas facile de partir parce que vous êtes tellement brisé qu'il ne vous reste plus grand-chose pour partir. Les narcissiques détruisent non seulement vos finances et votre réputation, mais aussi votre force émotionnelle et mentale en un temps record. J'étais spirituellement brisée et je ne savais plus qui j'étais. Je n'avais plus d'espoir, plus de rêves et je ne voyais pas d'avenir pour moi, alors si j'étais partie, pourquoi l'aurais-je fait ? La réponse est simple : je suis parti pour moi !

C'est la chose la plus importante à retenir de ce livre. Non seulement votre vie n'est pas terminée, mais elle vient à peine de commencer. Il y a une vie après une relation narcissique, et une bonne vie en plus. C'est la chose la plus importante. Peu importe à quel point vous vous sentez désespéré, fatigué, sans vie et isolé, il existe un moyen de vous reconstruire et d'être celui ou celle que vous êtes vraiment censé(e) être. Le plus important, c'est que vous pouvez guérir et aller de l'avant dans le bonheur et la joie, découvrir qu'il y a des gens bien et que vous pouvez être heureux, réussir et être un membre productif de la société.

En tant que praticienne chamanique et guérisseuse holistique, on me demande souvent pourquoi j'ai attiré un narcissique dans ma vie. Qu'ai-je fait pour mériter cela ? J'écris le livre que l'esprit m'a demandé en 2020 parce que je peux enfin répondre à cette question : parce que vous aviez besoin d'apprendre à vous aimer ! Ce n'est pas de l'égoïsme. Je le sais parce que, lorsqu'on m'a diagnostiqué une fibromyalgie et que je n'ai pas pu travailler pendant deux ans, je n'ai pas pu m'occuper de ceux que j'aimais parce que j'étais trop malade pour le faire. Je m'étais négligée au point que la maladie a pris le dessus sur moi et sur mon corps et m'a arrêtée net. Je devais m'arrêter et je ne le faisais pas, alors mon âme m'a arrêtée.

Pourquoi n'aurais-je pas voulu m'arrêter ? Parce que j'ai été élevée par un parent narcissique qui m'a programmée de cette façon. Il n'est pas étonnant que j'aie eu des relations terribles avec les hommes par la suite, car mon modèle de relations a été construit par une mère narcissique. Ma plus grande percée n'a pas eu lieu après mon divorce, mais plutôt après que j'ai parlé à ma mère et que j'ai réalisé qu'elle me traitait comme mon ex-mari, c'est-à-dire comme de la merde !

D'une certaine manière, cela m'a fait comprendre qu'il fallait vraiment que j'arrête de sortir avec des gens, pendant un certain temps. J'ai longuement examiné mon passé, mon traumatisme, mon moi brisé et je me suis reconstruite. Sinon, comme je l'ai finalement compris, j'attirerais continuellement des personnes narcissiques vers moi et continuerais le cycle sans fin de l'abus, de la douleur et du traumatisme.

Je dirais que mon parcours a été très long parce que je n'avais pas les ressources qui sont disponibles aujourd'hui. Les médias sociaux n'étaient pas ce qu'ils sont aujourd'hui. Il était difficile de faire face aux conséquences d'une relation narcissique. Il y avait beaucoup de jugements et très peu de compréhension. La nature même d'une relation narcissique est de vous isoler, de vous rendre dépendant du narcissique. Lorsque vous trouvez le courage de partir, vous êtes seul(e), isolé(e), et il est d'autant plus difficile de reconstruire votre vie.

À tout le moins, j'étais prête à changer. Tout au long du livre, j'expliquerai mes expériences personnelles basées sur ma vie. Qu'est-ce qui m'a fait tomber amoureuse, moi, une personne unique, douée et intelligente, d'un narcissique, non pas une, mais deux fois ? Pour guérir, j'ai dû redécouvrir qui j'étais. Cela a nécessité un voyage d'introspection qui était terrifiant au début parce que je pensais que je ne valais rien et que je ne ferais que découvrir des choses encore plus terribles à mon sujet. Pourtant, ce voyage de découverte m'a permis de me rendre compte que j'étais extraordinaire. J'ai dû apprendre à m'aimer pour ce que j'étais. J'ai fini par m'accepter complètement. Chacun de nous est unique, merveilleux et possède des capacités, des dons et des talents. J'avais perdu la foi en moi-même, parce que je ne savais plus qui j'étais. J'étais devenue une esclave, une servante de mon mari narcissique, abandonnant complètement qui j'étais pour le servir.

J'écris ce livre pour vous aider dans votre propre voyage à la découverte de vous-même. J'ai divisé le livre en sections qui, je pense, vous aideront à réaliser qu'il n'y a aucune raison de se sentir coupable ou honteux d'avoir été pris par un narcissique et que votre voyage vers la guérison peut avoir lieu.

Je pense qu'il est important de comprendre ce qu'est un narcissique. Ensuite, je veux explorer ce que c'est que d'être élevé par un parent narcissique et ce que cela fait à une personne. Enfin, j'aborderai la question de la relation avec un partenaire. Un narcissique peut être un homme ou une femme, indépendamment de la race, de la couleur, de la religion, de l'orientation sexuelle ou du statut économique, et il y a beaucoup plus de narcissiques qu'on ne le pense, c'est littéralement une épidémie. Cela dit, un narcissique peut aussi nuire à plusieurs personnes. Nous devons comprendre comment cette expérience traumatisante, narcissique et abusive nous a blessés, démolis et écrasés pour prendre conscience qu'une guérison est nécessaire. La guérison n'a pas vraiment commencé en quittant la situation, mais elle a simplement cessé. Nous devons entamer le processus de guérison.

Je parlerai de l'offre narcissique. Ils se nourrissent de notre amour, de notre attention, de notre admiration, etc., et éventuellement aussi en gagnant des disputes, car ils se sentent supérieurs chaque fois qu'ils gagnent. C'est leur nourriture, comme le sang pour un vampire. S'ils sont à court de provisions, ils essaieront d'obtenir une solution rapide en se battant pour nourrir leur ego.

Je me souviens d'avoir regardé un film dans lequel certains vampires ont une règle sur le nombre de vampires qu'ils peuvent avoir, puisqu'il n'y a qu'un nombre limité d'humains pour les nourrir. Un certain ratio devait être respecté. C'est très raisonnable de la part des vampires qui ne sont pas complètement stupides et qui ont compris que, si vous éliminez la nourriture, vous vous éliminez vous-mêmes.

Cependant, le narcissique, dans sa fièvre de survie, s'en moque, car il pense qu'il y a une réserve illimitée de personnes dont il peut profiter et ne se rend pas compte qu'un jour ou l'autre, sa réserve risque de devenir inexistante. Lorsque son cercle personnel s'épuise, il se tourne vers des groupes de loisirs, des collègues de travail, etc. Ils ne s'arrêtent jamais.

Enfin, j'ai reçu une demande spéciale d'une amie qui savait que j'écrivais ce livre. Elle m'a demandé d'inclure un chapitre sur la coparentalité avec un narcissique. Cela ne faisait pas partie du plan initial, mais je crois vraiment que ceux d'entre nous qui ont des enfants qui ont réussi à s'éloigner ne sont jamais vraiment libres. Le cauchemar se poursuit à un tout autre niveau de manipulation, de mensonges et de torture qui affecte également les enfants. Je vais vous transmettre ce que j'ai appris de ma propre expérience et de celle de mes proches dans l'espoir que cela vous aidera à naviguer dans ces eaux troubles avec plus de facilité que nous l'avons fait.

C'est parti !

# En quoi consiste le narcissisme ?

En naviguant sur le web, on trouve une multitude d'articles et de vidéos traitant du narcissisme. D'où proviennent ces connaissances ?Le Manuel diagnostique et statistique des troubles mentaux (DSM-5) est une source majeure pour décrire le narcissisme.

> *« Le trouble de la personnalité narcissique (TPN) se caractérise par un sentiment de supériorité, un besoin d'admiration et un manque d'empathie. Ce trouble est inclus dans le modèle dimensionnel des « Troubles de la personnalité ».*

Cela indique que le narcissisme est considéré comme un trouble de la personnalité, mais qu'il en constitue une forme particulière.

Les personnes atteintes de ce trouble de la personnalité peuvent rencontrer des difficultés à maintenir un emploi et des relations. Nous verrons pourquoi dans un instant. Ils sont très présents dans la société, mais je crois que, grâce aux médias sociaux, ils deviennent seulement plus visibles. Le narcissique vit dans le mensonge. Les médias sociaux contribuent à renforcer son ego en ne montrant que les aspects positifs de sa vie. Imaginez ceci : quelqu'un partage une image parfaite d'une pomme. Pourtant, si vous examiniez attentivement l'arrière de la pomme, vous verriez qu'il est pourri. Cependant, le monde voit seulement l'apparence parfaite de la pomme, ce qui fait croire qu'elle est irréprochable.

Historiquement, le trouble de la personnalité narcissique peut émerger dans divers contextes. Contrairement aux psychopathes, qui ont une activité cérébrale réduite dans les régions responsables du traitement des émotions, de l'empathie et de la prise de décision, ce n'est pas le cas des narcissiques. Il n'y a aucune explication physiologique à leur comportement.

Nous ne nous attarderons pas au débat entre l'inné et l'acquis. Comme il n'existe aucune raison physiologique expliquant leur comportement, cela signifie que les narcissiques sont des produits de la société. Quels sont les facteurs qui pourraient contribuer à la transformation d'une personne en un individu narcissique ?

En me remémorant mes années universitaires à l'Université de Montréal, lorsque j'étudiais pour obtenir mon baccalauréat en psychoéducation, j'ai suivi un cours sur le développement psychologique anormal de 0 à 5 ans. Mon professeur a alors exposé les étapes cruciales du développement où les besoins émotionnels ne sont pas comblés, ce qui entraîne des troubles.

John Bowlby, un psychologue et psychiatre britannique, a élaboré la théorie de l'attachement. Il s'est penché sur les répercussions négatives sur le développement de l'enfant et sur les conséquences sur le développement de la personnalité. Il expliquait qu'un enfant doit avoir ses besoins satisfaits.

Pour y parvenir, il pleure, sourit et développe un lien de base avec son soignant, qui servira de modèle pour les relations futures de cet enfant, une fois adulte. Ce mode d'attachement se transforme en une fonction biologique qui sert de mécanisme de protection pour l'adulte.

Le modèle de fonctionnement interne, également connu sous le nom de base, émerge des premiers soins prodigués à un nouveau-né. Si les parents sont émotionnellement indisponibles, dépendants de l'alcool, abandonnés à eux-mêmes ou confrontés à des réactions émotionnelles insatisfaisantes, que ce soit par inadvertance, des violences verbales ou physiques, l'enfant développe un mécanisme de défense et cherche à satisfaire ses besoins par tous les moyens nécessaires. C'est une question de survie.

Plus tôt cette situation se présente, plus profondément leur identité est altérée. Pour subsister dans un milieu dépourvu d'affection et d'encouragement, l'enfant invente un nouvel avatar, séduisant et triomphant, et s'évade dans un univers fantasmagorique où il règne en maître absolu. Il domine ce royaume et influence chaque individu croisé, renforçant ainsi sa majesté, son prestige et sa réussite.

Ils n'ont jamais reçu d'amour et n'ont jamais appris à établir des relations saines. Par conséquent, ils ne savent pas aimer, se mettre à la place des autres ou prendre soin d'eux. Durant leur enfance marquée par des abus ou des négligences, ils n'ont appris qu'une chose : survivre. Ils sont prisonniers de ce schéma, qui est tout pour eux, et remettre en question ce schéma revient à remettre en cause leur existence même. Comme ils sont coincés en mode survie, tout ce qu'ils font vise à assurer leur survie. Pour eux, c'est une bataille sans merci, et ils désirent ardemment triompher. Leur ego est fragile, et le fait que leurs expériences de développement ultérieures continuent d'être négatives ne fait que renforcer ce besoin de réussir à tout prix.

En plus de leur trouble de la personnalité, les narcissiques présentent souvent d'autres problèmes récurrents, comme une incapacité à réguler leurs émotions. Cela peut mener à de l'agression verbale ou physique, ou à d'autres troubles mentaux ou de la personnalité. Ils sont totalement incapables de gérer la détresse ou toute situation mettant en danger leur univers fantasmé, dans lequel ils se réfugient pour survivre. Lorsque cette bulle éclate, ils s'écroulent, anéantis, avec leur illusion artificielle, se transformant en cendres. Ils ont souvent des problèmes d'alcoolisme, de toxicomanie ou de dépendance au sexe. Ils sont volages et entretiennent souvent plusieurs relations amoureuses. Ils ont besoin d'une « réserve » pour maintenir un approvisionnement régulier. S'il s'avère que votre partenaire narcissique vous trompe, c'est parce qu'il était déjà prêt à vous quitter. Vous ne représentez plus rien pour lui, il n'y a plus rien à exploiter pour son propre intérêt.

Ils aspirent à devenir riches rapidement, ce qui les pousse parfois à se livrer à des fraudes, des larcins ou d'autres actes illicites. Pour eux, dans leur monde, il est possible de faire tout ce que l'on veut pour assouvir ses désirs. Conduire en état d'ébriété ne leur pose pas le moindre problème : ils ont plusieurs infractions, font face à la justice et ont des démêlés avec la loi, qu'ils considèrent comme un obstacle à leur réussite.

Une autre origine possible de la personnalité narcissique est les éloges excessifs. En effet, il est fréquent que les enfants de parents narcissiques, surnommés « l'enfant en or », soient perçus comme étant invincibles. Tous leurs caprices sont satisfaits, ils ont toujours raison et ne peuvent rien faire de mal. Les parents encensent leur progéniture, bien plus haut que ce qui correspondrait à ses véritables aptitudes, tout en minimisant ou en ignorant totalement les conséquences de ces agissements. Cela crée un individu qui n'a jamais entendu « non », qui n'a jamais subi de véritables conséquences pour son comportement abusif envers autrui, et qui pense être un cadeau pour ce monde, exigeant que nous nous inclinions devant lui et ses capacités extraordinaires.

Aider un narcissique est une tâche ardue, car il est convaincu qu'il n'a aucun problème. Il devrait avouer tous ses mensonges et ses manigances, et admettre qu'il est loin d'être parfait. Il faut comprendre qu'il a créé cette image idéalisée pour survivre. Admettre qu'il n'est pas comme ça revient pour lui à se rendre et à mourir. De plus, établir un diagnostic de narcissisme est une tâche ardue, car il faut que le sujet montre des modèles de comportement persistants, ou, dans ce cas, de comportement inadapté, sur une longue période.

Le narcissique peut avoir été façonné par un environnement toxique ou par un excès de louanges. Il existe deux sous-types de son fonctionnement en société. À mon avis, il ne s'agit pas tant de variantes distinctes que d'une transformation progressive du narcissisme. Ils gagnent en pouvoir et en mécanismes de défense, passant d'un modèle dans lequel ils n'obtiennent pas ce qu'ils veulent à un modèle plus fonctionnel où ils y arrivent. Ils deviennent juste plus habiles à tromper les autres.

Le sous-type « grandiose » se caractérise par une grande confiance en soi, une audace et une agressivité manifestes, un manque d'empathie et de remords, ainsi qu'un besoin d'exploiter les autres. On observe également chez eux une colère démesurée et une façon de penser en noir et blanc. Ces personnes sont très visibles, mais peuvent donner l'impression de bien réussir. En réalité, elles n'ont souvent du succès que grâce au soutien financier ou matériel d'autres personnes. Ils nient toujours avoir reçu de l'aide et agissent en secret.

On peut prendre l'exemple de Harry Potter pour illustrer cela. Il existe un type de narcissique grandiose incarné par Gilderoy Lockhart, qui s'approprie les exploits des autres, efface leur mémoire pour que personne ne sache la vérité, puis écrit des livres sur ces exploits. Il adore la caméra et l'attention, mais il est en réalité un lâche et un voleur.

Le sous-type « vulnérable » se montre comme étant vulnérable, mais ne vous y trompez pas : ce sont des prédateurs. Ils ne font que représenter un individu fragile. Ils s'orientent vers cette voie lorsqu'ils constatent que leur comportement héroïque ne suscite plus l'adhésion des autres au fil du temps. Ils trahissent leurs engagements, leurs aspirations, et endossent ainsi le statut de victime. Ils semblent extrêmement sensibles et sur la défensive. Selon moi, ils sont les plus redoutables, car ils sont plus difficiles à détecter.

Ils utilisent leur pouvoir de séduction, leur allure, leur style et souvent leur beauté comme des mécanismes de défense pour parer au sentiment d'insuffisance, à l'anxiété et à la solitude. Cependant, leur vulnérabilité, une fois qu'ils vous ont capturé, se transforme rapidement en colère et en sentiment d'infériorité. Ils seront incapables de tolérer la moindre remarque désobligeante.

Ils ne vous feront pas confiance et ne partageront rien avec vous. Ils vous laisseront croire que vous êtes la seule personne à les comprendre, tout en racontant à tout le monde que vous êtes la pire personne sur Terre. Ils cultiveront de nombreuses sources d'énergie pour continuer à nourrir leur trou noir émotionnel. Pour avoir l'énergie de vivre, ils ont besoin d'être validés en permanence. Ils y parviendront en recherchant l'importance, l'attention et le privilège partout où ils vont.

Ils ne reculeront devant rien pour se hisser sur le devant de la scène, allant jusqu'à saboter l'événement si leur tentative échoue, dans le but de vous faire ressentir davantage de déception que d'eux-mêmes. Sous toute cette fanfaronnade, ils souffrent d'anxiété, de dépression, d'un vide intérieur, de jalousie et d'envie excessives, et blâment les autres pour leurs erreurs. Ils se déchargent complètement de la responsabilité de leurs pensées, de leurs paroles et de leurs actes. Ils veulent faire croire qu'ils sont des victimes, mais ils sont en réalité des abuseurs brutaux.

Les narcissiques ne peuvent maintenir leur façade que pendant un certain temps avant qu'elle ne s'écroule. Dès leur plus jeune âge, ils acquièrent cette habitude, ce qui entraîne une solitude précoce. Ils érigent des murs entre leurs relations pour s'assurer que personne ne puisse confirmer leur histoire et mettre au jour leurs mensonges. Ils ont également tendance à se séparer de ceux qu'ils ont épuisés, dépouillés de leur richesse et de tout ce qu'ils avaient à leur offrir.

Le narcissique n'accomplit rien ; il survit, dévore et absorbe tout, pour finir avec des ressources épuisées, vieux et seul, laissant derrière lui une trajectoire de destruction dont les autres tentent de se reconstruire. Pour survivre, le narcissique ne regarde jamais en arrière, mais continue d'avancer. Il n'aimera jamais, ne s'excusera jamais et ne changera jamais.

On ne peut pas distinguer physiquement les personnes narcissiques des autres, contrairement aux personnes atteintes du syndrome de Down, par exemple. Ils ont tendance à bien se présenter, car cela soutient leur image de grandeur. Ils sont soignés et élégants, car ils ont compris que le charme est plus efficace lorsqu'on est bien habillé, qu'on sent bon et qu'on parle bien. Ils se vantent d'être remarquables, alors pour renforcer leur mensonge, ils s'efforcent d'avoir une apparence impeccable. Les chaussures sont brillantes, les chemises sont repassées, leurs cheveux sont soignés. Il n'y a pas de signes évidents pour les identifier spécifiquement.
Pour qu'un professionnel diagnostique un trouble de la personnalité, il faut examiner la personne depuis le début de l'âge adulte. En règle générale, cela commence par un désir persistant d'importance non désirée. Cela peut se manifester par un besoin constant d'admiration et un manque d'empathie qui apparaissent à l'âge adulte. En utilisant le DSM-5, une personne doit satisfaire 5 critères sur 9 pour recevoir un diagnostic de trouble de la personnalité narcissique. Lorsqu'on lit le DSM-5, cela ne semble pas si grave d'avoir un trouble de la personnalité narcissique, mais je vais expliquer les critères avec mes propres mots.

Ils ont tendance à gonfler leurs accomplissements ou à attendre un respect démesuré sans avoir rien fait d'extraordinaire. Ils réclament une reconnaissance excessive. Leur monde imaginaire est construit sur des fantasmes de succès, de pouvoir, de brillance, de beauté ou de l'amour parfait. On peut y croire lorsqu'on a la vingtaine, mais cela devient beaucoup moins crédible lorsqu'on atteint la quarantaine, car il n'y a rien qu'ils aient réellement accompli ou construit. Ils n'ont rien à montrer de tout ce qu'ils disent.

Ils croient sincèrement être des personnes exceptionnelles, qui doivent absolument rejoindre des clubs ou des groupes réservés aux gens comme eux. Ces personnes ont le sentiment d'être supérieures, ce qui se traduit par une attente déraisonnable de traitement privilégié, que ce soit dans un restaurant, un magasin ou même dans les relations intimes. Leurs désirs n'ont pas de limites. Ils sont habiles manipulateurs et n'hésiteront pas à utiliser les autres pour atteindre leurs objectifs. Ils saisiront toutes les occasions pour parvenir à leurs fins personnelles.

Le DSM-5 indique qu'ils manquent d'empathie. En effet, ils n'en ont pas du tout. Ils n'aiment que leur propre personne. Comme ils croient être les seules entités importantes au monde, ils doivent absolument survivre. Pour cela, ils utilisent l'amour qui leur est porté uniquement pour eux-mêmes, sans jamais le redonner. Ils ne peuvent pas s'adapter à vos exigences, car ce sont leurs besoins qui doivent être comblés et non pas les vôtres. Ils ne saisissent pas l'idée de réciprocité. Ils sont un gouffre sans fin, ils doivent tout prendre pour tenter de combler leur vide. Il ne leur reste rien à donner à quiconque. Ce n'est pas qu'ils vous méprisent, c'est qu'ils sont incapables de le faire. Tenter de raisonner avec eux est une perte de temps, ils vous diront ce que vous voulez entendre pour que vous reveniez à leur donner tout ce que vous avez, tout ce que vous êtes, jusqu'à ce que vous soyez jeté. Leur jalousie envers autrui est profondément ancrée, au point d'en devenir obsessionnelle. Leur désir peut se transformer en poison et en destruction s'ils croient que cela leur permettra de recevoir une part du gâteau.

# Est-ce possible de guérir du trouble narcissique ?

En toute honnêteté, la réponse est non. Cependant, il est possible de guérir certaines parties de toi qui ont été affectées par cette condition. Une fois que ces parties de toi seront guéries, tu les verras venir de loin. Ils se présenteront comme l'homme ou la femme de tes rêves, mais, une fois guéri, tu ne suivras pas aveuglément et tu prendras ton temps pour connaître la personne avant d'être intime ou de la laisser entrer dans ta vie.

Rappelle-toi de cette bulle de fantasme qu'ils se créent pour eux-mêmes, basée sur des mensonges sur leur histoire et leur passé. Ils se convainquent qu'ils n'ont aucun défaut, qu'ils n'ont commis aucune erreur et qu'ils étaient parfaits. Leur univers repose sur des tromperies, si bien que, logiquement, il risque de s'écrouler. Par conséquent, ils déploieront tous les efforts nécessaires pour l'éviter.

Si quelqu'un est déprimé, il cherche de l'aide. En revanche, un narcissique ne cherchera jamais d'aide, parce qu'il n'y a rien de mal en lui. Il ira même jusqu'à te faire croire que c'est toi qui devrais suivre une thérapie. Même s'il va voir un thérapeute, il jouera la carte de la victime et refusera de faire des changements, car il rejettera la faute sur tout le monde. Il ne réalisera aucun progrès significatif, car il refusera de reconnaître qu'il doit s'améliorer. Pourquoi le ferait-il ? C'est la seule manière qu'il connaisse pour survivre. C'est tout ce qui était disponible pour lui. Il a créé ce fantasme pour survivre, sans ce fantasme, il meurt. Il ne veut pas mourir, alors il fera tout ce qui est en son pouvoir pour le protéger.

Il y a des moments où l'écroulement survient. C'est lorsque le narcissique n'arrive plus à maintenir le vaste réseau de mensonges et de trahisons qu'il a tissé dans son environnement. Les murs du château s'effondrent et le narcissique se retrouve exposé à ceux qu'il ou elle a utilisés depuis toujours. Le masque tombe, et toutes les victimes se réveillent en réalisant que c'était juste un jeu. Elles s'éloignent alors. Cela laisse le narcissique sans défense, exposé, et profondément déprimé, souvent seul, avec très peu ou pas de relations pour nourrir son ego. Ils commenceront littéralement à souffrir de crises de panique, d'anxiété et de dépression. Cela arrivera seulement quand ils seront vieux et qu'ils auront détruit tous leurs liens. Si leur fantasme s'effondre, ils déménageront dans une autre ville, ou même un autre pays, pour tout recommencer plutôt que de chercher de l'aide.

# Les individus présentant des traits narcissiques

Ce trouble de la personnalité et l'univers fantaisiste qu'ils ont développé se manifestent par leur infaillibilité perçue et les méthodes qu'ils emploient pour la maintenir. Ils ont toujours raison, et tu dois suivre leurs instructions, non leurs actions. Ils réussissent cela grâce à une série de compétences que je vais décrire. Pour eux, tu es sans valeur, mais ils ne te laisseront pas tranquille, te faisant sentir que tu as besoin d'eux, alors qu'en réalité, ce sont eux qui ont besoin de toi. Ils prennent plaisir à te faire souffrir. Tu vois, s'ils sont malheureux, tu dois être plus malheureux qu'eux. Ils prennent plaisir à te voir dans la douleur. D'une manière tordue, cela nourrit leur grandeur. Ils sont meilleurs que toi. Ils sont supérieurs à toi. Si tu excelles dans quoi que ce soit, ils essaieront de diminuer toute estime de soi que tu as jusqu'à ce qu'elle disparaisse complètement et que tu ne sois plus capable de reconnaître ta propre unicité et tes capacités. Ils détestent être seconds, que ce soit face à leurs collègues, leur conjoint ou même leurs enfants. Ils ne veulent certainement pas que tu te rendes compte que tu es mieux sans eux.

# La boîte à outils du narcissique

Tout ce qu'un narcissique fait est destiné à éviter l'exposition qu'ils ne sont pas ce qu'ils prétendent être. Tout est question de gestion de l'image. C'est toujours un jeu de contrôle et de manipulation. À cet effet, ils ont une boîte à outils étendue avec toutes sortes de mécanismes de défense pour maintenir leur ego fragile. Ils ont besoin de toi, mais toute leur manipulation est destinée à te faire croire que tu as besoin d'eux, que tu es sans valeur et que tu ne peux pas les quitter. Comment survivras-tu sans eux ?

La plupart d'entre nous ont une conscience, on peut dire des choses sur le coup de la colère, mais on se calme, réfléchit et s'excuse. Nous sommes capables de reconnaître que nous avons eu tort. Le sens exagéré du droit du narcissique, leur besoin d'affirmer leur autorité combiné à leur manque de responsabilité ou à l'absence de responsabilité fait d'eux une force avec laquelle il faut compter. Ils croient sincèrement être la victime, car ils ne prennent aucune responsabilité pour leurs paroles et leurs actions. La plupart de la boîte à outils est construite en partie pour continuer le fantasme et éviter la responsabilité.

La plupart des gens qui se réveillent de l'abus d'un narcissique se demandent comment cela a pu arriver. Comment ai-je pu être manipulé aussi facilement ? Comment n'ai-je pas vu cela plus tôt ? Nous sommes tellement habitués à être blâmés pour tout par le narcissique que nous pensons que c'était d'une manière ou d'une autre de notre faute. La réponse est simple : ce sont des experts en manipulation et ils ne survivraient pas si tu pouvais facilement les repérer. Cette boîte à outils est là où le narcissique puise l'énergie dont il a besoin pour survivre. Plus ils sont désespérés, plus leur méthode devient évidente. Souviens-toi que tout cela est pour alimenter leur ego fragile et obtenir suffisamment d'énergie pour alimenter leur bulle fantasmatique. Ils utilisent plusieurs techniques de manipulation. Voyons-les toutes.

### Triangulation

Ils recourront à la manipulation par la triangulation. C'est lorsqu'un narcissique introduit une troisième personne dans la relation afin de rester en contrôle. Il y aura peu ou pas de communication directe entre les deux personnes impliquées dans la triangulation, sauf par l'intermédiaire du manipulateur. En essence, ils les mettront l'un contre l'autre tout en les utilisant tous les deux. Cela peut être utilisé par toute personne toxique ou manipulatrice.

### Exemple :

*Dans mon mariage, cela prenait sa forme entre moi et ma belle-mère. Mon mari se plaignait d'elle à propos de moi, puis se plaignait de moi à propos d'elle. Rien de ce qu'il disait n'était vrai, mais cela rendait difficile pour nous deux de nous rapprocher.*

*Dans ma famille, ma mère nous manipulait, mes frères, ma sœurs et moi, en nous opposant les uns aux autres, en nous rendant méfiants les uns envers les autres pour que nous ne comptions pas les uns sur les autres, renforçant ainsi le besoin de se tourner vers elle pour obtenir de l'aide et du soutien.*

### Miroir

Un communicateur efficace utilise certaines postures corporelles pour inviter à l'ouverture, instaurer la confiance et démontrer des compétences en communication active et en écoute, dont l'une est le *mirroring* (l'effet miroir). Le *mirroring* narcissique est une tactique de manipulation utilisée par les individus narcissiques pour créer un faux sentiment de connexion avec une autre personne, en imitant ses pensées, ses sentiments, ses intérêts ou ses comportements. Ils vont essentiellement te dire tout ce que tu veux entendre. Cependant, une fois qu'ils t'ont attiré, ils te diront qu'ils n'ont jamais dit une telle chose et qu'ils se sentent complètement différemment de toi. Ils rejetteront cela sur ton imagination et tes pensées idéalisées.

*Exemple :*

*Avant d'accepter de me marier, je voulais m'assurer que j'étais avec quelqu'un qui partageait les mêmes aspirations de vie que celles que j'avais envisagées pour moi. Je prévoyais de travailler en Colombie-Britannique pendant quelques années, puis de revenir dans l'est du Canada. Il trouvait cette idée excellente, jusqu'à ce que l'offre d'emploi arrive. J'avais réussi à obtenir un poste pour nous deux au Québec, mais il insista sur le fait qu'il n'avait jamais eu de tels projets et refusa d'y aller.*

### Se vautrer dans la pitié

Ils ont un comportement immature et égoïste ; ils agissent comme un enfant de 2 ans. Cela se produit généralement lorsqu'un incident critique a interrompu leur développement. Ils n'ont jamais dépassé cette étape. En fait, lorsqu'on lit cela de cette façon, cela ne semble pas si grave, mais examinons ce que cela fait à leurs victimes, que ce soit leurs enfants, leur conjoint, leurs amis ou toute personne qu'ils croisent. Ils sont l'incarnation même de la victimisation. Ce sont des experts en victimisation ; ils savent comment exploiter la bonne volonté, la conscience coupable et l'instinct protecteur et nourrissant des autres pour en tirer profit. Ils sont aussi implacables, et si jamais tu cèdes, tout comme l'enfant de 2 ans dans le magasin qui fait une crise pour obtenir une barre de chocolat, cela ne fera que renforcer leur schéma. La prochaine fois, ils insisteront plus longtemps jusqu'à ce qu'ils obtiennent ce qu'ils veulent.

*Exemple :*

*Voici la traduction en français avec une belle structure et des tournures de phrases soignées : J'étais en congé de maternité après une césarienne avec mon deuxième enfant. J'allaitais et j'étais la seule à m'occuper d'elle et de mon aîné. C'était moi qui me levais la nuit parce qu'il avait besoin de dormir pour son travail. J'étais également responsable des courses, de la préparation des repas, du ménage, de l'entretien du jardin et de la cour, de la lessive, du lavage des sols, de l'aspirateur, de tout. Apparemment, cela ne suffisait pas, car il a commencé à me dire qu'il voulait aussi le congé parental. J'avais eu mes six mois de « vacances » et c'était à son tour de se reposer. Se reposer de quoi ? J'ai refusé. Cependant, il n'a cessé de me solliciter tous les jours pendant des semaines, me demandant de lui laisser le congé parental. J'ai finalement cédé. Il a esquissé un sourire narquois. Mais j'ai ajouté un « cependant » à ma concession de lui laisser le congé parental. Puisque je vais reprendre le travail, je m'attends à pouvoir dormir toute la nuit et à trouver un repas prêt quand je rentre du travail. Tu seras aussi chargé des courses, de la préparation des repas, du ménage, de l'entretien du jardin et de la cour, de la lessive, du lavage des sols, de l'aspirateur, de tout. À quoi a-t-il répondu que ce n'était pas intéressant pour lui, puisqu'il voulait se reposer. Nous verrons plus tard que j'ai payé un lourd prix pour ma victoire, les narcissiques n'aiment pas perdre et, s'ils n'obtiennent pas ce qu'ils veulent, ils te font payer en rendant ta vie misérable.*

## Projection

Ils projettent leur mauvais comportement sur les autres et les critiquent pour les mêmes choses qu'ils font eux-mêmes. Si un narcissique t'accuse de quelque chose, c'est parce qu'il est en train de le faire. S'il te dit que tu as une liaison, c'est parce qu'il en a une. S'il t'accuse de mettre de l'argent de côté, c'est parce qu'il le fait. Si tu écoutes attentivement, tu sauras exactement ce qu'il trame derrière ton dos. L'accusation est en réalité leur confession. La projection narcissique est une tactique de défense utilisée par les narcissiques pour détourner la culpabilité de leurs actions et la faire retomber sur les autres. Cela se fait souvent de manière inconsciente, afin de protéger leur faible estime de soi, car toute erreur de leur part pourrait briser l'image idéalisée qu'ils ont d'eux-mêmes.

*Exemple :*

*Ils t'ont trompé parce que tu étais distant(e). Ils ont perdu leur emploi parce qu'ils n'arrivaient pas à se concentrer au travail, préoccupés par toi.*

*Exemple :*

*Après notre divorce et quelques actes d'aliénation parentale, ma fille aînée vivait avec son père et ne me parlait presque plus ; elle avait 14 ans. Alors que je passais pour déposer la cadette, j'ai demandé à mon ex-mari de téléphoner à ma fille pour que je puisse lui offrir une carte d'anniversaire et un cadeau, car c'était son anniversaire ce jour-là. Il m'a répondu qu'il ne le ferait pas, car j'étais une mère irresponsable et que je ne méritais pas de relation avec mon enfant. Il devait être en grande demande d'énergie à ce moment-là. Je me souviens m'être demandé : suis-je une mère irresponsable ? Toutes les preuves indiquaient le contraire. À ce moment-là, nous étions divorcés depuis 10 ans et je savais comment discerner ses techniques de manipulation. J'ai compris qu'il cherchait à provoquer une dispute, un combat où il sortirait gagnant, car je paraîtrais folle aux yeux de ma fille. Il pourrait même appeler la police et dire que je créais des troubles chez lui, les conséquences étaient infinies. Au final, je savais que je perdrais soit la dispute, soit que je devrais me défendre devant la police, ou que mes enfants penseraient que j'étais celle qui avait un problème. Tout cela m'a pris quelques instants à analyser, et j'ai décidé que cela ne valait pas la peine. Je lui ai dit qu'il était libre de croire ce qu'il voulait et que je la verrais sur le terrain de football dans quelques jours. Il était dégonflé, il n'avait pas obtenu ce qu'il cherchait, mais c'est un exemple de projection, car il parlait de lui-même et non de moi. Ne pas entrer dans la dispute, c'est ainsi que l'on gagne, car, si tu essaies de prouver qu'ils ont tort, ils détourneront la conversation sur autre chose et tu n'obtiendras jamais la satisfaction que tu recherchais. Tu te sentiras épuisée et eux auront gagné.*

Pour être clair, ce n'est pas parce que quelqu'un est passif-agressif qu'il est nécessairement un narcissique. La méthode passive-agressive est un comportement brutal et abusif, un signal d'alarme. C'est un signe de maturité émotionnelle insuffisante qu'une personne utilise lorsqu'elle manque de compétences en communication ou qu'elle en a de faibles.

Il existe différentes manières de donner et de recevoir de l'amour. Un narcissique saura immédiatement identifier comment tu donnes et comment tu reçois de l'amour, et il s'en servira pour te blesser autant que possible.
Ils utilisent le traitement de silence de manière efficace, pour te blesser au maximum. Le traitement de silence est une tactique passive-agressive qui peut être très frustrante. Il s'agit de prendre le contrôle par l'évitement, le silence ou la dévalorisation.

 C'est une manière de communiquer très malsaine. Une personne normale te ferait savoir si elle a besoin de temps pour rassembler ses pensées, et tu saurais qu'une résolution arrivera bientôt. Le silence peut être très puissant lorsqu'il y a inégalité dans une relation. Il existe plusieurs formes de traitement de silence, comme le « stonewalling » (l'abandon total de la conversation), le refus d'aborder tes préoccupations et le retrait pour éviter la résolution des conflits. Toi, la personne émotionnellement mature, tu es mal à l'aise, tu n'aimes pas le conflit et tu cherches une solution, mais le narcissique utilise ton inconfort pour reprendre le contrôle.
.
Une forme de traitement de silence physique peut être le manque de toucher et d'affection. Leur tactique consiste à te faire courir après eux pour rétablir la communication. Ils veulent que tu continues à les solliciter pour flatter leur besoin de se sentir supérieur, d'être ton monde, et que tout tourne autour d'eux. Cette forme de retrait peut être appliquée aussi bien à un enfant qu'à un partenaire. Les enfants ont besoin de toucher, de câlins et de contact pour se développer normalement. Un parent narcissique utilisera ces techniques sur ses propres enfants si son approvisionnement émotionnel est faible.

Ils utilisent le traitement de silence pour te punir et te donner une leçon, surtout si tu mettais des limites. Ainsi, ils reprennent le pouvoir et le contrôle de la relation. Ils ne te valorisent pas et cherchent à éviter toute responsabilité à tout prix. Ils veulent simplement que ton monde soit entièrement tourné vers eux.



Tu peux être sûr qu'ils gâcheront n'importe quelle occasion spéciale où l'attention n'est pas centrée sur eux. Soit, ils veulent partir tôt, se saouler et provoquer une scène, soit ils feront en sorte que ton attention se détourne pour que tu doives t'occuper d'eux. Lorsqu'un narcissique te fait constamment te sentir inférieur à lui et ne te laisse jamais avoir un moment d'attention, tu te décourages, tu perds ta valeur, car tu n'es jamais célébré.

*Exemple :*

*Alors que nous étions encore mariés, mon ex-mari s'est lancé dans une beuverie de deux jours, me laissant seule pour préparer le baptême de notre plus jeune enfant. Il est parti boire, me disant qu'il n'avait pas vu son ami depuis longtemps et qu'il voulait profiter de cette occasion pour le retrouver. Il n'allait être absent que quelques heures. Je lui ai suggéré d'inviter son ami au baptême, mais, apparemment, il n'y aurait pas eu suffisamment de temps pour qu'ils puissent rattraper leur retard. Le baptême se déroulait chez sa mère, à plusieurs heures de chez nous. J'étais en train de courir partout pour rassembler tout ce dont nous avions besoin, et j'étais laissée seule avec toute l'organisation. Sa mère s'occupait des enfants pendant que je courais chercher les fournitures et décorer la maison. Le lendemain, il a dormi toute la journée et n'a pas été d'une grande aide. Le soir, il a décidé de sortir à nouveau, bien que j'aie protesté, car le baptême avait lieu le lendemain. Il est parti et est rentré à 4 heures du matin. Il était tellement ivre qu'il voulait que je m'occupe de lui, au lieu de me concentrer sur le bébé, la fête et le baptême. Il tentait de voler la vedette à son propre enfant qui se faisait baptiser. À ce moment-là, juste avant notre séparation, je lui ai dit que s'il était capable de se saouler deux nuits de suite, il pouvait très bien s'occuper de lui-même. Il n'a pas été présent lors du baptême. Son absence a été remarquée et, au lieu de poser des questions sur le bébé, les gens ont fini par s'interroger sur lui et sur son absence. Sans que je le sache à l'époque, il était en fait dans un bar avec une femme, en train de me tromper.*

*Un autre exemple marquant a eu lieu lors de la cérémonie de remise des diplômes de ma fille aînée. Ancien policier, il a porté son uniforme ce jour-là pour voler l'attention et la vedette à notre fille. Il voulait que les gens posent des photos avec lui plutôt que de rester discret et laisser sa fille être au centre de l'attention en ce grand jour. Il se faisait prendre en photo avec des inconnus, et sa propre fille a dû attendre pour faire prendre une photo avec lui, la faisant sentir moins importante que tous les autres enfants présents ce jour-là. Pendant ce temps, il souriait à pleines dents, profitant de l'attention et se sentant bien dans sa peau. Souviens-toi, un narcissique ne peut ressentir d'empathie, donc, tant que ses besoins sont satisfaits, tout va bien dans le monde. Même si tu essaies de lui faire remarquer son comportement, il ne verra rien de mal à cela.*



## Rejeter le blâme sur l'autre

Ils utiliseront la technique du transfert de blâme. Un narcissique change de sujet et détourne l'attention de sa victime afin de ne pas avoir à assumer la responsabilité de ses erreurs. Il niera toute faute en trouvant un bouc émissaire.

### *Exemple :*

*Ma mère avait quelques-unes des meilleures excuses. Elle ne laissait personne toucher à sa nouvelle machine à laver. La machine est tombée en panne et elle a aussitôt dit que c'était de ma faute. Je me souviens d'avoir regardé mon père en me demandant si je venais d'entrer dans la zone du Twilight Zone. Je lui ai dit : « Comment puis-je casser cette stupide machine alors que je n'ai même pas le droit de la toucher ? C'est absurde ! » Mon père a fait réparer la machine, et il n'y avait aucune raison de me rejeter la faute. Les machines tombent en panne, ça arrive. Il y avait huit enfants à la maison, cette machine avait probablement déjà eu bien plus que sa part de charges avant de rendre l'âme. Pourquoi me blâmer pour ça ? Parce qu'elle restait sans reproche.*

*Une autre fois, quand j'avais environ huit ans, ma mère m'a dit que c'était de ma faute si elle ne travaillait pas et si elle ne pouvait pas être indépendante. Il n'y avait pas d'amour entre ma mère et moi, heureusement pour moi, j'avais une tante qui m'aimait, donc ma mère était plus un bourreau que quelqu'un que je devais supporter jusqu'à ce que je puisse retrouver ma tante. Je lui ai dit qu'il y avait neuf ans entre mon plus jeune frère et moi. Si elle avait voulu travailler, elle avait neuf ans avant ma naissance pour mettre ce projet en place. Me reprocher son manque de motivation et de confiance en elle était complètement ridicule. Une sévère correction a suivi cette déclaration, mais il y avait en moi une partie qui refusait de prendre la responsabilité de quelque chose sur laquelle je n'avais évidemment aucune emprise.*



Ils peuvent être physiquement abusifs, mais seulement lorsqu'ils sentent qu'ils perdent le contrôle. La plupart des abus, au début, se manifestent par des jeux mentaux, des abus émotionnels et de la cruauté mentale. Cela ne laisse pas de marques et il est bien plus difficile de l'identifier. Cela peut vous prendre un certain temps pour réaliser que vous êtes dans une relation abusive. Mais ils n'ont aucun problème à devenir abusifs sur le plan sexuel, car vous êtes leur propriété et ils vous utilisent à leur guise. Dans certains cas, leurs exigences peuvent être scandaleuses. Vous ne pouvez porter que certains vêtements ; vous devez enlever vos habits pour être examinée de près afin de vérifier si vous le trompez ; vous devez rendre compte de vos allées et venues, de qui vous étiez avec, de ce que vous avez fait, ou même détailler vos finances pour prouver que vous êtes digne de confiance. Cela peut sembler exagéré, mais cela ne commence pas tout à la fois. Au fur et à mesure que votre estime de soi et votre isolement grandissent, les tactiques s'amplifient, vous rendant impuissante et désespérée.

*Exemple :*

*Ma première relation avec un narcissique a commencé lorsque j'avais 21 ans. Nous l'appellerons Maximus. C'était un menteur pathologique, mais il était calme et doux dans ses paroles. Nous nous connaissions depuis presque 10 ans, et avons décidé de commencer une relation. Je souhaitais tomber enceinte, et il a accepté. Une fois que je suis tombée enceinte, il a commencé à sortir de plus en plus souvent. Il a perdu son emploi et a dépensé tout l'argent qu'il pouvait trouver en jouant. Il a même pris l'argent du loyer pour jouer, me disant qu'il avait payé le loyer.*

*J'ai découvert qu'il avait pris mes cartes de crédit, utilisé l'argent pour remplir le réservoir de la voiture d'un ami et s'en servir pour acheter de la drogue ou jouer. Il achetait aussi du matériel sportif pour ses amis afin de leur rembourser l'argent qu'il leur devait. Lorsque j'ai appris que toutes mes cartes de crédit étaient saturées, je l'ai quitté. Jusqu'à ce point, il était un homme sans emploi, sans but dans la vie, se contentant de surfer sur ma vie depuis mon canapé.*

*Lors de ma rupture, il a commencé à me harceler. Je rentrais chez moi et trouvais des messages sur mon répondeur, où il détaillait où j'étais allée, avec qui, et ce que j'avais fait. Cela m'effrayait, car je n'avais aucune idée de la manière dont il me suivait, et j'avais peur qu'il m'attaque. J'ai cessé de sortir et suis restée chez moi, où je rendais visite à ma famille. Puis il est entré par effraction dans mon appartement et a essayé de m'étrangler. J'ai immédiatement appelé la police.*

*L'agent m'a demandé quel était l'intérêt d'enquêter, puisque j'allais probablement rappeler dans une semaine pour retirer les charges. Cela m'a permis de mieux comprendre pourquoi les femmes ne signalent pas toujours les violences domestiques, si c'est ce genre d'aide qu'elles reçoivent après avoir appelé. Je lui ai dit de faire son travail. Finalement, une ordonnance de non-contact a été émise. Je me suis alors tournée vers le juge et lui ai demandé comment un simple papier pourrait me protéger d'une prochaine attaque. Il n'a pas répondu.*

*Ce fut la dernière fois qu'il fut violent envers moi. Après l'expiration de l'ordonnance de non-contact, un an plus tard, il a recommencé à m'appeler et à me suivre. Comme il n'avait pas de voiture, je devais déposer mon fils chez lui. À ce moment-là, je travaillais la nuit et allais à l'université le jour. Une nuit, après avoir déposé mon fils chez lui, je me suis rendu compte qu'il était ivre. J'ai jugé qu'il n'était pas en état de s'occuper d'un enfant d'un an, et j'ai tenté de récupérer mon fils. Mais il m'a claqué la porte au nez, me blessant à l'épaule et au genou.*

*Je ne sais pas d'où m'est venue la force, mais j'ai repoussé la porte, pris mon fils et je suis partie. J'ai appelé la police, mais ils ont mis plus de 45 minutes à arriver. Lorsque l'affaire a été jugée, j'avais l'impression que la loi ne comprenait pas vraiment la violence domestique. En tant que victime, je devais défendre ma position, car c'était moi qui, selon lui, étais allée chez lui pour provoquer un incident. Finalement, j'ai gagné, mais cette victoire m'a laissé un sentiment de victimisation encore plus fort.*



*Avec mon ex-mari, la violence était différente. Elle se produisait principalement dans la chambre à coucher. Dans toute ma vie, je dois avoir regardé 20 minutes d'un film pornographique, et cela m'a suffi pour réaliser que ce n'était pas du tout mon genre. J'aime le sexe comme tout le monde, mais je ne suis pas du genre à vouloir me faire du mal. Le sexe avec mon ex-mari est rapidement devenu brutal. Je lui ai même dit que ça me faisait mal, mais cela semblait l'exciter encore plus. J'ai rapidement pris mes distances et nous avons peut-être eu des relations une fois par mois, si ce n'était pas moins.*

*J'ai accouché par césarienne le 11 septembre 2002. Le 11 novembre 2002, je m'en souviens très bien, car c'était le jour du Souvenir au Canada. Il était allé à la cérémonie locale et était rentré à la maison complètement ivre vers 13 h. Il était dans sa phase d'indifférence, sans affection.*

*J'étais habituée à cela maintenant et, honnêtement, cela ne me dérangeait plus vraiment, car je m'occupais de trois enfants et récupérais de la césarienne. Il a commencé à m'embrasser, ce qui était inhabituel. Puis, il m'a traînée jusqu'à notre chambre où le bébé dormait dans son berceau. Il m'a poussée sur le lit et attendait visiblement des rapports sexuels. Pendant ce temps, les deux autres enfants, sentant qu'il se passait quelque chose d'anormal, frappaient à la porte.*

*Je lui disais sans cesse que je devais rassurer les enfants, mais il m'a de nouveau poussée sur le lit. Le bébé s'est réveillé et a commencé à pleurer. J'ai essayé de me lever pour m'occuper d'elle, mais il m'a repoussée sur le lit. J'ai alors réalisé qu'il avait l'intention de me violer. Je l'ai repoussé, je me suis emparée du bébé, je suis sortie de la pièce avec les trois enfants et je les ai installés dans le salon, lui ordonnant de partir.*

*Il est rentré très tard ce soir-là, complètement ivre, et a dormi sur le canapé. Les gens pensent que, si vous êtes mariée, ce n'est pas du viol. Pourtant, un viol est un acte sexuel accompli de manière forcée, contre la volonté d'une personne, entre autres choses. Au cours de mes vingt années en tant que policière, je n'ai jamais eu à traiter un dossier de viol déposé par une femme, bien que j'en aie entendu parler. L'embarras d'une femme mariée victime d'un tel traitement l'empêche souvent de parler. Malgré cela, je l'ai quitté seulement en juin 2003. Il a dormi sur le canapé tout le temps et je fermais à clé ma porte de chambre chaque nuit.*

## Campagne de diffamation

C'est de loin ce qui me surprend le plus. Les narcissiques vous rabaissent à chaque occasion lorsque vous n'êtes pas là. Leur comportement n'est pas subtil, mais au début, vous pourriez penser qu'ils plaisantent ; une mauvaise blague, certes, mais une blague quand même. Cela me déconcerte, car ils détruisent la crédibilité et les réalisations de la personne avec qui ils sont. On pourrait penser qu'ils voudraient plutôt être vus aux côtés d'un partenaire incroyable, mais non ! Ils préfèrent jouer la victime, en faisant croire qu'ils doivent supporter une relation difficile pour susciter la pitié des autres. Ils vous dénigreront pour paraître comme des saints en restant avec vous, et la baisse de votre crédibilité incitera les autres à prendre leur parti en cas de rupture. En réalité, ils commencent leur campagne de dénigrement bien avant que vous envisagiez de partir, car ils savent que ce moment finira par arriver. Ils vous décrivent comme un partenaire ou un enfant horrible, abusif et terrible, en projetant sur vous leurs propres comportements. Ils mériteraient une médaille pour avoir supporté votre présence aussi longtemps. Cette campagne est également très efficace pour vous isoler et vous empêcher de vous faire de nouveaux amis. Ils aiment semer le chaos dans les groupes pour diviser et mieux contrôler la situation. Au final, ils trouveront un remplaçant qu'ils auront probablement commencé à manipuler dès que votre relation a commencé à se détériorer, c'est-à-dire au moment où vous avez commencé à voir à travers leur masque et leurs mensonges. Ils déformeront les faits pour servir leur propre agenda et vivre dans un monde imaginaire où ils sont le roi, le héros et le maître.

*Exemple :*

*J'ai toujours été une personne occupée. J'ai commencé à vivre seule à 16 ans, enchaînant les emplois pour payer mon loyer et mes dépenses, tout en poursuivant mes études. Lors de ma dernière année d'université, j'étais également mère célibataire. Après avoir obtenu mon diplôme et commencé à travailler à temps plein, la vie m'a semblé plus lente, voire ennuyeuse. Je ne savais pas quoi faire de mon temps libre. Mon beau-frère m'a suggéré de rejoindre Mensa, la plus grande et la plus ancienne société pour les personnes à haut potentiel intellectuel. C'est une organisation à but non lucratif ouverte aux personnes qui obtiennent un score dans le 98e percentile ou plus à un test de QI standardisé et supervisé, ou à tout autre test d'intelligence approuvé. J'ai réussi le test et rejoint Mensa.*

*Cela semblait déplaire à mon mari, qui saisissait chaque occasion pour corriger mon anglais. L'anglais étant ma deuxième langue, je faisais parfois des erreurs de prononciation ou confondais des mots similaires, comme « sensitive » et « sensible ». Au bout d'un moment, j'ai remarqué qu'il ne faisait cela qu'en public. Je lui ai demandé d'arrêter.*

*C'est à ce moment-là que la campagne de dénigrement a commencé, à mon insu. Nous avons été mutés dans une petite ville. J'ai découvert que j'étais enceinte presque en même temps que notre déménagement, ce qui signifiait que je devais m'occuper de mes tâches au bureau avec très peu de contacts extérieurs. J'étais occupée avec mon fils et les tâches ménagères, donc je sortais rarement. Pendant ce temps, mon mari prenait des cafés, rencontrait des gens et leur racontait que j'étais une garce, une hypocrite, une personne qui révélait les secrets et à qui on ne pouvait pas faire confiance. Pas étonnant que j'aie eu tant de mal à me faire des amis !*

*Nous nous sommes séparés trois ans plus tard. À ce moment-là, j'étais policière active et les gens ont commencé à me voir à l'œuvre. Les mensonges ne tiennent qu'un temps, et mes habitudes de travail et mon dévouement ont commencé à fissurer les fondations qu'il avait posées. Un jour, quelqu'un est venu me voir et m'a dit que je n'étais finalement pas si horrible. Je lui ai demandé pourquoi elle pensait cela de moi. Elle m'a répondu que mon ex m'avait dénigrée partout, ce qui explique pourquoi la plupart des gens gardaient leurs distances avec moi. Je lui ai expliqué que nous étions séparés et que nous allions divorcer, et qu'il fallait prendre ses paroles avec des pincettes. Elle a ri et m'a avoué qu'il racontait ces choses depuis notre arrivée en ville.*



*La campagne de dénigrement a commencé bien avant cela, dès le tout début. C'est lui qui a proposé que nous nous mariions. Un soir, en larmes, il m'a demandé en mariage, affirmant qu'il ne pouvait pas imaginer sa vie sans moi. J'ai accepté, même si je trouvais cela un peu précipité. Nous nous étions rencontrés en juin, faisions partie du groupe musical de la GRC et participions ensemble aux cérémonies du crépuscule. Tout se passait à merveille. Si nous ne nous étions pas mariés, nous aurions été séparés par la distance. Le mariage nous assurerait que notre employeur nous envoie travailler dans la même ville.*

*Il a obtenu son diplôme du programme en septembre et m'a fait sa demande juste avant de partir. Lors de mon entretien pour mon affectation, j'ai évidemment mentionné que j'étais fiancée et que je prévoyais de me marier. La GRC avait initialement prévu de m'envoyer au Nouveau-Brunswick, car j'étais bilingue, mais avec cette nouvelle, ils m'ont plutôt envoyée en Colombie-Britannique. Mon rêve initial était d'être en Alberta, près des Rocheuses.*

*Le personnel responsable des affectations avait très peu de foi en mes fiançailles, et je ne comprenais pas pourquoi. Bien plus tard, après le divorce en fait, j'ai trouvé un courriel dans mon dossier de personnel. Bien que j'aie changé mon nom pour prendre le sien après le mariage, les dossiers étaient conservés en fonction de notre numéro d'employé. Pourtant, j'ai trouvé un courriel qui aurait dû se trouver dans son dossier et qui avait atterri dans le mien.*

*Le personnel de la GRC lui avait demandé des informations sur notre relation, et il avait répondu que je m'accrochais à lui, que la chose la plus importante pour lui était sa carrière et que j'étais délirante. C'était tellement absurde que j'ai dû le lire encore et encore pour y croire. C'était lui qui m'avait demandé en mariage, lui qui ne pouvait pas imaginer sa vie sans moi, et maintenant, noir sur blanc, il écrivait que toute cette relation n'était que dans ma tête !*

Cela m'amène à parler de l'isolement. Le narcissique a tendance à garder ses amitiés séparées les unes des autres. Il vous isolera également au point de vider votre vie de tout : vide d'émotions, vides d'amis, vides de famille et de tout ce qui compte pour vous. À la fin, lorsque vous commencerez à remettre en question la relation, vous n'aurez personne vers qui vous tourner pour valider vos pensées et vos émotions. Ils vous laissent douter de la nature humaine au point où vous pourriez avoir envie d'abandonner, voire de mettre fin à votre propre vie. S'ils devaient provoquer votre suicide, cela les ravirait, car cela leur apporterait une immense attention. Ils exploiteraient votre décès jusqu'à ce qu'il n'y ait plus rien à en tirer, utilisant leur chagrin pour attirer de nouvelles victimes. Je dis « victimes » avec un S, car cela leur donnerait l'occasion de jeter un large filet et d'en capturer plusieurs d'un coup.

L'isolement permet également d'empêcher ceux avec qui ils sont en contact de se connecter entre eux. Il n'y a pas de meilleure façon de démasquer un narcissique que de rassembler toutes les personnes concernées pour révéler la vérité. C'est pourquoi les narcissiques ne peuvent pas prospérer dans une petite ville : tôt ou tard, la vérité éclate. Ils essaieront donc de maintenir toutes leurs relations à distance.

Ma famille était à l'autre bout du pays, donc j'étais déjà isolée physiquement d'eux. Mais le narcissique essaiera de vous isoler même si vos proches sont à proximité. Peu importe à quel point vous êtes proche d'un frère, d'un parent ou d'un ami, il s'interposera pour détruire la relation et vous isoler.

Mon ex-mari n'a jamais dit explicitement : « Tu ne peux pas voir cette personne ». Certains narcissiques, par contre, le font. Ils surveilleront avec qui vous communiquez, ce que vous lisez et l'endroit où vous allez. Ils peuvent vendre votre voiture pour que vous n'ayez aucun moyen de transport ou déménager dans un endroit sans transports en commun. Ils utiliseront leur manque de confiance envers vous pour justifier leur comportement jaloux, en disant que c'est vous qui les poussez à ressentir cela, et qu'ils prennent des mesures pour s'assurer que vous n'avez aucune occasion de les tromper. En réalité, ce qu'ils font, c'est limiter votre capacité à les quitter.

*Exemple :*

*J'ai enfin réussi à me faire une amie et je voulais qu'elle et son mari viennent à la maison, mais mon ex tombait malade chaque fois et nous devions annuler. Nous étions invités à participer à une activité, mais il me disait qu'il avait prévu une surprise pour moi ce jour-là. Le jour venu, la surprise était annulée ou reportée. D'une manière ou d'une autre, cette amie faisait preuve d'une compréhension bien au-delà de ce qu'un être humain devrait offrir. Après la séparation, j'ai pu me faire des amis et obtenir du soutien, ce qui m'a énormément aidée.*

*Quelques années plus tard, j'ai vu une amie vivre une relation avec un narcissique. Je lui ai parlé de mon expérience personnelle et lui ai conseillé de rompre avant qu'elle ne s'implique trop. Son petit ami narcissique a lancé une campagne de dénigrement contre moi, essayant de lui faire croire que j'étais une mauvaise amie et qu'elle devait s'éloigner de moi. Je n'ai jamais abandonné. Je l'appelais au travail quand il n'était pas là, je la retrouvais pour déjeuner sans qu'il le sache et je lui répétais sans cesse que je l'aimais, que j'étais son amie et qu'elle pouvait compter sur moi à tout moment, n'importe quel jour.*

*Il lui a fallu beaucoup de temps pour le quitter. Elle a été profondément blessée, a failli perdre son emploi à cause de ce qu'il lui a fait subir, mais au final, nous sommes restées en contact. Elle n'était pas complètement seule. Nous nous sommes rassemblés autour d'elle pour la soutenir. Des années plus tard, elle m'a confié qu'elle ressentait le besoin d'affronter ce chaos par elle-même. Elle ne voulait pas que nous fassions quoi que ce soit pour elle, mais savoir que nous étions là l'a réconfortée. Nous parlerons davantage de son histoire dans la section « Quitter un narcissique ».*

### Les mensonges

Un narcissique n'hésitera pas à vous achever lorsque vous êtes au plus bas. Il déforme tout ce que vous dites et faites, ment sur tout ce qui compte. Il traitera mieux les étrangers que ses soi-disant proches afin de préserver son image et donner l'impression d'être une personne admirable. Il abandonne ses amis et sa famille ou les rabaisse, qu'il s'agisse de ses frères et sœurs ou même de sa propre mère. Dès qu'il parle, il ment. Il ment sur les personnes avec qui il était pour que vous ne découvriez pas ce qu'il a fait. Il ment sur ses actions, ses finances, son passé. Sa vie est un véritable roman de fiction.

Si vous le prenez en flagrant délit de mensonge — car à force, personne ne peut mentir autant sans finir par se contredire —, il niera tout simplement. Il prétendra ne jamais avoir dit cela. Vous êtes celui ou celle qui déforme ses paroles, vous êtes stupide et ne comprenez rien. Honnêtement, même avec des preuves sous les yeux, il continuera à nier ! Il vous faudrait enregistrer chaque conversation, les assembler une par une, et même dans ce cas, il affirmerait que vous avez fabriqué les preuves.

Le mensonge sert aussi à semer la discorde parmi les amis communs afin de vous éloigner d'eux et de s'assurer d'être le centre de leur attention. Il veillera toujours à maintenir une distance entre les personnes qui pourraient faire s'écrouler son monde de mensonges.

*Exemple :*

*Vous vous souvenez que j'ai mentionné plus tôt que mon ex-mari était parti en beuverie de deux jours le week-end du baptême de ma fille ? Après notre retour à la maison, il passait son temps à jouer à des jeux vidéo sur l'ordinateur, à fumer dans le garage, à téléphoner à ses amis ou à travailler. Puis, il se plaignait, en montant à l'étage vers 23 h, qu'il n'avait pas eu l'occasion d'embrasser les enfants avant qu'ils ne s'endorment. Pourtant, sachant très bien qu'ils allaient au lit vers 20 h, il aurait pu monter à ce moment-là.*

*Le lendemain, alors qu'il était au téléphone à 20 h, j'ai pris l'appareil et lui ai dit que s'il voulait dire bonne nuit aux enfants, c'était maintenant ou jamais. Au lieu de cela, il s'est mis à crier que ses conversations étaient privées, que je n'avais pas à écouter, etc. Il n'est jamais venu. Un mois plus tard, le jour de la fête des Pères, une femme a appelé chez nous. À cette époque, il n'y avait pas encore de téléphones portables, donc nous n'avions qu'un téléphone fixe pour toute la maison. Elle a demandé à parler à mon mari et je lui ai répondu qu'il était occupé. Pour une fois depuis des semaines, il passait du temps avec les enfants, et je n'allais pas gâcher ce moment pour un coup de fil. J'ai proposé de prendre un message, mais elle m'a sèchement répondu que cela ne me regardait pas avant de raccrocher !*

*Attendez une minute… Une inconnue appelle chez moi, demande à parler à mon mari et me dit ensuite que cela ne me concerne pas ? J'ai donc fait une recherche pour retrouver son numéro, son nom et son adresse. C'était une femme dont je n'avais jamais entendu parler, et elle habitait dans la même ville où avait eu lieu le baptême. Ma curiosité était piquée. J'ai donc sorti nos relevés téléphoniques. Comme c'était un appel longue distance, le numéro apparaissait dans l'historique, même si nous avions les appels gratuits partout au Canada. Et deviner quoi ? Ce numéro apparaissait dès le week-end du baptême ! Il l'appelait jusqu'à 14 fois par jour, mais n'avait pas une seule minute pour mettre ses enfants au lit.*

*J'ai surligné tous les appels entrants et sortants — 99 % étaient sortants, car il devait éviter qu'elle m'appelle et que je commence à poser des questions, comme aujourd'hui.*
*Après avoir préparé un dîner rapide, je l'ai confronté en lui demandant s'il avait une liaison. Il m'a répondu que j'étais folle, que j'imaginais des choses et que tout cela était dans ma tête. Alors, j'ai claqué le tas de relevés téléphoniques devant lui et lui ai dit que j'avais la preuve qu'il lui parlait tous les jours, plusieurs fois par jour. Là, il a changé de version : elle était une amie qui l'aidait, simplement par amitié. Rien de plus.*

*J'ai trouvé cela étrange qu'une nouvelle amie soit si dévouée. Nous étions ensemble depuis six ans et je connaissais tous ses amis. Elle n'en faisait pas partie. Mais encore une fois, j'exagérais et mon imagination me jouait des tours, selon lui. Je lui ai répondu que s'il avait passé autant de temps à me parler qu'à elle, peut-être que nous aurions pu nous réconcilier.*
*En six ans de mariage, il n'avait été gentil avec moi que pendant environ un an : de ma grossesse jusqu'à la fin de mon congé de maternité. À ce stade, je n'en avais plus rien à faire de ce qu'il disait, je ne croyais plus un mot. Je lui ai dit qu'il devait quitter la maison et que je voulais divorcer.*

*Et comme par magie, après son départ, elle est venue lui rendre visite. Il avait bien une liaison. J'ai eu l'occasion de lui parler ce jour-là. Étrangement, elle voulait savoir si j'allais être un problème et essayer de le reconquérir. J'ai éclaté de rire et lui ai expliqué qu'elle était la raison pour laquelle nous nous étions séparés et que c'était la meilleure chose qui me soit arrivée. Je lui ai assuré que je ne comptais pas interférer dans leur relation et leur ai même souhaité bonne chance.*

*Elle était sous le choc et m'a demandé pourquoi je disais cela, puisqu'apparemment, nous étions déjà séparés, dormions dans des chambres différentes, etc. Je lui ai expliqué qu'avant son appel le jour de la fête des Pères, nous étions en thérapie de couple et censée essayer de recoller les morceaux. Mais après cet appel, il était évident que tout cela n'était qu'une mascarade pour lui et qu'il était temps pour moi de mettre un terme à cette relation.*

*Comme vous pouvez le voir, il lui mentait déjà depuis le début. Apparemment, j'étais celle qui s'accrochait à lui, il ne pouvait pas partir à cause des enfants et il se sentait obligé de rester pour les protéger d'une « mauvaise mère ».*

*Elle l'a quitté peu après. Depuis, il ne m'a plus jamais laissé parler à aucune de ses copines…*
*On se demande bien pourquoi !*



### Sentiment de grandeur

J'ai déjà parlé de leur besoin d'attirer l'attention à tout prix, mais ici, ils se vantent de vos réussites auprès des autres pour se mettre en valeur, tout en ne vous validant que très rarement, sans jamais vous reconnaître ni vous soutenir émotionnellement. Ils ont un sentiment de supériorité démesuré qui les pousse à croire qu'ils sont uniques et bien meilleurs que tout le monde. Ils sont totalement peu fiables, car s'ils peuvent s'approprier vos réussites à leur avantage, ils n'hésiteront pas à le faire.

*Exemple :*

*Maximus est travailleur autonome depuis 34 ans dans l'entretien, l'installation et la réparation de piscines. Il raconte à tout le monde depuis combien de temps il est en affaires et combien il est expérimenté. Lorsque mon fils adulte a commencé à travailler pour lui, il a rapidement constaté qu'il devait tout faire lui-même. L'horaire était chaotique, il y avait des retards de paiement, des pièces manquantes, des outils brisés, etc. Très vite, il a compris que son père était complètement dépassé, désorganisé et endetté, et qu'il dépendait des contacts de sa conjointe pour obtenir du travail et des fournitures.*

*Derrière les apparences, il croulait sous les dettes et était incapable de payer son propre fils. Après un an, mon fils sombrait dans la dépression, se disputait avec son père au sujet du travail et ne parvenait plus à payer ses propres factures, faute de salaire. Il a fini par quitter son emploi et ne parle plus à son père. Il a trouvé un poste mieux rémunéré, a été rapidement promu superviseur et est aujourd'hui beaucoup plus heureux. Il est convaincu qu'il n'y a rien à espérer de cette relation, son père ne prenant jamais la moindre responsabilité et lui répétant sans cesse qu'il avait mal compris ou qu'il interprétait mal ce qu'on lui disait.*

*Comme nous avons déménagé à l'autre bout du pays lorsqu'il avait trois ans, mon fils n'a pas grandi sous l'influence d'un père narcissique. Il a pu développer une bonne estime de soi et une solide éthique de travail. Ce n'est que récemment, à l'âge adulte, qu'il a souhaité renouer avec lui et construire une relation père-fils. Je l'ai laissé rencontrer son père et se faire sa propre opinion. Après tout, peut-être avait-il changé ? Mais un narcissique ne change jamais… Au moins, mon fils a pu se faire son propre avis, partir sans regret et avant que cette relation ne cause plus de dommages dans sa vie.*

### Jekyll et Hyde

Ils sont sans aucun doute hypocrites et parlent dans le dos de tout le monde. Ils sont appréciés des autres, mais derrière des portes closes, ils se montrent durs et vous font ressentir de l'anxiété, sapant souvent votre confiance en vous. Ils manipulent leur entourage, colportent des ragots, tout en donnant l'image de personnes irréprochables.
Cependant, une fois la période d'abus commencée, leur véritable nature refait surface : ils deviennent durs, méchants et abusifs. Leur image est tout pour eux, et ils la préserveront à tout prix. Si vous osez attirer l'attention sur vous, vous en paierez le prix dès qu'ils seront hors de

portée des regards. L'abus peut commencer dans la voiture, se poursuivre jusque dans la chambre et durer plusieurs jours.



*Ma mère parlait en mal de ma belle-sœur n° 1 à ma belle-sœur n° 6. Une fois que la n° 6 partait, elle parlait d'elle en mal à la belle-sœur n° 3. (J'ai six frères et une sœur.) Ce cirque se répétait encore et encore, avec les mêmes mensonges simplement redistribués. Cela montait les belles-sœurs les unes contre les autres, ce qui, à son tour, affectait mes frères et leurs relations.*

*C'était douloureux à observer, mais, comme j'étais beaucoup plus jeune, j'étais plutôt une mouche sur le mur, et ma mère ne remarquait pas que j'enregistrais tout. J'ai rapidement appris à ne pas faire confiance à ce qu'elle disait. Lorsqu'elle a compris que j'avais percé son jeu à jour, elle a lancé une campagne de diffamation pour me discréditer auprès de toute personne à qui je pourrais parler. Honnêtement, cela m'importait peu, mais elle racontait à mon frère que j'étais droguée, membre d'un gang et une menteuse, lui conseillant de ne pas me laisser entrer ni de m'écouter. Elle a ainsi réussi à m'isoler de mes propres frères et sœurs.*

*Mon frère aîné m'a dit qu'il n'avait alors aucune raison de ne pas la croire. Après tout, c'était notre mère qui parlait de sa plus jeune fille. Mais après mon diplôme universitaire et mon entrée à la GRC, il s'est souvenu avoir pensé que, si j'étais vraiment une toxicomane membre d'un gang, je n'aurais jamais pu réussir à obtenir mon diplôme et intégrer la police fédérale du Canada. C'est à ce moment-là qu'il a commencé à remettre en question la crédibilité de notre mère et à vérifier les faits chaque fois qu'il le pouvait.*

*Après avoir écrit mon autobiographie, Moi, Dragon : La Biographie d'une Transformation spirituelle, j'ai brisé le silence. Cela a ouvert la porte aux discussions avec mes frères et sœurs sur les abus et les manipulations mentales que nous avions subis. Cela a non seulement commencé un processus de guérison pour nous en tant qu'individus, mais aussi pour notre famille.*

### Se faire sentir coupable

Lorsqu'ils commencent à montrer des failles, ils feront tout pour se protéger en rejetant la faute sur vous et en vous faisant sentir coupable. Ce sont d'excellents acteurs. Incapables de ressentir de l'empathie ou de l'amour, ils ont appris à jouer le rôle de la victime. Ainsi, tout le blâme vous revient, et c'est vous qui vous retrouvez à culpabiliser alors qu'ils prétendent aller mal.



*Le chantage émotionnel que j'ai trouvé le plus intéressant était celui où, étant la huitième enfant d'une fratrie de huit, ma mère essayait de me faire porter la responsabilité de l'échec de sa carrière. Je lui ai fait remarquer que mon plus jeune frère avait déjà 9 ans lorsqu'elle est tombée enceinte de moi, donc si elle avait voulu retourner travailler, elle en avait largement eu le temps. Confronter quelqu'un aux preuves de ses propres mensonges n'est jamais une bonne idée. Je l'ai appris à travers les nombreuses corrections que j'ai reçues. Mais je refusais de porter la culpabilité de ses occasions manquées.*

*Elle a tenté plus d'une fois de m'accuser d'être la cause de sa vie misérable. Un jour, je lui ai demandé pourquoi elle n'avait pas avorté si ma naissance avait été un tel fardeau pour elle. Elle m'a répondu qu'elle était catholique et qu'elle ne pouvait pas le faire. Je lui ai alors fait remarquer qu'après sept enfants, elle savait pourtant très bien comment les choses fonctionnaient. Cela ne s'est évidemment pas bien terminé pour moi.*

*Mais avec le temps, elle a compris que j'étais une menace et un électron libre. Ne pouvant pas me contrôler, elle a cherché à me détruire en racontant à qui voulait l'entendre que j'étais pire que les six garçons réunis, que j'étais une menteuse, dans le but de discréditer tout ce que je pourrais dire, et que j'étais insoumise et irrespectueuse. Pourtant, j'étais une élève modèle avec d'excellentes notes, et je travaillais déjà à 14 ans. Malgré tout, j'ai fini par être complètement mise à l'écart par ma famille.*



*Alors que je sortais encore avec mon ex-mari, nous étions assis avec des amis à la cafétéria et il a dit quelque chose qui m'a vraiment mise en colère, je ne me souviens plus de ce qu'il a dit, mais c'était suffisamment grave pour que je quitte la table. Plus tard dans la soirée, l'ami qui était assis avec nous est venu me voir et s'est excusé s'il avait dit quelque chose qui m'avait contrariée. Mon ex-mari avait réussi à le faire culpabiliser et à le faire s'excuser alors qu'il n'avait rien fait de mal.*

## Gaslighting

Le gaslighting est une forme de manipulation psychologique dans laquelle l'agresseur tente de semer le doute et la confusion dans l'esprit de sa victime. En général, il cherche à obtenir du pouvoir et du contrôle sur l'autre personne en déformant la réalité et en la forçant à remettre en question son propre jugement et son intuition. C'est une tactique typique du narcissique.

Il retient des informations ou manipule la vérité pour semer le doute et la confusion et fait comme s'il ne comprenait pas ce que vous dites ou refusait de l'entendre.

Les narcissiques promettent une sortie le week-end, mais le week-end arrive et ils disent qu'ils ne l'ont jamais dit. Cela semble assez innocent, mais lorsque cela se produit plusieurs fois, vous commencez à penser que vous devenez fou et le narcissique est là pour vous le rappeler ; vous devez devenir fou, il s'agit peut-être d'un début d'Alzheimer. Notez que c'est le cumul de toutes ces tactiques qui les rend viables et fortes. Mais surtout, vous pensez que ces personnes vous aiment et que ce qu'elles disent doit être vrai et que c'est vous qui perdez la tête. Ces tactiques sont efficaces parce que vous pensez qu'elles agissent par amour et par souci de vous, et non parce qu'elles essaient de vous briser et de se servir de vous.



*Lorsque j'étais jeune, je me souviens d'avoir raconté un événement violent qui s'était déroulé dans la maison alors que nous avions des visiteurs. Ma mère m'a rapidement rejeté en disant que cela n'était jamais arrivé et que je devais avoir rêvé toute l'histoire. Je me souviens d'avoir été très confuse. J'étais très inquiète, car je n'arrivais pas à distinguer la réalité de l'imagination ou des rêves. J'ai commencé à développer un trouble obsessionnel compulsif pour essayer de maintenir mon emprise sur la réalité. J'avais également peur de parler à voix haute, de peur de confondre à nouveau la réalité avec quelque chose d'autre.*




*Mon ex-conjoint a dit à notre fils que, s'il travaillait pour lui, il obtiendrait la compagnie, qu'il obtiendrait des actions et serait payé toute l'année. Il lui a également promis qu'il pourrait utiliser son véhicule pour se rendre sur les lieux de travail parce que l'essence et le kilométrage seraient également couverts. Même s'il ne travaillait pas pendant les mois d'hiver, il continuerait à recevoir un chèque de paie parce qu'il mettrait en banque ses heures supplémentaires. Lorsque le mois de novembre est arrivé, le père de mon fils ne l'a pas payé parce qu'il n'avait pas d'argent. Il a alors dit que mon fils avait mal compris ce qu'il lui avait expliqué, peut-être parce qu'il est stupide, qu'en fait mon fils devait ouvrir sa propre entreprise et déclarer les frais de kilométrage et d'essence comme dépenses. Il n'allait jamais lui rembourser ces dépenses. Mon fils n'est pas stupide, il a bien compris et il s'est rendu compte que rester là-bas ne ferait que le ruiner. Son père était plus que disposé à le jeter aux loups pour sauver sa peau.*

## Jeux de l'esprit

Les narcissiques remettent en question votre mémoire, vos pensées et les événements qui se produisent autour de vous, même si vous vous en souvenez correctement, de sorte que vous commencez à douter de votre santé mentale. J'ai vécu cela avec ma mère et ces jeux d'esprit sont cruels. Après avoir utilisé le déni, le mensonge, la désinformation et la contradiction pour vous faire douter de votre santé mentale, de votre mémoire et de votre perception, ils continueront avec leurs techniques passives-agressives pour vous culpabiliser à propos de tout ce qui s'est passé de mal et vous faire croire que vous n'avez jamais rien fait de bien. Ils tentent de vous persuader que vous êtes une personne désagréable. En réalité, ils veulent vous faire croire qu'ils vous rendent service en étant avec vous. Qui voudrait être avec vous, vous êtes horrible. Il s'agit d'un scénario typique dans une relation basée sur la violence, où l'agresseur prétend que l'autre l'a forcé à le faire. Même si la victime est sur un lit d'hôpital, c'est de sa faute si elle l'a provoquée à se battre. Il justifie littéralement ses actes en rejetant la faute sur l'autre personne. « Ils savaient mieux que moi qu'il ne fallait pas me provoquer en…
a) « en ne donnant pas leur chèque de paie »
b) « en me répondant ».
c) « en me demandant où j'étais toute la nuit ».

En fin de compte, l'objectif de la violence psychologique est de vous contrôler davantage en diminuant votre estime de vous-même, en vous rabaissant, en vous faisant vous sentir mal dans votre peau, en vous traitant de tous les noms, en vous faisant croire que vous êtes fou et en vous humiliant. Vous avez tellement honte que vous ne voulez même pas dire aux gens ce que vous vivez, de peur qu'ils ne confirment ce que le narcissique dit de vous depuis le début.

*L'idée est que vous finissiez par vous sentir mal dans votre peau. Cela peut paraître anodin. J'étais au restaurant avec des amis et je mangeais de la salade. J'ai apparemment pris une bouchée trop grosse et mon ex-mari s'est excusé auprès de l'autre couple en disant que je n'étais pas éduquée et que j'avais été élevée sans aucune politesse. Je suis assise là, à me demander si ma bouchée était vraiment si grosse qu'elle justifiait de telles excuses. Ses excuses étaient si sincères qu'elles m'ont fait douter de moi-même. J'avais 25 ans, je mangeais assez souvent au restaurant et personne n'avait jamais remis en question mes manières ou la taille de ma bouchée. Mais il a réussi à me faire douter de moi.*

*Je suis extravertie, j'aime rire, raconter des histoires et être le boute-en-train de la soirée. J'aime m'amuser et être en compagnie d'autres personnes. Avant de déménager dans l'Ouest, j'avais un grand cercle d'amis. Mon ex-mari et moi sommes allés à une fête et, sur le chemin du retour, il m'a dit que mon rire était embarrassant, qu'il attirait trop l'attention sur moi et que je devais l'atténuer. Je pense que le rire est l'un des dons les plus précieux de Dieu et que nous devrions rire chaque fois que nous en avons l'occasion. Mais son commentaire selon lequel je devrais être plus posée et plus modeste m'a interpellée. Comment arrêter un rire naturel et contagieux ? J'ai fini par ne plus rire et me contenter de sourire. Ce fut le début de ma dépression.*

*Une autre façon de jouer avec votre tête est de manquer une réunion. Disons que vous avez prévu d'aller au théâtre le jeudi. Vous attendez, ils ne viennent pas et ne répondent pas au téléphone. Vous vous inquiétez toute la nuit et le lendemain, lorsque vous arrivez enfin à les joindre, ils vous disent que ce n'était pas cette semaine, mais la semaine prochaine. Ils sont tellement convaincants que vous pensez que vous perdez la tête parce qu'il est évident que c'était cette semaine. Vous vous remettez en question. Si cela se produit plusieurs fois, vous pensez que vous devenez fou. Le problème, c'est qu'ils ne s'excusent pas pour la confusion, car tout est de votre faute. Et ils reportent le rendez-vous à un autre jour.*

## Le bombardement d'amour qui s'applique au conjoint et aux parents

Certains d'entre vous qui n'avez PAS vécu une relation narcissique peuvent penser que nous sommes stupides, mais ce n'est pas le cas. Parce que les choses n'ont pas toujours été ainsi. Il fut un temps où nous nous sentions aimés, spéciaux, appréciés, écoutés. Rien de tout cela n'était vrai. Ils ne nous ont jamais aimés, mais ils étaient très habiles à simuler des sentiments. Nous avons été dupes. Parce que nous les aimons maintenant, il est difficile d'admettre que quelqu'un qui nous aimait puisse volontairement nous faire du mal. Nous voulons que les choses redeviennent ce qu'elles étaient au début et nous essayons de faire en sorte que cela fonctionne. Personnellement, j'ai pris mes vœux de mariage au sérieux et ce n'était pas quelque chose que l'on abandonnait simplement sans faire d'effort pour le faire revivre et le faire durer. Je voulais élever mes enfants dans une famille unie. Pour mes convictions, pour mes enfants, j'ai fait tout ce qui était en mon pouvoir pour arranger les choses.

De nos jours, on parle de bombardement d'amour, mais lorsque j'ai étudié les cycles des relations abusives, il s'agissait de la période de rattrapage pendant laquelle l'agresseur semblait s'excuser. Il s'agit d'une technique de manipulation souvent utilisée par les narcissiques pour submerger leur victime de gestes romantiques destinés à faire en sorte qu'elle se sente plus que simplement flattée. Le « love bombing » conduit à l'établissement de liens traumatiques.

À cette époque, vous recevrez des cadeaux et des fleurs, vous sortirez, vous vous achèterez de nouvelles tenues. Le narcissique se montrera aimable, flatteur, et regagnera vos faveurs et votre attention. Cela peut également se produire lorsqu'il obtient ce qu'il veut. C'est aussi le moment où il révèle des détails intimes sur sa vie pour que vous partagiez la vôtre. Quel que soit le secret intime que vous partagez, il sera utilisé contre vous plus tard. C'est la période où ils exercent leur charme, il sort par tous les pores.



*Après trois ans de mariage insatisfaisant, je commençais à me demander pourquoi je l'avais épousé. Il n'était pas particulièrement intéressé par une relation intime, prétextant le travail posté et la présence d'un enfant à la maison. Il n'aimait pas que je le voie nu, alors il fallait que ce soit la nuit, dans le lit, dans le noir. Je me disais que notre prochaine mutation dans une nouvelle ville était le bon moment pour vendre la maison et emménager dans des résidences séparées. Il a dû sentir que je m'éloignais, car au bout de trois ans, je suis tombée enceinte. Lorsque j'ai appris que j'étais enceinte, je me suis demandé comment les choses allaient se passer, mais il était aux anges. Pour la première fois, j'ai reçu un beau cadeau de Noël, des boucles d'oreilles en diamant — bien loin de la poubelle de chandails à 5 $ que j'avais reçue l'année précédente. Il était gentil, attentionné et m'aidait même dans mes tâches ménagères. C'était un nouvel homme ! Après la césarienne, il a payé un chef pour qu'il vienne chez nous préparer un dîner de la Saint-Valentin, et c'était incroyable. Cela n'a duré que quelques mois, puis il a commencé à réclamer mon congé parental. Lorsque j'ai refusé, je suis entrée dans la phase suivante de l'enfer.*

## Affection et Attention

Après s'être montré très amoureux de vous et vous avoir comblé d'affection et d'intimité, il commence soudain à se priver d'affection. Nous ne parlons pas ici uniquement de sexe, mais de tout contact physique, comme une étreinte, se tenir la main, s'embrasser, se blottir dans le canapé. Ce refus intentionnel de l'intimité peut être le fait d'un parent qui cesse de faire des câlins à son enfant ou de le toucher gentiment. En outre, il vous accuse d'être responsable de ses problèmes, ce qui explique pourquoi il ne supporte pas d'être avec vous ou de vous toucher. Cela peut concerner la vie en général ou vous viser personnellement. Pour montrer à quel point vous le dégoûtez, il peut en venir à vous dénigrer, à dénigrer votre poids, votre apparence ou à vous comparer à quelqu'un d'autre. Il peut même aller jusqu'à menacer de quitter la relation ou de se suicider.

Il peut s'agir d'un contact constant, d'une réponse au téléphone lorsque vous l'appelez, d'un oubli de vous contacter ou de passer du temps avec vous, de manquer des rendez-vous, de vous laisser attendre, d'ignorer vos messages ou vos textos, et de vous faire vous inquiéter pour lui. Ils sont émotionnellement indisponibles et distants.



## Vos émotions ne comptent pas

Un narcissique invalidera vos pensées et vos sentiments. Il vous reprochera d'être trop sensible, même si vos préoccupations et vos émotions sont valables. Vos émotions sont les vôtres et elles vous appartiennent. Tout ce que vous ressentez est valable parce que vous le ressentez, un point c'est tout. Mais ils vous diront de vous épaissir, que vous soyez trop sensible, que cela ne dérange pas untel ou untel. En fin de compte, ils ne prendront pas la responsabilité de vous faire ressentir cela, mais je pense que c'est pire lorsque vos sentiments sont invalidés. Si quelqu'un vous dit que vos sentiments sont erronés, éloignez-vous et faites confiance à votre instinct. Vos sentiments vous appartiennent, personne ne peut vous dire ce que vous devez ressentir.

## Liens traumatiques

Cette valse entre votre prince charmant et le pire des méchants fait basculer votre vie en montagne russe. Vous voulez vous sentir aimé à nouveau, vous voulez de l'attention et de l'affection, et vous vous demandez ce que vous devez faire pour les obtenir à nouveau.

Le lien traumatique avec un narcissique est le résultat d'un renforcement positif intermittent de la part de l'agresseur. Cela signifie que le narcissique alterne les abus manipulateurs et les bombardements d'amour, ce qui conduit au développement d'un lien traumatique. Plus le temps passe, plus les liens traumatiques avec les narcissiques se renforcent.

*Exemple :*

*J'ai dit que j'envisageais de le quitter, puis je suis tombée enceinte et la vie s'est améliorée pendant un court laps de temps. Mais après lui avoir refusé mon congé parental, la situation a empiré. Nous devions organiser une fête pour le réveillon du Nouvel An chez nous. Nous nous disputions continuellement et il choisissait toujours des lieux publics pour m'humilier. Je me suis donc dit que ce serait une nouvelle occasion pour lui de m'insulter et j'ai tout annulé. J'étais enceinte et j'allaitais, je n'avais pas bu d'alcool depuis des mois et j'ai décidé qu'il serait dommage de le laisser boire le champagne tout seul. J'ai donc bu quelques coupes, assise seule devant le sapin de Noël. Je me demandais si j'étais prête à le quitter, ce qui impliquerait d'élever seule les deux enfants, car il était un mari et un père absent. Dans ma grande sagesse, j'ai décidé de faire l'amour avec lui une dernière fois pour voir si je ressentais quelque chose. J'avais eu mes règles environ un mois auparavant et j'étais censée les avoir d'un jour à l'autre, il n'y aurait pas de mal. Après cette nuit, j'étais fermement décidée à le quitter, car j'avais l'impression de faire l'amour avec un étranger. Cependant, mes règles n'ont jamais commencé et j'étais à nouveau enceinte. Je m'apprêtais à partir et j'allais avoir non pas deux, mais trois enfants à élever seule. J'étais terrifiée et je n'étais pas sûre de pouvoir le faire seule. Je n'avais personne à qui parler, alors je lui ai dit, en lui demandant d'attendre avant d'en parler aux autres parce que je n'étais pas sûre que ce soit le meilleur environnement et le meilleur moment pour donner naissance à un autre enfant dans cette épave de mariage. Cinq minutes plus tard, je l'ai entendu parler à sa mère au téléphone. Je me suis sentie prise au piège. J'ai pensé que, puisqu'il avait été si heureux la première fois que j'étais enceinte, il se montrerait à nouveau attentionné et affectueux et que je pourrais voir si je pouvais sauver mon mariage. Ce ne fut pas le cas. Il était distant, froid et j'étais plus seule que jamais. Nous nous sommes finalement séparés lorsque le bébé avait 9 mois.*

## Menaces de coercition

C'est le moment où le narcissique essaie d'affirmer son contrôle total. Il menace de vous faire du mal ou de faire quelque chose qui vous fera du mal. Il peut menacer de vous quitter, vous laissant seul, non désiré et sans ressources. Il peut aussi menacer de se suicider pour vous garder près de lui. Ils peuvent également menacer de vous dénoncer aux travailleurs sociaux au sujet des enfants. Si vous avez appelé la police, il vous menacera d'abandonner les poursuites ou vous contraindra à faire des choses illégales ou indésirables.

### Exemple :

*Au cours de la séparation et du divorce, il a menacé de se suicider et de laisser un mot aux enfants leur disant que c'était de ma faute s'il mourait. Les enfants avaient 6, 2 et 1 an. Il est intéressant de noter qu'une fois le charme rompu, il est plus facile de voir à travers la manipulation. Je lui ai dit simplement, sans émotion : « si tu veux te tuer, vas-y, c'est ton choix, mais les enfants ne sauront jamais rien de ta note ». Je pense que, dans ce cas, il s'est donné beaucoup plus d'importance qu'il n'en avait en réalité ; cela aurait en fait rendu ma vie bien meilleure s'il l'avait fait. Je savais qu'il s'agissait d'une manipulation et qu'il ne se serait jamais suicidé.*

*Après notre divorce, j'ai reçu des documents judiciaires dans lesquels il prétendait que je faisais du mal aux enfants. Lorsque nous avons comparu devant le tribunal, mes droits parentaux ont été suspendus et je n'ai été autorisée à voir les enfants que pendant la journée, pendant quelques heures, jusqu'à ce que le tribunal puisse se prononcer. Pour une raison quelconque, il a demandé à ce que nous soyons entendus par le même juge qui avait statué sur notre divorce après un procès de sept jours et demi. Un mois plus tard, le juge a été choqué que mes droits parentaux aient été suspendus et les a rétablis en déclarant spécifiquement qu'après un procès de 7,5 jours quelques mois auparavant, il n'y avait jamais eu d'allégations selon lesquelles je n'étais rien d'autre qu'une bonne mère pour les enfants. Ce fut la première d'une longue série de plaintes déposées contre moi auprès des services sociaux, qui ont enquêté sur moi pour maltraitance et négligence et m'ont déclarée non coupable. Ce n'est pas un soulagement d'être déclarée non coupable parce qu'on ne sait jamais quand viendra la prochaine fausse allégation, et j'ai toujours dû me défendre. L'anxiété et le stress étaient insupportables.*

*J'allais chercher les enfants chez lui et le stationnement était verglacé. Chaque fois que j'allais chercher les enfants, il pleurait, provoquait une scène et faisait pleurer les enfants. Ils étaient si jeunes qu'ils n'avaient aucune idée de la raison pour laquelle il était si désemparé. J'avais mis les enfants dans leur siège auto et j'étais prête à partir lorsqu'il a ouvert la porte arrière en pleurant et en voulant serrer ma fille dans ses bras une dernière fois. Je lui ai dit que c'était assez et j'ai levé le pied du frein pour le pousser dehors, mais la portière l'a heurté et il a glissé et est tombé par terre. Exaspérée, j'ai garé la voiture, j'ai fait le tour pour fermer la porte, je suis rentrée dans la voiture, j'ai verrouillé les portes et je suis partie. Entre-temps, il s'était remis sur pied. Le lendemain, la GRC, pour laquelle je travaillais, m'a fait venir pour*

### Manipulation financière

C'est probablement la pire situation, car elle limite votre capacité à quitter la relation. Ils vous encourageront à rester à la maison et prendront soin de vous. Si vous travaillez déjà, ils tenteront de vous convaincre d'abandonner votre emploi, même si, à long terme, vous êtes souvent le pilier financier du couple. S'ils parviennent à vous faire arrêter de travailler, ils pourront alors vous manipuler plus facilement, vous forcer à quémander de l'argent ou vous imposer une allocation stricte qui rend toute échappatoire difficile.

Ma tante, par exemple, devait travailler, mais elle était contrainte de remettre son salaire en rentrant chez elle. Elle devait cacher de l'argent pour pouvoir acheter des produits de première nécessité, pendant que lui dilapidait tout dans l'alcool.

Un narcissique gère très mal l'argent tout en prétendant être un as dans ce domaine. Il voudra toujours les dernières technologies, les meilleurs gadgets, qu'il s'agisse d'un bateau, d'un nouvel ordinateur ou d'une console de jeux. Comme il n'a aucune véritable estime de lui-même, il compense en s'entourant d'objets de valeur, de marques prestigieuses et cherche à impressionner les autres lorsqu'ils visitent son domicile. Pourtant, l'accumulation des dettes ne sera jamais de sa faute. Si vous vous retrouvez endetté parce qu'il a acheté un 4x4 ou un nouveau téléviseur, il vous fera croire que ce n'était pas pour lui, mais pour vous ou pour la famille. Et si vous devez contracter un prêt de consolidation, ce ne sera jamais à cause de ses dépenses inconsidérées, mais une conséquence inévitable, car, après tout, il vous aime et fait tout cela « pour vous ».
Si un narcissique possède de l'argent, il vous en privera, mais il exigera un accès total à vos comptes, vos cartes de crédit et votre ligne de crédit, sans la moindre restriction.

*Exemple :*

*Au départ, j'avais rejoint la GRC et déménagé dans une ville éloignée, mais j'ai eu beaucoup de mal à m'adapter à ce nouvel environnement. Être si loin de mes amis et de ma famille me pesait énormément, et je me sentais dépassée. Je me plaignais des difficultés que je rencontrais pour être respectée au travail. Avec le recul, je réalise maintenant que la campagne de dénigrement qu'il avait lancée fonctionnait parfaitement en sa faveur.*
*Il m'a suggéré de démissionner. Me sentant soutenue par lui, j'ai suivi son conseil et remis ma lettre de démission. Cependant, le surintendant a refusé de l'accepter. Il m'a conseillé de rentrer voir ma famille avant de prendre une décision définitive, puis de revenir travailler. C'est ce que j'ai fait. À mon retour, j'ai intégré une nouvelle équipe, et tout s'est bien passé.*
*Aujourd'hui, je prends conscience que, si j'avais quitté mon emploi à ce moment-là, je me serais retrouvée sans issue. J'ai pu partir de la manière dont je l'ai fait parce que j'avais un travail stable. Cet emploi m'a permis d'avoir un toit au-dessus de ma tête et de subvenir aux besoins de mes enfants et aux miens.*

Au bout du compte, avec l'âge, l'illusion du narcissique finit par s'effondrer. Peu importe où il tente de fuir, il ne peut échapper aux ponts qu'il a brûlés un à un. Avec le temps, son charme s'émousse, et il se retrouve face au vide de son existence : plus aucun exploit à revendiquer, plus aucun projet à accomplir.

Il a gaspillé son argent, son temps et sa vie à bâtir une façade, un monde de mensonges qui ne tient plus debout. Les autres ne croient plus à ses récits de complots et d'injustices, finissent par se lasser de son éternel rôle de victime et s'éloignent. Il termine alors seul, triste et pathétique.

# Les conséquences d'avoir été en contact avec eux

Peu importe qu'il s'agisse d'un parent, d'un ami, d'un membre de la famille, d'un collègue ou d'un conjoint. À terme, le narcissique vous laissera un fardeau écrasant fait de honte, d'anxiété, de dettes accumulées pour tous les cadeaux et jouets qu'il s'est offert avec votre argent, et d'une fatigue profonde.

Les victimes de personnes atteintes de narcissisme souffrent souvent de graves conséquences physiques et psychologiques, comme les troubles des glandes surrénales, la fibromyalgie, le lupus, ou d'autres maladies auto-immunes. Des recherches ont démontré que leur amygdale, une partie du cerveau, peut être durablement altérée, les piégeant dans un état constant de peur et d'anxiété. Certains développent des troubles, comme la psychose, l'hypervigilance ou encore l'agoraphobie.

Les enfants de parents narcissiques, quant à eux, sont fréquemment sujets aux crises de panique, aux phobies et à divers troubles de l'humeur.

Honnêtement, ils préféreraient vous voir mourir plutôt que de vous voir partir. Et cela leur donnerait même l'opportunité de jouer la carte du deuil et de se faire passer pour la victime afin d'attirer encore plus d'attention. Je n'exagère pas. Ils savent qu'ils ne peuvent pas maintenir une relation très longtemps, alors ils cherchent déjà un remplaçant tout en étant encore avec vous. En attendant, ils continueront de vous dévaloriser, de vous trahir et de rejeter tout ce que vous leur avez apporté… sauf l'argent et les biens matériels.

### Je peux les guérir

Si vous restez avec eux par peur de blesser leurs sentiments, ne vous inquiétez pas : leur personnalité ne fonctionne pas ainsi. Ils n'ont jamais développé de véritable attachement envers vous, donc ils ne peuvent pas être blessés. Ne ressentez aucune pitié pour eux, car, tout au long de la relation, ils n'ont toujours eu que leur propre intérêt à cœur. Votre départ ne sera pour eux qu'une occasion de se donner en spectacle et d'organiser la plus grande mise en scène de victimisation.

Ne vous bercez pas d'illusions en pensant que vous pouvez les aider. S'ils acceptent votre aide, ce ne sera jamais pour changer. Ils n'ont aucune intention de s'améliorer, car, à leurs yeux, ils sont déjà parfaits. Si vous croyez pouvoir les ramener à la réalité, détrompez-vous. Leur univers entier repose sur des mensonges et des faux-semblants, et, si vous tirez sur un seul fil, tout leur monde s'effondrera. Ils ne vous en remercieront pas, au contraire : ils vous en voudront et vous détesteront d'avoir osé insinuer qu'ils ne sont pas parfaits.

Il n'y a pas assez d'amour en vous pour les transformer. Souvenez-vous de cet adage : *On peut mener un cheval à l'abreuvoir, mais on ne peut pas le forcer à boire.* Les narcissiques, eux, préféreraient mourir de soif plutôt que d'admettre qu'ils doivent changer.

Le trouble de stress post-traumatique est une véritable pathologie qui se développe lorsqu'une personne a vécu ou été témoin d'un événement effrayant, choquant, terrifiant ou dangereux. Ces événements traumatisants impliquent généralement une menace pour la vie ou une blessure grave. Vivre avec un narcissique ou entretenir une relation avec lui entre parfaitement dans cette catégorie.

Vous ressentez de l'anxiété lorsque vous n'êtes pas avec votre agresseur, car vous vous demandez sans cesse ce qu'il est en train de manigancer. Cette obsession vous consume. À la vue d'un véhicule semblable au sien, vous prenez instinctivement la fuite, terrifié à l'idée qu'il soit venu vous harceler, vous blesser ou vous ramener de force.

Le moindre déclencheur peut réveiller en vous une vague d'angoisse, de dépression ou même des crises de panique : un simple son de notification de message ou d'appel téléphonique peut suffire à raviver les souvenirs de l'abus. Un courriel affichant son nom vous glace le sang, car vous savez que son contenu ne sera qu'une menace déguisée ou une tentative de manipulation, qui vous volera votre sommeil et alimentera votre anxiété face à la meilleure façon d'y répondre pour éviter une nouvelle spirale de violence psychologique.

Les nuits deviennent difficiles, les douleurs physiques s'installent, et votre corps, autant que votre esprit, porte les marques profondes de ce traumatisme.



*J'ai été diagnostiquée avec une fibromyalgie et un trouble obsessionnel compulsif. Je souffre également de trouble de stress post-traumatique, de crises de panique et d'anxiété.*

*Je refusais de parler au téléphone avec mon ex-mari à moins de pouvoir enregistrer la conversation, c'est pourquoi nous communiquions principalement par courriels. Pourtant, même des années après mon divorce, voir son nom apparaître dans ma boîte de réception me provoquait une crise de panique. Il me fallait au moins 24 heures avant de pouvoir me résoudre à lire ses exigences et demandes absurdes.*

*Lorsque je finissais enfin par ouvrir le courriel, j'avais l'impression de déclencher une bombe prête à exploser et à me pulvériser. Ensuite, je le lisais, l'imprimais, y réfléchissais longuement, et ne répondais qu'après avoir fait relire ma réponse par une personne de confiance, afin de m'assurer qu'elle restait neutre et ne risquait pas de le provoquer.*

*C'est à ce moment-là que je veux exprimer ma gratitude envers ces personnes qui m'ont soutenue pendant des années. Je me suis parfois demandé si elles me prenaient pour une folle à réagir ainsi, mais, malgré tout, elles ont toujours été là pour m'aider à formuler mes réponses, et pour cela, je leur en suis profondément reconnaissante.*

*Je n'ai eu aucune communication directe ni aucun échange de courriels depuis 2017. J'ai pu passer uniquement par des avocats et des organismes gouvernementaux. Aujourd'hui, je ressens enfin un immense soulagement : ma fille a obtenu son diplôme universitaire, et je n'ai plus à payer de pension alimentaire, ce qui met définitivement fin à toute nécessité de communication avec mon ex-mari.*

*Dans les deux prochains chapitres, nous examinerons d'abord le rôle d'un parent narcissique et son impact sur un enfant, puis nous aborderons ce que signifie être en couple avec un narcissique.*

*Ensuite, nous parlerons de vous : comment quitter une telle relation et se reconstruire après un tel abus. Mon objectif est de mettre en lumière les blessures que nous portons, de comprendre comment elles se forment, afin d'entamer ensemble un véritable processus de guérison.*

# Parent narcissique

L'internet semble penser qu'il existe une différence entre un père ou une mère narcissique. Ce n'est pas le cas. Ils agissent de la même manière et causent les mêmes dommages. Les rôles sont répartis entre le narcissique et celui qui le soutient. Bowlby, dans sa théorie de l'attachement, reconnaît qu'un donneur de soins peut être le parent biologique ou toute autre personne qui s'occupe des besoins d'un nourrisson entre 0 et 18 mois, ce qui affectera son développement social futur et sa relation à lui-même. Pour qu'un nourrisson développe un attachement sécurisant, il a besoin d'une personne qui réponde à ses besoins physiques, mentaux et émotionnels. Il peut s'agir d'une tante ou d'un grand-père, tant qu'il existe un lien sain, c'est ce qui est important. Je pense que je peux remercier l'Univers pour ma tante, c'est elle qui m'a permis de garder la raison. Je pense que c'est la raison pour laquelle, bien que j'aie été blessée par ma mère, l'amour que j'ai reçu de ma tante m'a sauvée.

## Regardons ensemble ce qu'est un parent sain

Un parent qui se soucie de ses enfants sera à l'écoute de leurs émotions. Il veut que ses enfants se sentent bien et qu'ils soient appréciés pour ce qu'ils font et entendus pour leurs opinions et leurs idées.

Le parent sain permet à ses enfants d'exprimer leurs émotions et les encourage à communiquer leurs sentiments pendant que l'adulte gère ses propres émotions. Quel parent n'a jamais entendu un enfant de 4 ans dire « Je te déteste » ? Nous savons qu'il ne nous déteste pas vraiment ; nous comprenons qu'il dit cela par frustration et qu'il est frustré parce que nous lui avons imposé une règle ou une limite. Nous répondons par un « ok » et attendons qu'il se calme pour en discuter ensemble.

Nous savons et comprenons que, bien qu'ils soient nos enfants, ils sont des individus à part entière, que nous sommes censés leur apprendre à devenir autonomes, capables de penser rationnellement et de prendre des décisions. Cependant, nous avons des attentes différentes en fonction de l'âge. Dans une certaine limite, nous les encourageons à explorer et à grandir et nous les laissons tester nos limites et nos frontières. Parce que les enfants ont des limites, ils se sentent vus, entendus et compris, ce qui les amène à se sentir respectés, encouragés et désirés.

## Comment agit un parent narcissique ?

J'aime la fantaisie, les contes de fées et les films. C'est peut-être parce qu'ils m'ont permis d'échapper temporairement à mon cauchemar, mais j'aime les films positifs du dimanche soir de Disney. Pourquoi est-ce que j'en parle ? Parce que l'histoire de Disney, Raiponce, vaguement basée sur la collection des frères Grimm, est un exemple direct d'un parent narcissique. La sorcière Gothel, qui a kidnappé Raiponce, est un exemple parfait de parent narcissique. L'autre exemple marquant est celui de la belle-mère de Cendrillon, Lady Tremaine. Cendrillon nous offre également l'avantage d'avoir les deux enfants en or comme belles-sœurs, alors que Cendrillon est la brebis galeuse.

Je suppose qu'il ne s'agirait pas d'un film d'animation Disney si le parent naturel n'était pas extraordinairement aimant et attentionné, et seules les belles-mères peuvent vraiment traiter un enfant aussi mal. Je me souviens avoir pensé, lorsque j'étais jeune, après avoir regardé Cendrillon, que j'avais peut-être été adoptée et que c'était pour cela que ma mère était comme ça avec moi. Car si elle était vraiment ma mère, elle ne me traiterait jamais de cette façon. Elle me traiterait comme Caroline Ingalls, de la petite maison dans la prairie, traitait ses propres enfants. Le fait que je sois blonde aux yeux verts et que mes frères aient tous des cheveux châtain foncé et des yeux bruns ou bleus a aidé ma théorie. J'ai pensé que cela montrerait qu'il existe dans la littérature des exemples clairs de troubles de la personnalité narcissique, et qu'ils font les meilleurs méchants.




Ils ne peuvent pas se connecter aux émotions de leurs enfants, car ils ne se préoccupent que d'eux-mêmes.

*Exemple :*

*Ma mère était pleine d'émotions. C'était les montagnes russes de l'angoisse, de la dépression, du désespoir, de la colère, de la tristesse, de la haine, etc. Il était de loin plus sûr de rester tranquille et à l'écart, car il n'y avait aucun moyen de savoir quand elle passerait de l'une à l'autre. Je pense que ce que nous ressentions n'avait pas vraiment d'importance parce que nous devions toujours faire attention à elle et à son humeur, pour essayer d'évaluer quand il était prudent de passer ou de demander quelque chose.*

*Ils ont de la difficulté à gérer leurs propres émotions, de sorte qu'ils culpabilisent ou punissent l'enfant lorsque celui-ci exprime une émotion. Ils laissent croire à l'enfant que ses émotions blessent le narcissique. Leurs enfants ne sont rien d'autre qu'une extension de leur réserve énergétique, ils ne sont donc rien de plus que des animaux de compagnie, des possessions qui rapportent de l'argent dans le cas d'une pension alimentaire, un outil pour manipuler l'autre parent, ou une source possible de validation pour eux-mêmes. Tout dépend s'il s'agit de l'enfant en or ou du mouton noir.*

## Vous êtes un outil

Dans tous les cas, si l'enfant n'est pas une source de validation de sa supériorité et de sa magnificence, ce qu'aucun enfant ne peut atteindre de manière réaliste, il est honteux. Leur frustration se transforme en problèmes de dépendance et en perte de soi. Ce besoin constant de perfection et ces attentes irréalistes à l'égard de leurs enfants entraînent des problèmes de dépendance.

Comme outil, ils ne veulent pas que l'enfant développe une estime de soi positive. Si vous savez que vous valez quelque chose, vous ne vous soumettriez pas à autant d'abus. Mais, comme vous n'en savez pas plus, vous pensez que c'est la même chose dans tous les foyers. Les parents narcissiques aiment faire honte à leurs enfants en critiquant leur poids, leur apparence, leur style, leur personnalité et leurs opinions. Le narcissique ne se préoccupe pas des dons et des capacités de l'enfant et essaie plutôt de le modeler à son image idéale. Il se vante de ses enfants ou, s'ils ne réussissent pas, il met ses échecs sur le compte de l'incapacité de l'autre parent à être un bon père ou une bonne mère.

*Exemple :*

*Ma mère voulait que je sois une femme indépendante sur le plan professionnel. Elle me répétait sans cesse que je ferais des études et que j'aurais une carrière. Je n'ai jamais eu l'occasion de me demander si c'était ce que je voulais vraiment, je n'ai jamais eu l'impression d'avoir d'autre choix que d'aller à l'université et de réussir. Lorsque je m'éloignais de cette image, elle était livide. Lorsque je suis tombée enceinte la deuxième fois, elle m'a dit que je gâchais ma vie, car il me serait impossible de mener une carrière et d'élever deux enfants.*

*J'étais une athlète, je jouais au hand-ball et je courais. Si je participais à des activités autorisées, je pouvais m'absenter de la maison sans être trop surveillée. Ce qui m'a sauvé la mise, c'est que ma mère ne conduisait pas et qu'elle était donc le plus souvent coincée à la maison. Pour moi, être ailleurs qu'à la maison signifiait une sécurité et une normalité relatives. J'étais extrêmement active, et j'avais donc un bon appétit. Elle prenait plaisir à me dire à chaque repas que j'étais grosse et dégoûtante. Je mesurais 1,80 m et je pesais 1,80 kg. Je n'étais pas grosse ; j'étais musclée et forte, mais il n'y avait pas de graisse.*

*Ce discours permanent sur mon poids et mon apparence m'a donné une image déformée de mon corps. En regardant des photos, je me suis rendu compte que j'étais en fait une belle fille. Je ne l'aurais jamais cru à l'époque.*

## Coercition

La coercition commence lorsque les enfants sont très jeunes. Le narcissique fait en sorte que ses enfants se sentent désolés pour eux et leur demande dès leur plus jeune âge de s'occuper d'eux, afin que l'enfant se sente responsable du bien-être du narcissique. Il considère ses enfants comme des animaux de compagnie, des biens et des prix.

*Exemple :*

*Je réalise que j'étais la huitième enfant d'une famille de huit personnes, et que quiconque dans ma situation devrait être très spéciale pour attirer l'attention. Mais dans mon cas, j'étais comparée à mon frère, qui avait 19 ans de plus que moi. Pendant des années, j'ai voulu que la comparaison cesse et que l'on me considère comme une personne à part entière. J'ai travaillé si dur pour être parfaite, pour avoir les meilleures notes et être reconnue. Je me souviens d'avoir reçu mon bulletin scolaire en 8e année et d'avoir obtenu une moyenne générale de 98 pour l'année. J'ai pensé qu'il était impossible qu'elle n'ait pas de reconnaissance pour cela. Je me souviens encore aujourd'hui de sa voix qui disait : tu vois, si tu avais fait attention, tu aurais pu avoir 100. C'est ce jour-là que j'ai compris qu'elle ne me reconnaîtrait jamais.*

Leurs besoins ressemblent à un abîme ou à un trou noir. Ils ne peuvent jamais être satisfaits ou se sentir complets. Ils vivent en permanence en mode de survie, et rien n'est jamais suffisant. Ils sont incapables de s'occuper des autres, car les autres sont la source qui les remplit. Ils ne peuvent pas comprendre qu'ils seraient plus épanouis en donnant de l'amour et en recevant de l'amour plutôt qu'en volant l'énergie de tout le monde. Ce phénomène s'étend aux enfants, qui sont délaissés. Ils ignorent les besoins de leurs enfants si cela ne leur apporte aucune gloire. Ils ne sont pas et ne peuvent pas être à l'écoute des émotions de leurs enfants parce qu'ils sont égocentriques.

*Exemple :*

*Ma mère était particulièrement imprévisible. Je n'ai jamais été physiquement proche d'elle parce qu'au moindre mouvement, elle pouvait tirer la courroie de derrière la cuisinière et vous frapper avec. Ou bien elle marchait derrière vous et vous frappait à la tête.*

*Ma sœur, qui a 24 ans de plus que moi, est venue un jour rendre visite à ma mère et lui a demandé où j'étais, ce à quoi ma mère a répondu que je devais jouer chez le voisin, mais qu'elle ne savait pas exactement chez qui. Ma sœur a été consternée par le fait que ma mère n'avait aucune idée de l'endroit où se trouvait son enfant de deux ans. Ma sœur est venue me chercher chez la voisine. Elle a dit à ma mère que je devrais être à la maison.*

*J'avais 2 ans et je demandais de l'aide aux voisins. Tous les voisins ont toujours veillé sur moi, mais je n'avais jamais réalisé que, sans eux, je n'avais personne pour s'occuper de moi.*



Le parent narcissique vous en veut lorsque vous êtes jeune parce que vous avez besoin de soins, d'attention et de temps, ce qui le détourne de ses propres préoccupations. Son conjoint vous donne du temps qu'il devrait avoir pour lui tout seul. Cependant, lorsque vous pouvez être indépendant et devenir votre propre personne, ils vous en veulent de vouloir partir et vous préparent à devenir leur soignant et leur esclave. Ils ne veulent pas que vous pensiez par vous-même et que vous soyez indépendant parce que vous pourriez réaliser à quel point ils sont terribles et que, si vous partez, vous ne reviendrez jamais.

*Exemple :*

*J'étais libre de faire ce que je voulais. Tant que ce n'était pas dans la maison. Je partais après le déjeuner et jouais dehors, dans la piscine sans surveillance où je grimpais aux arbres et après mes 8 ans, je pouvais quitter la cour. Je partais le matin et revenais à 17 heures pour le dîner. Lorsque j'étais à l'école, je jouais dehors et je laissais mes frères plus âgés entrer avant moi pour pouvoir passer inaperçu devant ma mère. Comme je faisais toujours mes devoirs, que j'étudiais toujours et que j'avais d'excellentes notes, ma mère n'avait aucun intérêt à revoir mes leçons avec moi. Elle a cessé d'assister aux réunions parents-professeurs en deuxième année. Lorsque je lui ai demandé pourquoi, elle m'a répondu que c'était toujours la même chose, que tu étais formidable, mais que tu parlais trop. Je leur ai dit de t'occuper et tu ne parleras pas. Tout a changé lorsque j'ai eu mes règles, j'étais alors surveillée de près et je ne pouvais rien faire, aller nulle part ou voir qui que ce soit.*

*Ma tante a toujours été mon recours et j'ai commencé à travailler dans un restaurant de hamburgers à 14 ans et j'ai réussi à m'acheter un super vélo à 18 vitesses. J'avais le droit de faire du vélo, alors j'en faisais tout le temps. Une fois, j'avais prévu d'aller voir ma tante; il me fallait environ 3 minutes à vélo pour m'y rendre. Ma tante m'a invité à dîner et peut-être à dormir chez elle, car c'était l'été. Ma mère, qui se berçait dans un état végétatif près de la fenêtre, s'est réveillée.*

*– Où vas-tu ?*
*– Chez ma tante*
*– Non, tu restes ici.*
*– Pourquoi ?*
*– Passe du temps avec moi.*
*– Il est 14 heures et tu ne m'as pas dit un mot de toute la journée. Pourquoi est-ce important maintenant que j'ai quelque chose à faire?*
*– Parce que je suis ta mère. Je reconnais que ce que j'ai dit ensuite est sorti comme un sort et ce n'est qu'après l'avoir dit que j'ai réalisé que je n'aurais pas dû le faire. Cependant, je n'avais pas d'intention malveillante en le disant, je ne faisais que constater un fait.*
*— Tu n'es pas ma mère. Enfin, tu es ma mère biologique, mais ma tante est bien plus ma mère que toi. Donc, si je dois passer la journée avec ma mère, j'irai chez ma tante.*
*– Je vais te montrer qui est ta mère! » Sur ces mots, elle s'est précipitée vers le sous-sol, a ramené un 2X4 et a commencé à me frapper. J'étais à terre, et dans sa rage, elle n'a pas remarqué que le bâton était trop long et qu'il heurtait le sol, et non mon corps étendu, protégeant ma tête. Le morceau de bois s'est cassé et j'ai couru à la cuisine pour attraper le plus grand couteau que j'ai pu trouver.*

*— Tu ne me frapperas plus! Frappe-moi encore et je te tue ! J'ai dit très courageusement.*
*– C'est bon, comme ça, tu seras comme moi », a-t-elle dit en souriant. (Ce n'est pas une fiction, c'est vraiment arrivé) J'ai remis le couteau dans le tiroir, je l'ai regardée droit dans les yeux et je lui ai dit :*
*– Je préférerais mourir plutôt que de te ressembler de près ou de loin. » Je suis passé devant elle, je suis allé dans ma chambre et j'ai fermé la porte à clé. Il n'y avait pas de service d'urgence dans ma petite ville et, en proie à une véritable crise de panique, je ne me souvenais plus du numéro de téléphone de la police. Mes mains tremblaient tellement que j'avais du mal à tenir le téléphone. Le seul numéro dont je me souvenais était celui de ma tante, alors je l'ai appelée.*

*Elle est venue et lorsqu'elle est arrivée, j'ai couru dehors et je me suis enfermée dans sa voiture. Je lui ai dit de m'emmener chez un médecin, à la police, hors d'ici. Mais ma tante était victime de sa sœur narcissique. Elle avait fait de son mieux pour s'occuper de moi, sachant très bien que ma mère n'avait pas et n'aurait pas eu d'objection à ce que je meure, après tout, elle en avait 7 de plus. Elle a essayé de m'expliquer que, si elle me prenait maintenant, ma mère l'empêcherait de me reprendre. Il valait mieux que je retourne dans ma chambre et que j'attende vendredi pour qu'elle vienne me chercher.*

Le narcissique n'affecte pas seulement les enfants, mais tous ceux qui l'entourent. Ma tante savait bien jouer le jeu, mais, honnêtement, elle avait aussi peur de ma mère et de ce qu'elle pourrait faire. Je ne suis allée ni à la police ni chez le médecin. De retour dans ma chambre, j'étais encore sous le choc lorsque mon père est rentré à la maison. Je ne sais pas ce qu'elle a dit à mon père, mais il a déverrouillé ma porte et m'a donné un coup de pied en me disant d'arrêter de pleurer pour rien. Je dormais sur un matelas posé à même le sol et j'ai reçu un coup de pied dans les côtes. Je me souviens avoir pensé que cela faisait vraiment mal et que je n'étais pas censée pleurer ? Je l'ai regardé et je pense qu'il s'est rendu compte qu'une fois de plus, il avait été manipulé par sa femme. Il m'a dit d'arrêter et a quitté la pièce. Quels mensonges ma mère lui avait-elle racontés sur ce qui s'était passé ce jour-là pour qu'il soit en colère contre moi ? Je ne l'ai jamais su.

### Les apparences sont la priorité

Pour un narcissique, les apparences sont primordiales. Il se soucie beaucoup de l'image qu'il donne aux autres. Ainsi, pour le reste du monde, ma mère, qui mesurait 1,80 m, était la victime d'un mari autoritaire qui mesurait 1,80 m et qui était surintendant sur des chantiers de construction commerciale. Elle était toujours bien tenue, la maison était impeccable et elle préparait le dîner tous les jours. Elle se levait à 5 heures du matin pour préparer le petit-déjeuner de mon père, qui partait travailler. Cependant, dès que mon père était parti, elle s'occupait des autres. J'ai toujours mangé des céréales parce que je pouvais le faire moi-même. Je prenais une soupe Lipton au poulet et aux nouilles tous les jours pour le déjeuner et je dînais à la première heure. Ensuite, je faisais la vaisselle pendant le reste du repas.

Ma mère se plaignait que mon père était radin et qu'il n'avait pas d'argent pour m'acheter de nouveaux vêtements, si bien que mes tantes lui donnaient les vêtements usagés de leurs filles pour que je les porte. En public, elle parlait doucement, c'était un ange. Mais plus elle devait se retenir en public, plus c'était difficile après à la maison.

Elle portait l'empreinte de la victime dans tout ce qu'elle faisait, recevant l'attention et le soutien de tout le monde. Mais lorsque nous arrivions à la maison, elle racontait des ragots sur eux, en particulier sur la sœur de mon père, le faisant presque regretter de leur avoir rendu visite. C'était une vipère vicieuse qui crachait son poison. Enfant, j'ai compris que c'est ainsi qu'elle isolait mon père de sa famille. S'il n'allait pas leur rendre visite, au moins elle ne parlait pas d'eux en mal et ne rappelait pas des événements qui s'étaient déroulés 40 ans auparavant. J'ai entendu l'histoire tellement de fois que je pourrais la raconter à sa place. Elle ne pardonnait jamais !

### Compétition

Les narcissiques sont par nature extrêmement compétitifs, ils font semblant de se soucier de vous lorsque cela leur est profitable, mais ils font passer leurs besoins et leurs désirs en premier. Une mère narcissique considère ses filles comme une concurrence et une menace et a tendance à émasculer son partenaire. Un père narcissique considère sa fille comme une aide-soignante et une bonne, tandis que son fils est le concurrent.

*Dans ma famille, il y avait ma sœur née en 1948, puis 6 frères et moi en 1972. Sur les huit enfants, elle a consacré la majeure partie de sa haine à ma sœur et à moi, tout en préparant mes frères à devenir des soignants potentiels pour elle. Elle a quitté mon père après soixante ans de mariage en laissant une note sur la table disant « Je te quitte » et n'a dit à personne qu'elle partait, sauf bien sûr à mon frère qui l'a recueillie. Elle pensait qu'il était de notre devoir de la retrouver et de courir après elle, même si c'était elle qui était partie.*

## Le centre de l'attention

Le parent narcissique a constamment besoin de parler de lui-même. Rappelez-vous qu'au début, il y avait deux types de narcissiques. L'un est le type grandiose, qui ne peut être efficace que s'il a quelque chose dont il peut se vanter, sa maison, sa carrière, son argent, etc. Avec l'âge, la plupart des narcissiques ont moins de raisons de se vanter et se transforment en victimes. Ils parleront de leurs échecs et des occasions manquées parce que tout le monde dans leur vie les a gâchés. Essayez d'imaginer que, chaque fois que vous entendez le parent narcissique parler, c'est de votre faute pour tout ce qui a mal tourné dans le monde. Vous êtes blâmé autant que ses parents, son conjoint, sa famille, ses amis. Tous ceux qui ne sont plus en contact avec eux jouent le rôle de tortionnaire en facilitant leur récit de victime.

Le parent narcissique est le patron. Il contrôle tout, c'est indispensable. Dans ma famille, ma mère n'a jamais vraiment travaillé en dehors de la maison, elle n'avait donc pas accès à l'argent. Elle avait cependant une grande influence sur mon père et sur la façon dont il dépensait l'argent.

Ils doivent avoir raison tout le temps. Ils ne se soucient pas de vos sentiments. Ils vous font vous sentir mal dans votre peau, ils vous font douter de vous-même et de vos expériences. Ils vous manipulent ou profitent de vous pour leur propre intérêt. Ils ne prennent pas leurs responsabilités et ne s'excusent jamais. Ils veulent contrôler tous les aspects de votre vie. Ils trouvent des moyens de vous blesser sans avoir l'air d'être les méchants. C'est l'intimidateur par excellence. Ils exigent l'obéissance et ont des attentes déraisonnables.

Le parent narcissique a un sens de soi tellement fragile en raison des traumatismes subis pendant l'enfance que ses défenses visent inconsciemment à protéger son ego et à donner l'image d'une personne extraordinaire qui a toujours raison. Il prétend vouloir le meilleur intérêt des enfants tant que cela correspond à ce qu'il pense être le mieux, et pas nécessairement ce qui est le mieux pour les enfants. Le parent narcissique aime vous dire comment penser et vous comporter plutôt que d'encourager l'enfant à faire confiance à son propre jugement. Les enfants se sentent honteux lorsqu'ils n'obtempèrent pas ou ne se plient pas aux exigences du parent narcissique. On vous reproche des choses dont vous ne pouvez pas être responsable, mais ils vous transmettent leurs responsabilités. Ils vous intimident ou vous punissent si vous n'obéissez pas.



*Ma mère narcissique disait à tout le monde que mon père était radin et qu'il ne lui achetait rien. Mon père était le méchant. Cependant, lorsque nous allions faire des courses et que mon père proposait d'acheter des vêtements à ma mère, c'est elle qui déclarait que c'était trop cher et qu'elle préférait attendre que le prix soit réduit. Pourquoi une personne qui ne cesse de se plaindre qu'elle n'obtient jamais rien refuserait-elle l'offre de nouvelles chaussures ou de nouveaux vêtements ? Parce que cela remettrait en cause son discours bien ancré selon lequel mon père était le méchant. Elle ne pouvait plus raconter cette histoire qui, jusqu'à présent, lui avait permis d'attirer l'attention, la pitié et l'énergie.*

*Ma mère dirigeait la maison, car mon père était parti travailler et, comme il était spécialisé dans les bâtiments commerciaux, tels que les hôpitaux, les écoles et les centres commerciaux, il devait souvent voyager pour son travail et ne rentrait à la maison que les week-ends. Ma mère ne buvait pas, mais, en plus d'être narcissique, elle souffrait de maladies mentales, de dépression, et se parlait à elle-même. Avec le temps, j'ai pu discerner cela.*

*Ma mère était si douée pour cela que tout le monde la prenait en pitié, achetait sa projection sans jamais savoir ce qu'elle était vraiment derrière les portes closes, jusqu'à ce que je brise le silence et que je prenne la parole. Ma mère était du type narcissique vulnérable. Elle recherchait la pitié des autres. Elle se comportait comme une victime et était experte dans l'art de montrer une image d'impuissance. Elle paraissait généreuse en préparant de grands repas de fête, mais elle s'en plaignait tout le temps. Vous devez comprendre qu'elle ne faisait que paraître vulnérable, ce n'est que la façon dont ils jouent et vous manipulent, cela ne les rend pas moins nocifs que le type grandiose.*

### Frères et sœurs

Lorsque vous avez plus d'un enfant, vous essayez d'encourager l'individualité de chacun d'entre eux. L'un peut être un rat de bibliothèque, tandis que l'autre aime la musique et qu'un troisième peut être doué pour le sport. En tant que parent, vous encouragez leurs dons et talents uniques tout en prenant le temps de faire en sorte que chaque enfant se sente aimé, apprécié et pris en charge.

En revanche, un parent narcissique fera preuve de favoritisme à l'égard de ses enfants. Il jouera les martyrs en toute occasion. Il monte la famille les uns contre les autres, manipule et contrôle tout le monde. Généralement, un narcissique a un « enfant en or », celui qui ne peut pas faire de mal. Cependant, la position de l'enfant en or est occupée par celui qui fait exactement ce qu'on lui dit. Il est le prolongement du parent. Ils vivent et respirent pour le parent narcissique. Ils sont dorés jusqu'à ce qu'ils essaient de s'aventurer seuls et de faire ce qu'ils veulent. Ils doivent suivre à la lettre le plan créé par le narcissique et ne pas s'en écarter. Ils ont l'air de réussir et d'être heureux, mais c'est le prix à payer pour l'enfant en or de maintenir la façade. Souvent, ils ne peuvent pas supporter le poids de la responsabilité qui leur est imposée et finissent par s'effondrer. Car, même s'ils sont l'enfant chéri, ils ne sont pas exempts de manipulation émotionnelle ou de manque d'empathie. Ils se débrouillent simplement différemment pour répondre aux besoins du parent narcissique.

La comparaison constante avec les autres membres de la fratrie provoque une rivalité entre frères et sœurs, ce qui permet au narcissique de mieux contrôler la situation en divisant et en conquérant au sein de sa propre famille. L'éclairage au gaz rend l'enfant favorisé spécial pendant un certain temps, mais seulement s'il peut conserver son statut de favori. Le narcissique les monte les uns contre les autres. Ce manque d'empathie crée une compétition entre les enfants pour essayer d'attirer l'attention sur le statut d'enfant en or. Le favoritisme est évident pour quiconque regarde, mais ceux qui sont à l'intérieur se battent pour survivre avec des œillères.

L'autre enfant typique est le « mouton noir », celui qui doit assumer toutes les fautes et tous les défauts du monde. Il peut y avoir des brebis galeuses dans n'importe quel type de famille. Une brebis galeuse est considérée comme mauvaise ou sans valeur par les autres membres de la famille. Mais un parent narcissique en aura plusieurs, car il ne peut y avoir qu'un seul enfant en or. Cette situation est créée en critiquant, rabaissant ou jugeant constamment les enfants.

S'il n'y a qu'un seul enfant, il sera automatiquement le mouton noir. Pourquoi ? Parce que quelqu'un doit absorber tous les reproches. Les narcissiques ont tendance à considérer leur conjoint comme leur esclave, mais ils savent déjà que tout le monde finira par partir, et c'est pourquoi ils prendront l'enfant au piège pour qu'il devienne leur soignant personnel lorsqu'il sera plus âgé.

Dans tous les cas, un parent narcissique utilisera la culpabilité ou la honte pour vous contrôler. Avec un parent narcissique, il ne faut pas dévoiler ses cartes, car tout peut être retourné contre vous. Si vous avouez quoi que ce soit, cela devient un outil de manipulation ou de torture, surtout s'il s'agit de quelque chose pour lequel vous éprouvez des remords ou de la culpabilité.


Cela limite les interactions et un narcissique ne communique pas bien. Lorsqu'il le fait, c'est pour critiquer et blâmer. Il n'y a pas de conversation à moins qu'il ne parle de lui-même. L'enfant se retrouve alors dans un environnement où il n'apprend pas à communiquer efficacement. L'enfant apprend seulement que ce qu'il a à dire n'est pas important et n'a aucune valeur. Ils ont tendance à être silencieux à la maison et très bavards lorsqu'ils sont à l'extérieur.

Les narcissiques ne sont agréables en conversation que s'ils accaparent toute l'attention. Il contrôle le sujet de la conversation et ne s'intéresse pas à votre opinion. Il interrompt fréquemment la conversation pour essayer de ramener le sujet à lui. Ils sont incapables de se préoccuper de ce que vous exprimez au cours de la conversation et se concentrent uniquement sur leurs besoins et leurs intérêts.

Ils ont des opinions bien arrêtées, savent tout sur tout et vous donnent des conseils non sollicités sur la façon dont vous devriez vivre votre vie. La communication est pour eux un outil, et les ragots sont leur principal sujet de conversation. S'ils ne peuvent pas parler d'eux-mêmes, ils seront ravis de pouvoir démolir la réputation ou les réalisations de quelqu'un d'autre.

L'enfant apprend à se taire et à ne pas révéler grand-chose sur lui-même, ce qui favorise la poursuite de la relation abusive. Il s'étonne que quelqu'un pense à lui, car il a été formé à n'être heureux qu'en rendant quelqu'un d'autre heureux.


*Voici une histoire intéressante sur la façon dont ma mère limitait la communication que nous avions avec notre père et entre nous. Elle nous disait toujours que papa était fatigué et qu'il fallait le laisser tranquille lorsqu'il rentrait du travail. Cette stratégie semblait fonctionner davantage avec mes frères et sœurs nés dans les années 50. Pour ma part, je grimpais souvent sur ses genoux pour regarder le journal avec lui. Cependant, lorsque je suis devenu trop grand pour cela, je m'asseyais à table pendant qu'il mangeait et engageais la conversation avec lui tout en lui chipant quelques légumes ou une pomme de terre.*

*Elle nous faisait manger à des heures différentes, si bien que nous n'avions jamais cette cohésion familiale, cet espace central où nous retrouver. La plupart du temps, je mangeais seul ou en compagnie d'un ou deux frères, puis les autres prenaient leur repas ensuite, et j'étais relégué à la corvée de vaisselle. On m'envoyait au lit à 19 h 30, ce qui limitait encore davantage mes moments d'échange avec mon père. À ce moment-là, mes deux aînés étaient déjà mariés et installés dans leurs propres foyers, il ne restait donc plus que six d'entre nous à la maison.*

*La plupart de mes frères restaient dans leur chambre, mais moi, je m'infiltrais souvent dans celle des jumeaux pour lire des bandes dessinées sur leur lit pendant qu'ils préparaient leur équipement de hockey ou de baseball. J'allais vers eux, mais eux ne se cherchaient pas mutuellement. Notre famille était fragmentée.*

## Pas de limites

Le parent narcissique est terrifié à l'idée de perdre le contrôle, ce qui entraîne une absence totale de limites. Il doit tout savoir sur vous afin de mieux vous contrôler. Il est difficile d'exprimer ses propres limites à l'âge adulte lorsque l'on n'en a jamais eu.

Le besoin constant de satisfaire le narcissique et de répondre à ses exigences empêche l'existence même de toute frontière. On parle de limites parce qu'elles marquent cette ligne subtile où vous existez en tant qu'individu et prenez soin de vos propres besoins. Sans elles, vous devenez une simple extension du narcissique, qui peut alors vous utiliser à sa guise.

### *Exemple :*

*Vous êtes malade, mais ils ont besoin d'un transport chez le médecin. Vous avez de la fièvre et êtes incapable d'aller travailler, mais pour eux, c'est une occasion idéale pour vous demander de les conduire au centre commercial. Votre état de santé leur importe peu. Puisque vous n'êtes pas au travail, vous devenez automatiquement disponible pour répondre à leurs besoins.*

## Manque d'intimité

En tant qu'enfant de parent narcissique, vous n'avez aucune intimité. Cela fait partie de l'absence totale de limites. L'enfant apprend à tout garder pour lui, sachant pertinemment que le parent narcissique finira tôt ou tard par utiliser ces informations pour le blesser, lui faire du chantage ou le manipuler à son avantage.

De nos jours, cela reviendrait à lire les textos de son enfant, installer un logiciel espion dans sa chambre, surveiller ses courriels ou encore placer un traceur sur lui pour connaître chacun de ses déplacements. Ma mère narcissique lisait mes journaux intimes et écoutait mes conversations téléphoniques.

*J'écrivais tout dans mon journal intime. J'y avais noté que j'avais vécu une intimité avec mon premier amour. J'ignorais totalement que ma mère le lisait régulièrement. Elle a gardé cette information pour elle… jusqu'au jour où, furieuse contre moi, elle a décidé de s'en servir. Lors d'un repas, après que je l'aie contrariée d'une quelconque manière, elle l'a révélé à mon père.*

*Je me souviens de cette scène avec une clarté effrayante, persuadée, à cet instant précis, que j'allais mourir. Ma mère était assise dans sa chaise berçante près de la fenêtre, son regard animé d'une lueur malsaine qui rappelait presque la noirceur de Gollum. Mon père était installé à une extrémité de la longue table de cuisine rectangulaire, et moi, à l'autre bout, près du couloir menant à ma chambre. Il lisait son journal et, lentement, en un mouvement presque irréel, il l'a abaissé. (Ce genre de ralenti se produit lorsqu'on entre en état d'hypervigilance, pris entre l'instinct de combat ou de fuite.) Il m'a regardée.*

*J'étais figée, pétrifiée. Dans mon esprit, je le voyais bondir par-dessus la table et m'étrangler. Mais au lieu de cela, il a tourné la tête vers ma mère et a vu son expression, ce visage déformé par l'attente d'une explosion, l'espoir qu'il perde son sang-froid et qu'il me tue — ce qu'elle, de toute évidence, avait échoué à faire quelques semaines plus tôt.*

*À ma grande surprise, et au désespoir absolu de ma mère, il est resté calme. Il m'a simplement demandé si j'aimais ce garçon. J'ai répondu que oui. Il a alors dit que c'était possible, que j'étais peut-être l'une des rares chanceuses à avoir trouvé son âme sœur si tôt. Mais, si ce n'était pas le cas, je devrais éviter d'avoir des relations tant que je ne serais pas certaine de mes sentiments. C'était une chose délicate pour une fille, et il ne voulait pas que je gagne une mauvaise réputation. J'ai acquiescé, puis j'ai filé droit vers ma chambre.*

*Je me suis enfermée à clé pour me protéger de ma mère, dont l'échec cuisant ne faisait que nourrir sa rage et son envie de vengeance. J'ai rassemblé tous mes journaux, les ai déchirés en miettes et les ai jetés à l'école. Je n'ai plus écrit dans un journal intime pendant des années, à mon grand détriment, car c'était mon seul refuge pour exprimer mes tourments intérieurs et mes émotions.*

## Secrets

Pour que le monde illusoire que construit le narcissique puisse perdurer, le secret est essentiel. Je ne pourrais compter le nombre de fois où ma mère semblait me rendre un service, mais m'interdisait d'en parler, surtout pas à mes frères et sœurs, sous prétexte qu'ils en seraient contrariés. Tout devait rester dissimulé, personne ne devait connaître la prétendue générosité du narcissique.

Avec le temps, ces secrets s'accumulent, et l'enfant finit par s'effondrer sous leur poids. Bien souvent, il n'y avait même pas de véritable raison de garder le silence, mais le simple fait de partager un secret créait une responsabilité implicite : l'enfant devenait alors garant du bien-être du narcissique. Cette charge alimentait son anxiété et l'incitait à se taire, de peur de dire quelque chose qu'il ne fallait pas.

Bien sûr, ce secret pouvait ensuite être utilisé comme un levier de coercition, un outil supplémentaire de manipulation.

### Discipline

Dès le plus jeune âge, un parent narcissique inflige aux enfants des mises à l'écart excessivement longues, une forme de traitement silencieux adaptée aux tout-petits et une tactique efficace pour éviter d'avoir à s'occuper d'eux. Normalement, un enfant ne devrait pas être mis en retrait plus longtemps que son âge en minutes : un enfant de deux ans ne devrait pas être isolé plus de deux minutes. Pourtant, ces parents négligent les besoins de leurs enfants en leur refusant amour, attention et soins, tout simplement parce qu'ils ne veulent pas s'embarrasser de leur éducation.

Cependant, si vous êtes aussi malchanceux que je l'ai été, la négligence valait toujours mieux qu'une raclée. La violence pouvait prendre la forme de bousculades, de coups, d'insultes, de menaces, de punitions corporelles, etc. Le but était clair : vous blesser et anéantir toute lumière en vous. J'imagine que l'objectif ultime était de faire de vous un pantin sans volonté, un être soumis qu'ils pourraient manipuler et contrôler à leur guise.

### Comportements violents

L'imprévisibilité du comportement du parent narcissique pousse les enfants à éviter tout contact et toute confrontation, les amenant à s'isoler pour échapper aux accès de colère soudains, aux coups ou aux disputes inattendues. Cette dynamique perturbe profondément leur développement émotionnel et mental, mais le stress constant, l'inquiétude et l'anxiété ont également un impact sur leur développement physique normal.

*Exemple :*

*J'essuyais la vaisselle pendant que ma mère monologuait rageusement, perdue dans l'un de ses discours habituels. Mes frères et sœurs, bien plus âgés que moi, étaient présents dans la cuisine. Silencieusement, je l'imitais, et cela les a fait rire.*

*Sans prévenir, ma mère a pris l'assiette qu'elle avait dans les mains et l'a brisée sur ma tête. C'est étrange de voir comment on réagit dans ces moments-là. Elle a simplement continué à faire la vaisselle comme si de rien n'était. Lentement, j'ai levé la main vers ma tête pour vérifier si je saignais. J'ai regardé ma paume : elle était propre. Je l'ai montrée à mon public silencieux, puis j'ai repris mon chiffon et me suis remis à essuyer les assiettes.*

*Je choisis cet exemple parce que, dans n'importe quel autre contexte, des adultes se seraient précipités pour porter secours à un enfant de huit ans qui venait de recevoir une assiette sur la tête. Mais dans le château du narcissique, personne n'a osé bouger. Personne n'a cherché à savoir si j'allais bien, parce qu'ils savaient que s'ils l'avaient fait, ils risquaient eux-mêmes de recevoir la poêle en pleine figure.*

*C'est aussi une scène sordide parce qu'elle m'a fait comprendre, à un âge bien trop jeune, que j'étais seul. Et que personne ne viendrait me sauver.*

Il est peu probable que vous ayez deux parents narcissiques. Deux narcissiques ne peuvent pas coexister dans le même environnement. Bien souvent, l'autre parent est incapable de s'opposer au narcissique et finit par devenir un facilitateur.

Un facilitateur est normalement une personne qui soutient ses enfants et les aide à atteindre leurs objectifs dans un cadre positif. Il ne les freine pas, mais leur ouvre la voie pour qu'ils puissent exceller. Cependant, dans ce contexte, le terme *facilitateur* est employé dans un sens négatif. Il désigne quelqu'un qui adopte de manière persistante un comportement facilitateur, en justifiant ou en soutenant indirectement les agissements potentiellement nuisibles d'une autre personne. Autrement dit, *faciliter* signifie ici soutenir, de manière directe ou indirecte, les tendances malsaines du narcissique.

*Exemple :*

*Mon père était le facilitateur de ma mère.*

*À 18 ans, pensant être enfin adulte, j'ai cru que je pouvais avoir une conversation avec mon père au sujet de mon enfance, de ma mère et de son comportement abusif. J'avais quitté la maison depuis deux ans et je me sentais prête à lui en parler. Je me trouvais dans un lieu public, ce qui me procurait un sentiment de sécurité, et je lui ai dit que, en tant que père, j'avais attendu de lui qu'il me protège. Je ne pouvais pas croire qu'il ignorait ce qui se passait à la maison et qu'il n'était jamais intervenu.*

*Mon père m'a alors expliqué que, de son temps — il était né en 1925 —, la responsabilité des hommes était de travailler, de subvenir aux besoins de leur famille, de leur offrir un toit, des vêtements et de la nourriture. À son crédit, mon père ne buvait pas, il avait travaillé toute sa vie et il avait été un excellent pourvoyeur. Il m'a ensuite expliqué que le rôle des femmes était de s'occuper de la maison et d'élever les enfants, et que c'était ainsi que le monde fonctionnait. Les hommes sont à l'extérieur, les femmes sont à l'intérieur. Il ne voulait pas qu'elle lui dise comment faire son travail, et il ne se considérait pas qualifié pour lui dire comment élever les enfants.*

*Je lui ai répondu que, même si c'était ainsi qu'il voyait les choses, un père devait intervenir lorsque ses enfants étaient maltraités et corriger une injustice. Nous savions tous les deux qu'elle souffrait de troubles mentaux. À l'époque où j'avais 14 ans, elle avait suivi une thérapie de jour et s'était améliorée pendant quelques mois. Il savait que son comportement n'était pas normal, que sa façon de nous discipliner ou de nous blesser était anormale. Je lui ai dit que j'avais grandi dans la peur, l'anxiété, toujours vulnérable face à ses sautes d'humeur, et qu'il aurait dû me protéger.*

*C'est alors qu'il a prononcé la phrase la plus révoltante que j'aie jamais entendue :*
*« Eh bien, tu sais comment elle est. »*
*Je vais expliquer toute la portée de cette simple phrase. Elle signifiait que je savais qu'elle était vindicative et cruelle, qu'elle cherchait toujours à se venger pour les choses les plus insignifiantes. Cela voulait dire que s'il s'était dressé contre elle pour me protéger, elle se serait retournée contre lui et il aurait dû affronter sa colère vengeresse.*
*À cet instant, j'ai senti un volcan entrer en éruption en moi — et même le Vésuve n'aurait rien eu à m'envier. Mais, sous le grondement de ce volcan, une petite voix calme m'a soufflé :*

*« Tu n'es pas là pour te battre. Tu as entamé cette conversation pour essayer de te rapprocher de ton père et bâtir une relation avec lui. Lui crier dessus, même si ta colère est légitime, ne changera rien. Tu sais comment elle est. Toi, tu n'as eu affaire à elle que pendant 16 ans, lui, cela fait 43 ans qu'il la subit. Elle l'a brisé, elle l'a détruit, il n'a plus la force de lutter contre elle. »*

*J'ai pris une profonde inspiration et je lui ai dit que je comprenais, et que je lui pardonnais. Je ne reviendrais plus jamais sur ce sujet. Je voulais tourner la page et essayer de construire une relation avec lui, loin de son influence.*

*Mon père m'a regardée, les yeux remplis de larmes, puis il m'a prise dans ses bras et m'a dit qu'il était désolé. Je n'avais jamais vu mon père pleurer. Je n'avais jamais entendu d'excuses dans cette maison, sauf quand c'était nous qui devions nous excuser.*

*Je l'ai serré contre moi et lui ai dit que je l'aimais. Et peut-être, pour la première fois de sa vie, il a compris que ces mots ne cachaient aucune attente, aucun marchandage. Je l'aimais inconditionnellement, avec ses faiblesses et ses peurs, simplement parce qu'il était mon père. Ce fut un tournant dans notre relation. Nous avons réussi à nous rapprocher, et, loin de ma mère, nous avons partagé des moments de joie et de complicité. Mon père était déjà à la retraite à ce moment-là, et j'essayais de l'appeler aussi souvent que possible. Mais ma mère a fini par s'en rendre compte. Elle a commencé à répondre systématiquement au téléphone et raccrochait après notre conversation, m'empêchant ainsi de lui parler seul à seul.*

*Alors, j'ai trouvé une autre solution. Je l'appelais uniquement lorsqu'elle était sortie, afin que mon père et moi puissions discuter librement, sans craindre qu'elle n'utilise plus tard nos paroles contre nous.*

### Si l'autre parent ne s'active pas

Si l'autre parent parvient à se séparer du parent narcissique, il pourra offrir amour et bienveillance à l'enfant, à condition de se reconstruire d'abord. Cependant, le parent narcissique ne lâchera pas prise si facilement, et cette lutte durera toute une vie. Ainsi, le parent non narcissique ne pourra jamais complètement se détacher ni être pleinement présent à chaque instant où il le devrait. Les tactiques du narcissique perdurent, même après la séparation et même lorsque l'autre parent a quitté le foyer.

Nous aborderons dans le chapitre sur la coparentalité avec un narcissique ce qui arrive aux enfants issus de parents séparés. En fin de compte, qu'un parent reste ou parte, le résultat n'est guère plus favorable : ce sont toujours les enfants qui en paient le prix.

### Le futur d'un enfant de parent narcissique

Le narcissique sait qu'il ne peut pas retenir un partenaire, alors il tente de conditionner son enfant à devenir dépendant de lui, que ce soit financièrement ou émotionnellement. En décourageant son enfant de chercher un emploi, il l'empêche d'acquérir une expérience professionnelle, ce qui compromet ses chances de trouver un travail à temps plein plus tard. Il use d'un leurre, lui faisant miroiter la possibilité de rester à la maison « le temps de trouver ses repères », tout en s'assurant qu'il ne les trouve jamais. Ce n'est qu'une autre forme de manipulation destinée à vous garder sous son emprise.

Le narcissique s'attend à ce que vous deveniez son soignant. Pendant un temps, il vous donnera l'impression d'avoir enfin gagné sa confiance, mais, en réalité, il ne se soucie pas de vous. Ce n'est qu'un stratagème supplémentaire pour vous garder à proximité. Comme le parent narcissique veut des serviteurs dévoués à ses moindres besoins, il ne veut pas que vous pensiez à vous-même. Il vous maintiendra constamment occupé, même si vous vous mariez et fondez une famille.

Son absence totale de limites viendra interférer avec votre vie, votre travail et votre mariage. Il est même possible que vous finissiez par divorcer, incapable de dire non à ce parent envahissant, à son plus grand plaisir. Il ne manquera pas de vous rappeler combien vous êtes mauvais dans vos décisions qu'il vous eût prévenu(e) que votre conjoint(e) n'était pas la bonne personne. Et il vous offrira un refuge temporaire chez lui, sous prétexte de vous aider à « repartir du bon pied ». Mais en réalité, ce sera le moment où il enfoncera définitivement ses griffes en vous, vous piégeant pour de bon.

## Les effets de grandir avec eux

Être soumis à un parent narcissique a des répercussions indéniables sur une personne. Un enfant élevé par une mère ou un père narcissique ne recevra ni empathie, ni affection, ni réconfort. Le narcissique ne veut pas que son enfant développe une image positive de lui-même et fasse tout pour lui enlever ce qui pourrait le faire se sentir bien.
Si ses cheveux ou ses dents sont brossés, ce sera fait de manière brutale et douloureuse… si tant est que cela soit fait. Le narcissique ne veut pas que ses enfants soient beaux ou attirants, car cela détournerait l'attention de lui. Il les punira en leur retirant ce qu'ils aiment, ou, pire encore, il détruira leurs objets précieux et les rendra responsables des conséquences.



*J'ai appris à prendre soin de moi toute seule. À huit ans, j'avais déjà plusieurs caries. Le dentiste m'a demandé comment je me brossais les dents et a vite compris que je n'en avais aucune idée. Il m'a alors montré comment le faire correctement. De la même manière, j'ai appris à coiffer mes cheveux en observant les autres. J'ai découvert par moi-même comment les attacher et les tresser. J'étais fière de ma longue chevelure.*

*Ma mère m'a envoyée chez une coiffeuse parce que je refusais qu'elle touche à mes cheveux — à chaque fois, je finissais avec une coupe asymétrique et bâclée. Elle m'avait dit que je n'allais faire qu'une simple frange, mais, avant même que je comprenne ce qui se passait, la coiffeuse m'avait coupé 30 centimètres de cheveux. J'ai hurlé, je suis descendue du fauteuil et lui ai demandé ce qu'elle était en train de faire. Elle s'est excusée, croyant simplement exécuter ma demande, car ma mère lui avait affirmé que c'était ce que je voulais. Après cela, j'ai fait repousser mes cheveux et, dès que j'ai eu mon propre argent grâce au gardiennage, je suis allée chez un autre coiffeur.*

Un enfant élevé par un parent narcissique quitte souvent l'enfance pour entrer dans l'âge adulte déjà épuisé. À 20 ans, il peut avoir l'impression d'en avoir 40, après avoir passé toute sa jeunesse en mode survie. Cette fatigue n'est pas seulement émotionnelle, mais aussi physique et mentale. Grandir avec un parent narcissique signifie une enfance marquée par la négligence, des rôles imposés, un contrôle permanent de son être tout entier et une peur omniprésente : celle de ne pas être aimé, de ne jamais être à la hauteur et d'être abandonné. Ne pas avoir de lien d'attachement sécurisant est extrêmement néfaste pour un enfant. Et grandir aux côtés d'un parent facilitateur, qui cautionne cette dynamique, laisse peu d'espoir.

Les narcissiques utilisent ensuite le gaslighting pour vous pousser à remettre en question votre propre mémoire. Ils mentent, se contredisent, nient l'évidence et détournent le sujet dès que vous tentez d'exprimer une plainte. J'appelais cela de la cruauté mentale. Petit à petit, l'enfant perd toute capacité à exprimer ses besoins en toute sécurité dans une relation et devient quelqu'un de « facile à vivre ». Il devient une cible idéale, car il a horreur des conflits et a été façonné pour plaire aux autres, quitte à s'effacer complètement.

À force, ces enfants finissent par ressentir une colère profonde sans toujours en comprendre la raison. Ils ont peur de poser des limites, ou en sont incapables, et évitent les conflits à tout prix. Cela fait d'eux des proies parfaites pour d'autres, narcissiques, à l'âge adulte. Ils gardent leurs opinions pour eux et deviennent hypersensibles aux émotions des autres.

Voyons maintenant à quoi ressemblent les dommages laissés par une telle enfance.

## Les dommages causés par un parent narcissique

L'enfant finira par devenir un adulte avec une faible estime de soi, enclin à trop s'excuser, manquant d'amour-propre, excessivement critique envers lui-même et envahi par le doute. Il aura de la difficulté à poser des limites et ressentira une honte intérieure constante, sans même que le parent narcissique ait besoin d'intervenir — car il aura été conditionné ainsi.
Un narcissique façonne le parfait serviteur qui dit toujours oui, car c'est ce qui lui convient le mieux. Ainsi, les enfants ayant survécu à ce type de parent ont tendance à vouloir « sauver » les autres, s'inquiétant sans cesse des problèmes des autres au détriment de leurs propres besoins. Ils finissent par s'oublier et deviennent des boucs émissaires sacrificiels.
N'ayant jamais développé d'attachement sécurisant, ils redoutent le rejet et le prennent très personnellement. Ils ne se sentent ni dignes d'être aimés, ni écoutés, ni compris. Ayant grandi en se sentant invisible, cette impression les poursuit à l'âge adulte. Ils ne savent plus qui ils sont, ou pire, ils n'ont jamais eu la possibilité de le découvrir. Dans une famille narcissique, l'enfant apprend à refouler sa colère et ses émotions négatives, car il est dangereux de les exprimer ouvertement.
Ayant été constamment humilié pour ses pensées et ses actes, il finit par cacher sa véritable nature, de peur qu'on ne l'aime pas ou qu'on l'utilise contre lui. Il culpabilise lorsqu'il prend du temps pour lui-même.

Il n'est donc pas surprenant qu'il manque de maturité émotionnelle et de joie de vivre. N'ayant jamais été autorisé à être un enfant, il peut adopter un comportement infantile, avoir du mal à jouer, à s'amuser et à faire face aux réalités de la vie ou à la critique. Ayant toujours eu le sentiment de ne pas appartenir à sa propre famille, il continue à chercher sa place, que ce soit à l'école, au travail ou dans des groupes sociaux.

Si l'enfant a été l'enfant parfait, il a un risque plus élevé de développer un trouble narcissique de la personnalité, car il n'a reçu que peu d'empathie et de compassion. Son parent narcissique l'a élevé en lui faisant croire qu'il était supérieur aux autres membres de la fratrie.
Pire encore, une personne saine et bienveillante lui semblera étrangère. Ayant grandi dans la violence émotionnelle et un environnement familial dysfonctionnel, il peut développer des problèmes de codépendance, d'apathie ou avoir besoin de ressentir des émotions fortes en adoptant un comportement rebelle. Il pourrait rechercher le chaos, devenir accro à l'adrénaline et être enclin à l'autosabotage, en plus d'être excessivement critique envers lui-même.
Les survivants d'un parent narcissique n'ayant pas appris à entretenir des relations saines, ils peinent à faire confiance à leurs propres émotions. Ils ne savent pas reconnaître les signaux d'alerte, ce qui les rend plus vulnérables aux relations toxiques, qu'elles soient amicales, professionnelles ou amoureuses.
Comme leur parent narcissique était une figure insécurisante et indigne de confiance, ces adultes ont souvent du mal à respecter l'autorité. Ayant grandi dans un état d'hypervigilance et de mode survie, ils ne savent pas comment s'apaiser et gèrent leurs émotions négatives par le biais de dépendances variées : alcool, drogues, sexe, réseaux sociaux, nourriture, etc.

## Vivre en mode hypervigilance

Cela peut vous amener à vivre en mode survie, où tout semble urgent et doit être accompli immédiatement, sans possibilité de prioriser. Vous êtes constamment épuisé, ce qui entraîne un manque de concentration et des moments d'absence. Votre sommeil est perturbé : vous vous réveillez souvent, faites des cauchemars et commencez chaque journée dans un état de stress et/ou d'anxiété. Aucun jour ne semble être une bonne journée, et vous finissez par vous engourdir émotionnellement. Vous perdez votre capacité à ressentir de la joie, et plus rien ne vous procure de plaisir, que ce soit dans ce que vous faites ou même dans ce que vous mangez. Vous êtes en hypervigilance constante face à votre environnement et aux autres, réagissant émotionnellement de manière disproportionnée.

Vous pourriez même ressentir un profond désespoir et avoir des pensées suicidaires. C'est de là que je suis parti, mais tout n'est pas perdu. Si vous êtes en détresse, demandez immédiatement de l'aide : consultez un médecin ou un psychologue. Vous n'êtes pas obligé de traverser cette obscurité seul(e).

# Peut-on s'éloigner de nos parents ?

Le parent rejettera l'enfant, et il existe en nous une part profondément humaine qui a besoin de la reconnaissance de ses parents. Un enfant reste un enfant, même à 30, 40 ou 50 ans, tant qu'il ne se libère pas du besoin d'être aimé ou validé par le parent narcissique. Mais cela n'arrivera jamais. C'est une cause perdue. Tant que vous n'aurez pas compris que vous devez vivre votre propre vie, indépendamment des rêves et des attentes du parent narcissique, vous ne serez jamais libre.

Plus tôt vous accepterez cette réalité, plus vite vous entamerez votre guérison et trouverez votre liberté.

Tant que vous resterez sous l'influence du parent narcissique, il continuera à vous faire croire que vous devez faire plus d'efforts pour mériter son amour. Les enfants devenus adultes sont conditionnés pour subir encore plus d'abus, non seulement de la part du parent narcissique, mais aussi dans leurs relations amicales et amoureuses.

Plus loin dans ce texte, vous trouverez un chapitre entier sur le rétablissement, avec des conseils pour reprendre le contrôle de votre vie et gérer un narcissique avec qui vous ne pouvez pas complètement rompre les liens (parent, collègue, ex-partenaire avec qui vous partagez la garde des enfants, etc.).

Mais pour l'instant, je veux d'abord explorer les relations avec un narcissique, avant d'aborder la guérison. Si vous avez été victime d'un parent narcissique, vous avez plus de chances d'être dans une relation narcissique. Il est donc essentiel que vous compreniez qui ils sont et comment ils vous affectent, afin de briser le schéma qui vous a mené jusque-là.

# Relation avec une personne narcissique

Les contes de fées de Disney continuent de nous offrir d'incroyables exemples d'individus narcissiques, et le cas le plus flagrant est sans doute celui de Gaston dans *La Belle et la Bête*. Belle ne succombe pas au charme de Gaston, nous empêchant ainsi d'observer une relation narcissique en action. Cependant, nous avons tout de même l'occasion de voir comment Gaston pense et agit. Il n'aime pas Belle, mais il doit l'avoir. Pour lui, elle n'est rien de plus qu'un trophée de plus à ajouter à sa collection. Il traite Lefou de manière exécrable, manipule l'opinion du village et va jusqu'à soudoyer un psychiatre pour faire interner son père, dans le but de la faire chanter et l'obliger à l'épouser. Tout le village, aveuglé par son apparence, ses talents de chasseur et sa capacité à cracher (dégoutant !), l'admire sans réserve. Encore une fois, Disney ne pouvait sans doute pas concevoir un film pour enfants où la princesse est piégée dans une relation avec un narcissique — ce serait bien trop sombre.

Puis, il y a Dolores Ombrage, un personnage de *Harry Potter*, cruelle et manipulatrice, qui finit par rejoindre Voldemort. Elle illustre parfaitement ce que cela signifie d'être coincé dans une relation toxique avec un collègue narcissique. Miranda, du film « Le Diable s'habille en Prada », est sans doute l'incarnation ultime du patron narcissique.

Horace Slughorn, un autre personnage de *Harry Potter*, favorise certains élèves, crée un club exclusif pour les plus talentueux et cherche à nouer des relations privilégiées avec eux, espérant en tirer profit plus tard par association. Il savoure l'influence que lui confère sa proximité avec les riches et les puissants. Il n'éprouve aucun scrupule à revendre du venin sur le marché noir pour un peu d'argent supplémentaire.

En passant à des scénarios plus adultes, un excellent exemple de femme narcissique se trouve dans *Gone Girl* (2014) avec Ben Affleck. L'histoire suit Nick Dunne, un ancien écrivain new-yorkais, et sa brillante épouse Amy, qui donnent au monde l'image d'un mariage parfait. Mais le jour de leur cinquième anniversaire de mariage, Amy disparaît, et Nick devient rapidement le principal suspect. Sous la pression de la police et l'emballement médiatique, l'image du couple s'effondre, jusqu'à ce que Nick parvienne à prouver qu'Amy est toujours en vie et qu'elle a orchestré toute cette mise en scène dans le but de le punir et de l'envoyer en prison afin de pouvoir refaire sa vie ailleurs.

Un autre exemple marquant est *Les Nuits avec mon Ennemi* (1991) avec Julia Roberts. Pour échapper à son mari violent, Martin, Laura Burney met en scène sa propre mort avant de fuir Cape Cod et de s'installer dans l'Iowa sous une nouvelle identité. Pourtant, même après avoir échappé à son bourreau, elle continue de souffrir et peine à guérir. De son côté, Martin découvre des indices prouvant qu'elle est toujours en vie. Après avoir obtenu la confirmation auprès de la mère de Laura, il se met à la traquer jusqu'en Iowa, où il la retrouve et recommence à la terroriser, la forçant une fois de plus à se battre pour sa vie.

Dans Fear (1996), avec Reese Witherspoon, Nicole Walker, 16 ans, rencontre David McCall, 23 ans, dans une boîte de nuit à Seattle et tombe immédiatement sous son charme. David est excitant et charismatique, et, malgré leur grande différence d'âge, il parvient à séduire la famille

de Nicole — à l'exception de son père, Steven, qui reste méfiant. Ses soupçons se confirment lorsque David se révèle être un sociopathe violent, considérant Nicole comme sa propriété et voyant sa famille comme un obstacle à leur relation. Bien que le film accélère le déroulement de leur relation, il illustre parfaitement le comportement typique d'un narcissique.
Morale de l'histoire : une relation avec un narcissique ne finit jamais bien.

## Est-ce que tous les mauvais partenaires sont nécessairement narcissiques ?

Non, les narcissiques relèvent des troubles de la personnalité. Cela inclut le trouble de la personnalité antisociale, le trouble de la personnalité histrionique (une condition mentale caractérisée par des émotions instables, une image de soi déformée et un besoin irrépressible d'attention) et le trouble de la personnalité limite (qui affecte la capacité d'une personne à gérer ses émotions). L'ensemble de ces troubles se manifeste généralement par un comportement excessivement émotif et imprévisible.

Il existe de nombreux autres troubles de la personnalité, tels que la sociopathie, la psychopathie ainsi que les troubles de la personnalité exploitante et manipulatrice. Un mauvais partenaire peut aussi provenir d'un environnement abusif, être violent ou présenter un comportement dérégulé en raison d'une dépendance.

### À quoi ressemble une relation saine ?

Dans une relation saine, vous vous sentez en sécurité et appréciez la compagnie de l'autre. La communication est ouverte, ce qui signifie que vous êtes écouté(e) et reconnu(e). Vos besoins sont comblés sur les plans physique, émotionnel et mental. Il y a une confiance mutuelle et un respect réciproque. En cas de désaccord, celui-ci est résolu de manière constructive. Votre estime de soi grandit, et vous vous soutenez mutuellement de façon équilibrée. Vous vous encouragez dans la poursuite de vos rêves et de vos passions, et vous prenez ensemble des décisions bénéfiques pour chacun.

### À quoi ressemble une relation toxique avec un(e) narcissique ?

Être en couple avec un narcissique vous fait sentir plus seul(e) que si vous étiez célibataire. Ils veulent que vous consacriez tout votre temps à être avec eux ou à les attendre. Vous n'avez pas la possibilité de cultiver des amitiés ni de faire partie de groupes sociaux. Si vous passez du temps avec quelqu'un d'autre, ils interviendront sans cesse : en entrant dans la pièce, en vous appelant sans relâche ou en inventant de fausses urgences pour vous faire partir.

Incapables de communiquer sainement, ils provoquent des disputes fréquentes et laissent les conflits s'envenimer sans jamais chercher à les résoudre. Ils ont tendance à fuir les conversations difficiles ou à éviter toute forme de résolution. Pire encore, ils peuvent vous accuser de quelque chose afin de détourner l'attention d'eux-mêmes, vous forçant ainsi à vous défendre plutôt qu'à discuter du vrai problème. Ils ne vous font pas confiance, car ils savent pertinemment qu'eux-mêmes ne sont pas dignes de confiance.

Ils vous font croire que vous êtes indigne d'amour afin de mieux vous garder sous leur emprise et ne respectent aucune limite. Ils critiquent constamment les décisions que vous prenez seul(e) pour semer le doute en vous et reprendre le contrôle sur votre vie.



Vous constaterez qu'il y a très peu de différence entre une relation narcissique et une relation abusive.

Dans une relation abusive, le partenaire violent cherche à contrôler avec qui vous passez du temps, limitant ainsi votre accès aux autres, à certaines activités et même à votre capacité à socialiser. Il utilise le gaslighting et la manipulation au lieu d'une communication ouverte. Il n'y a aucune confiance, car il doit maintenir un contrôle total pour vous empêcher de partir.

Il n'y a aucun respect, et toute tentative de résoudre un conflit tourne à la destruction, que ce soit par la violence verbale ou physique. Il ne respecte pas les limites, car cela impliquerait que vous êtes une personne distincte de lui, alors qu'il vous considère seulement comme une extension de lui-même, destinée à combler ses désirs et ses besoins.

Il vous dit des mensonges et vous manipule pour vous garder sous son contrôle. Il finira par vous dénigrer, vous insulter et vous blesser avec des remarques acerbes. Il minimisera son comportement abusif et ne prendra pas vos préoccupations au sérieux. Pire encore, il niera toute violence de sa part et rejettera la faute sur vous, affirmant que c'est vous qui l'avez provoquée.



Je tiens à être clair avant d'aller plus loin : une relation avec un narcissique est une relation abusive. Il n'y a aucune différence. La seule particularité, c'est que les narcissiques suivent un schéma reconnaissable. Il est essentiel de comprendre que vivre avec un narcissique signifie être dans une relation abusive.

Dans toute relation abusive, un cycle bien identifiable se met en place :

1. **Au début, tout est parfait.** Ils sont votre âme sœur. Ils semblent incroyables, partagent vos goûts, vos opinions et vos émotions. Ils feront et diront tout pour vous convaincre que vous êtes faits l'un pour l'autre.
2. **Puis, la tension monte.** Au fil du temps, ils peinent à maintenir leur masque et leurs mensonges. La communication commence à se détériorer, et vous sentez qu'un conflit se prépare.
3. **Un incident éclate.** Se sentant menacés par votre indépendance ou par une perte de contrôle sur vous, ils provoquent un événement — qu'il s'agisse d'abus verbal, émotionnel ou physique. Vous faites face à de la colère, du blâme, des disputes, des menaces et de l'intimidation.
4. **L'après-crise.** Parce que vous les aimez, vous tentez d'apaiser la situation. L'abuseur s'excuse, mais il rejette toujours la faute sur vous. Il minimise les faits, trouve des excuses, nie la gravité de l'incident et prétend qu'il ne s'agissait que d'un simple désaccord.
5. **La lune de miel.** Lorsque l'incident s'efface de votre mémoire, vous entrez dans une phase d'accalmie. Cela renforce son comportement, car il réalise qu'il peut recommencer sans conséquences. Chez le narcissique, on parle alors de *love-bombing* : il vous couvre d'attention, de cadeaux, d'affection, vous invite à des sorties romantiques — exactement

comme au début de la relation. Mais tout cela n'est qu'une stratégie pour mieux vous manipuler à l'avenir.

6. **Le cycle se répète.** Et il se répétera encore et encore. À chaque fois, la phase de lune de miel devient de plus en plus courte, tandis que la violence, elle, s'intensifie.

## Qu'est-ce qui déclenche le comportement abusif du narcissique ?

Qu'est-ce qui met un narcissique en colère et déclenche un incident abusif ? C'est le fait que vous ne soyez pas entièrement centré(e) sur ses besoins.

Si vous osez maintenir un contact avec vos amis, cela provoquera un épisode. Si vous ne le placez pas sur un piédestal ou ne lui offrez pas une admiration excessive, il ne reçoit pas l'attention dont il se nourrit et, à l'image d'un enfant de deux ans, il fait une crise. Si vous exprimez des pensées ou opinions contraires aux siennes, un conflit éclatera. Si vous osez remettre en question l'une de ses affirmations et êtes sur le point de déceler un mensonge, il y aura un incident.

Même pointer une erreur insignifiante peut déclencher une explosion. Par exemple, s'il a oublié d'acheter du lait en rentrant à la maison, cette simple omission réveillera ses insécurités et son anxiété. Incapable de les gérer, il les déversera sur vous comme un volcan en éruption.
Si vous ne correspondez pas parfaitement à l'image qu'il veut projeter, il ne manquera pas de vous le rappeler : que vous avez pris du poids, que vous devez être « meilleur(e) » pour répondre à ses critères.

*Exemple :*

*Imaginez que vous ayez vos propres centres d'intérêt, ce qui impliquerait un cercle social distinct (couture, course automobile, jeu de quilles, sport, etc.) et une carrière qui vous rend financièrement indépendant(e). Cela signifierait que vous interagissez avec des personnes dans un cadre qu'ils ne peuvent pas contrôler.*

*Peut-être, parlez-vous de votre relation, et quelqu'un remarque qu'elle semble restrictive, voire abusive. Le narcissique fera tout pour vous culpabiliser ou provoquer un incident à chaque fois que vous sortez. À force, pour éviter les conflits, vous finissez par annuler vos plans, quitter votre groupe ou votre équipe et rester à la maison.*

Je tiens à vous rappeler qu'ils peuvent être hommes ou femmes, dans des relations hétérosexuelles ou homosexuelles. Être narcissique n'est pas réservé à une sphère d'individus spécifique, ni à une culture, une race ou une religion. Ils sont de toutes formes, mais sont généralement charmants, beaux et bien entretenus. Ils aiment se montrer, alors ils portent des vêtements de marque, des bijoux et conduisent des voitures de luxe. Tout pour projeter une image de réussite et d'argent.

## Leur objectif premier : Vous isoler de votre famille et vos amis

### *Exemple :*

*Mon ex-mari ne m'a jamais dit directement : « Tu ne peux pas être ami(e) avec une telle personne. » À la place, il trouvait toujours des excuses pour annuler chaque rencontre et organisait d'autres activités où nous étions uniquement tous les deux.*

- ***« On ne peut pas y aller, je suis malade. »*** *Cette excuse revenait souvent pour éviter les réunions de famille, les anniversaires et autres retrouvailles. Il s'attendait bien sûr à ce que je reste à la maison pour m'occuper de lui.*

- ***« J'avais prévu une soirée romantique pour nous ce jour-là. »*** *Sachant qu'un narcissique peut vous infliger des périodes de silence ou retirer son affection sous divers prétextes (« Je suis fatigué », « Je ne suis pas d'humeur », etc.), cette promesse d'une soirée spéciale vous incite à annuler vos plans. Mais, lorsque la date arrive, il n'y a souvent rien de prévu. Pire encore, il peut nier l'avoir dit ou prétendre que vous vous êtes trompé(e) de jour.*

- ***« On ne peut pas recevoir, la maison a besoin de rénovations, de ménage... »*** *Bien entendu, il ne lèvera jamais le petit doigt pour aider à nettoyer ou à effectuer les travaux nécessaires.*

- ***« Nous n'avons pas le temps de voir qui que ce soit, nous devons... arracher les mauvaises herbes, entretenir le jardin, décorer... »*** *À force, un schéma se dessine et vous finissez par comprendre que ces contraintes ne s'appliquent jamais lorsque sa propre famille veut venir ou lorsque ses amis vous invitent.*

## Langage

Tu es indigne, alors comment pourrais-tu continuer sans eux ? Ce sont les seuls qui ne t'aimeront jamais. Leur langage mérite d'être observé attentivement. Ce sont eux qui diront en premier : « Je t'aime. » Ils feront même semblant d'être blessés si tu ne le leur dis pas immédiatement en retour.

Cependant, lorsqu'ils disent « Je t'aime », ce qu'ils veulent réellement dire, c'est :

- **J'aime le fait que tu m'aimes**, c'est pourquoi il est si important pour moi que tu me le dises en retour.
- **Je t'aime parce que tu rends ma vie fantastique**, parce que tu tolères mes petites humiliations et que tu ne me confrontes jamais à mes abus.
- **Je t'aime parce que tu m'achètes tout ce que je veux**, que tu me sauves financièrement, me permettant ainsi de rester irresponsable.
- **Je t'aime parce que tu crois être fou/folle**, et que tu gobes tous les mensonges qui sortent de ma bouche.
- **Je t'aime parce que tu es trop stupide pour voir ce que je te fais subir**, et je vais t'exploiter jusqu'au bout.

S'ils te disent que tu es leur âme sœur, cela signifie en réalité : tu es simplement la dernière personne que j'ai réussi à manipuler pour continuer à vivre selon mes propres besoins et mes abus.

S'ils te traitent de « dramatique », de « trop sensible » ou d'« excessif » (ve), c'est seulement pour te faire croire que tu es la personne instable. Ils savent qu'ils créent le chaos, mais puisque tu es prêt(e) à en porter la responsabilité, pourquoi s'en priveraient-ils ?

S'ils suggèrent une rupture, c'est pour te faire croire qu'ils peuvent partir à tout moment. Pendant cette « pause », ils en profiteront pour recruter de nouveaux alliés ou nouer de nouvelles relations intimes.

Ils ne sont pas maladroits avec l'humour, ils l'utilisent pour dissimuler la manière dont ils t'humilient.

S'ils te disent que leur ex réagissait mieux que toi, ce n'est pas vrai. Sinon, ils seraient encore ensemble. Leur ex s'est libéré(e) de leur emprise. Aujourd'hui, la meilleure réponse à leur donner serait : « Si elle était si formidable, pourquoi ne la retrouves-tu pas ? »

« Je veux faire l'amour, maintenant ! » Lorsqu'ils sentent qu'ils perdent leur emprise sur toi, ils tentent de renforcer leur lien par l'intimité.

Les narcissiques apprécient les contenus pornographiques, alors ne soit pas surpris(e) s'ils te demandent d'imiter ce qu'ils ont vu dans ces films. Ils essaieront de te convaincre que leurs autres partenaires l'ont fait, alors pourquoi pas toi ? En normalisant des comportements malsains, ils tentent de t'amener à faire des choses que tu n'aurais jamais envisagées. Ils pourraient même suggérer de prendre des drogues « juste pour s'amuser », une seule fois…

Les excuses du narcissique

Une excuse narcissique n'est pas une véritable excuse. Mais lorsqu'ils pensent s'excuser, cela ressemble plutôt à ceci :
- Tu interprètes mal ce que j'ai dit.
- Tu es trop sensible.
- Ce n'est pas ma faute si tu ressens ça…
- Oublions que ça s'est produit.
- J'ai seulement dit ça à cause de ton comportement.
- Je suis désolé(e), mais…
- Tu sais bien que je ne voulais pas dire ça comme ça.
- Je vais m'excuser si…
- Je t'aime.
- Je suis désolé(e) que tu…

- Passons à autre chose.
- Je ne connais personne d'autre qui réagirait comme toi à ça.

Honnêtement, en regardant ces exemples, demande-toi : est-ce réellement une excuse ? Non. C'est une façon de te faire croire que tu réagis de manière excessive. C'est une excuse conditionnelle. Ils rejettent la responsabilité et essaient même de te faire porter le blâme. Ils savent qu'ils ont tort, mais ne veulent pas que leur comportement soit examiné de plus près. Alors, ils essaient de tout balayer sous le tapis.

En fin de compte, rien de ce qu'ils disent ne signifie vraiment ce qu'ils veulent faire croire. Une véritable excuse assume la responsabilité des actes et explique précisément ce qui a été mal fait. Pourquoi ? Parce que, pour qu'une excuse soit sincère, la personne doit comprendre où elle a fait une erreur afin de ne pas recommencer. Il doit y avoir du remords, de l'empathie et un engagement à réparer les torts.

Si tu te demandes à quoi ressemble une vraie excuse, en voici des exemples :
- Je suis désolé(e) pour ce que j'ai dit. J'ai blessé tes sentiments et c'était inconsidéré de ma part. Je ne le referai plus.
- Je m'excuse de t'avoir fait attendre, j'aurais dû t'appeler. Si cela se reproduit, je te contacterai immédiatement.
- Je suis désolé(e) d'avoir crié après toi. Ce n'est pas une façon saine de gérer mon stress. J'aurais dû prendre le temps de me calmer avant de te parler calmement de ce qui me préoccupait.
- Je m'excuse de t'avoir négligé(e), tu es important(e) pour moi. J'ai été très pris(e) par mon travail, mais j'aurais dû prendre le temps de te parler et de t'expliquer la situation. Je ne peux pas toujours répondre immédiatement, mais je ferai en sorte de te rappeler avant le dîner.

## Est-ce vraiment une relation ?

Tout d'abord, ils ne t'ont jamais aimé(e), donc il ne peut s'agir d'une véritable relation. Ils simulent l'intimité, car les narcissiques en ont peur et s'appuient sur le mensonge pour te faire croire qu'ils t'aiment. Ils ne voient aucune valeur dans le fait de t'aimer, seulement dans le fait que toi, tu les aimes. Ce qu'ils aiment, c'est l'idée que tu les aimes.

Leur manque d'empathie signifie qu'ils sont incapables de comprendre et de partager tes émotions. Les narcissiques se perçoivent comme des victimes, et tes sentiments auront donc peu d'impact sur eux.

Puisqu'ils sont incapables de te comprendre et qu'ils ne se soucient que d'eux-mêmes, tu auras toujours tort à leurs yeux. Pour eux, être admiré(e) compte plus qu'être aimé(e). Ils se sentent en droit d'être vénérés et ne voient pas pourquoi ils devraient perdre du temps à t'aimer en retour. Il est impossible de créer une véritable intimité avec eux. Tu deviens invisible, et ils peuvent facilement ignorer tes besoins.

## Ça n'a jamais été une vraie relation !

Ils ne te laisseront jamais entrer dans leur monde, car ils ne font pas confiance aux autres. S'ils devaient vraiment s'ouvrir à quelqu'un, cela risquerait de faire tomber le voile de leurs mensonges et de les rendre complètement vulnérables.

Si tu veux appeler cela une relation, alors c'est une relation à sens unique. Ils ont peut-être réussi à te tromper pendant un certain temps, mais ils ne peuvent pas garder leur masque et leurs faux-semblants indéfiniment. À un moment donné, les fissures commencent à apparaître.

C'est pour cette raison qu'ils gardent leurs amis à distance. Les amitiés ont tendance à durer plus longtemps, car elles n'impliquent ni intimité ni cohabitation.

## Comment maintiennent-il leur image ? (Gaslighting)

Ils te rabaisseront par le sarcasme, les remarques critiques ou l'humour afin de te faire sentir inférieur(e).

### Exemple :

*Mon ex-mari n'aimait pas que je sois membre de Mensa et, au lieu d'être fier que sa femme fasse partie des 2 % les plus intelligents de la population, il corrigeait mon anglais lors des rassemblements sociaux pour me discréditer.*

## Est-ce que je peux déjouer le Gaslighting ?

Si tu envisages de confronter un narcissique, mieux vaut être bien préparé(e) avec des faits ou des enregistrements afin de neutraliser sa technique de gaslighting. Lorsqu'ils n'ont plus d'arguments, mais veulent malgré tout provoquer un conflit, ils reviennent sur une dispute passée.

### Exemple :

*Mon ex-mari aimait particulièrement faire cela en ce qui concernait les finances. Puisqu'il ne voulait assumer aucune responsabilité, c'est moi qui gérais les finances de notre compte conjoint.*

*La première fois que je me suis assise avec lui pour lui expliquer notre budget en détail, je lui ai présenté toutes les informations nécessaires et souligné l'importance de payer les cartes de crédit. Je pensais que le sujet était réglé.*

*Mais, lorsque l'envie lui prenait de déclencher une dispute, et que le débat semblait se tourner en sa défaveur, il changeait de sujet pour parler d'argent. Après que cela se soit produit plusieurs fois, j'ai commencé à conserver mes notes. À chaque nouvelle tentative, je sortais simplement tous les documents et lui disais de les relire, puisqu'on en avait déjà discuté. Je n'allais plus perdre mon temps là-dessus.*

*Inutile de dire qu'il a trouvé autre chose sur quoi se disputer, mais il n'a plus jamais reparlé des finances, car il avait compris que ce sujet ne lui permettrait plus d'attirer mon attention.*

Ils se marient parce qu'ils savent que tu pourrais partir. C'est leur solution de repli lorsque leurs excuses ne fonctionnent plus. Ils essaient souvent de se marier rapidement, avant que tu ne voies clair dans leur jeu et leurs mensonges, puis utilisent ton engagement pour t'asservir.

Pour eux, le mariage est une garantie d'avoir un esclave, quelqu'un qui fera le ménage, la cuisine et qui sera un partenaire sexuel… mais cela ne les empêchera pas de te tromper. C'est leur justification légale pour te maltraiter, ce n'est pas une question d'amour, de bonté ou d'affection.

## Que recherchent réellement les narcissiques chez un partenaire ?

Quelqu'un qui flattera leur ego et leur donnera une bonne image en public. À la maison, ils veulent une domestique, un esclave, un outil. Une fois qu'ils t'ont piégé(e) dans le mariage, ils déversent leur colère sur toi et te rendent responsable de tout.

Ils ciblent généralement des personnes fortes, car elles sont capables d'endurer leur abus pendant longtemps. (Nous aborderons cela plus tard dans le livre.)

Ils prennent plaisir à te rendre fou/folle et à te traiter comme un paillasson. Leur but est de te manipuler au point que tu te dévoues entièrement à eux, sans plus penser à toi.

Il n'y a aucun espoir de résolution positive. La meilleure chose à faire est de reconnaître leur véritable nature au plus tôt et de fuir aussi loin que possible.

# Sont-ils vraiment narcissiques ?

**Si vous avez encore des doutes, essayez le questionnaire ci-dessous :**

**Est-ce que votre partenaire est narcissique ? Au début de la relation, il ou elle :**

- Semblait fou/folle amoureux (se) de vous
- Partageaient vos valeurs et vos centres d'intérêt
- Vous considérait comme son âme sœur.
- Vous appelait et vous envoyait des messages régulièrement.
- Voulait être avec vous tout le temps
- Vous couvrait d'affection
- Vous promettait de réaliser tous vos rêves.
- Vous faisait ressentir de la pitié pour lui/elle, vous emportant dans une romance tourbillonnante
- Précipitait la relation, allant jusqu'à vous mettre la pression

**Il ou elle présente les traits suivants :**

- Charisme et charme
- Énergie magnétique, qui rend la vie plus passionnante.
- Très bavard(e), jamais à court de mots
- Fort pouvoir d'attraction sexuelle
- Elle s'ennuie rapidement.
- Irresponsable ou imprudent(e) avec l'argent ou ses actions.
- Sentiment d'être exceptionnel(le) et supérieur(e) aux autres

**Il ou elle adopte des comportements toxiques :**

- Mensonges et incohérences dans ses récits
- Dévalorise ses ex-partenaires
- Rejette la faute sur les autres pour ses problèmes
- Cache son intérêt pour la pornographie
- Vous manipule pour obtenir ce qu'il/elle veut

**Avec le temps, il ou elle finit par :**

- Passer de l'amour à l'indifférence du jour au lendemain
- Montrer une personnalité à double facette, comme Jekyll et Hyde
- Menacer de se suicider
- Vous blesser tout en agissant comme si de rien n'était
- Vous tromper et nier l'évidence
- Ne faire preuve d'aucune empathie, aucun remords, aucune conscience

**Si cela vous semble familier, il est temps de sortir du déni et d'affronter la réalité.**

# Se séparer de la personne narcissique

## Connaissez-vous quelqu'un qui est dans une relation avec un(e) narcissique ?

Si votre ami(e) ou votre frère/sœur est pris(e) dans une relation avec un narcissique, faites preuve de patience, de gentillesse, d'amour et de soutien, et surtout, ne l'abandonnez pas.
Aidez-les lorsqu'ils seront prêts à partir, soutenez-les s'ils ont besoin de plus de temps pour trouver le courage, mais surtout, ne les jugez pas. À moins d'avoir vécu la même situation, vous ne pouvez pas imaginer à quel point il est difficile de tourner la page.
Ils devront peut-être partir plusieurs fois avant de réussir à se libérer définitivement. Soyez présent(e) pour eux à chaque tentative et essayez de les protéger autant que possible de l'influence du narcissique.

### Même si vous essayez de partir, ils voudront partir les premiers

Lorsqu'un narcissique réalise qu'il est sur le point de vous perdre, il va volontairement semer le chaos afin de trouver une excuse pour vous quitter en premier.
Cependant, s'il a accès à vos finances, il videra vos comptes bancaires, maximisera vos cartes de crédit — probablement en offrant des cadeaux et en dînant avec ses prochaines victimes. Il vous trompera, mais il vous en rendra responsable, prétendant que vous n'étiez pas assez présent(e) ou aimant(e).

Les conséquences que vous subirez à cause de son départ ne l'intéressent pas.
Il proclamera qu'il ne peut pas vivre sans vous et que vous êtes faits pour être ensemble. Si cela ne fonctionne pas, il vous enverra des messages ambigus dans l'espoir de vous faire revenir. S'il voit que vous ne mordez pas à l'hameçon, il ira raconter à vos amis, à votre famille ou à toute personne prête à l'écouter qu'il est parfait et que vous êtes la personne instable.
Les mêmes personnes dont il vous a isolé(e) deviendront ses alliées pour essayer de vous ramener vers lui. Il tentera d'utiliser n'importe quel lien que vous avez encore pour rester en contact et faire passer des messages.

Si vous quittez un narcissique, soyez clair(e) avec tout le monde, afin que personne ne devienne involontairement un instrument de sa manipulation et de sa toxicité.
Il se concentrera sur votre destruction, cherchant à vous faire perdre votre emploi et à salir votre réputation. Le simple fait que vous osiez le quitter, lui, l'être soi-disant parfait, déclenchera sa rage contre vous.

Son comportement pourra s'intensifier, surtout s'il n'a pas encore trouvé une nouvelle proie pour combler son besoin d'attention.

Il pourra soudainement redevenir attentionné et aimant, vous bombardant d'amour (love-bombing). Il vous suppliera de revenir, en acceptant soudainement d'aller en thérapie ou en prétendant être gravement malade et avoir besoin de vous.

*Une amie à moi sortait avec un narcissique, et je voyais tous les signaux d'alerte. Je lui ai dit que j'étais inquiète pour elle et pour la direction que prenait sa relation. Elle m'a rassurée, me disant de ne pas m'en faire.*

*Finalement, elle s'est rendu compte qu'elle passait plus de temps à pleurer qu'à être heureuse. Elle était constamment anxieuse, stressée et préoccupée par ce qu'il pourrait penser ou dire. Quand elle a décidé de le quitter, il lui a dit qu'il avait un cancer et qu'elle ne pouvait pas l'abandonner ainsi. Il prétendait l'aimer et avoir besoin de son aide. Elle s'est laissé convaincre et est retournée avec lui… Il lui a fallu deux autres tentatives avant de réussir à partir pour de bon.*

*Après la rupture, il a commencé à l'appeler sans arrêt.*
*Il a inondé sa boîte vocale et son courriel de messages. Quand les supplications n'ont pas fonctionné, il est passé aux menaces.*

*Il lui a envoyé des photos d'elle prises à son insu sur son courriel professionnel, pour qu'elle les ouvre et soit humiliée. Elle a commencé à paniquer à l'idée qu'il puisse lui faire perdre son emploi.*

*Je lui ai conseillé de ne pas céder à la honte et de prendre les mesures nécessaires : porter plainte, obtenir une interdiction de contact et changer de numéro de téléphone et d'adresse de courrier électronique, pour qu'il ne puisse plus la joindre.*

*Elle était en colère d'avoir à changer ses coordonnées et à aller à la police, mais ça ne s'arrêtait pas, et elle a dû s'y résoudre.*

*Il lui a fallu près de deux ans pour ne plus sursauter quand quelqu'un l'appelait sur Messenger. Elle faisait des crises de panique en voyant une voiture similaire à la sienne passer. Elle n'a pas pu quitter sa maison pendant six mois, de peur qu'il l'attaque ou la kidnappe.*

## Ils ne font pas que partir, ils veulent vous détruire

Pourquoi détruiraient-ils votre vie de cette façon ? Parce que vous avez vu clair en eux et que vous êtes la seule personne capable de révéler la vérité à leur sujet. Un narcissique ne vous abandonnera pas tant qu'il n'aura pas trouvé un remplaçant, mais s'il le fait, considérez-vous comme l'un des chanceux.

En revanche, si c'est vous qui partez, alors ils se poseront en victime et feront de vous le méchant de l'histoire. Ils prétendront avoir été des saints d'avoir supporté votre présence aussi longtemps. Ils parleront mal de vous à tout leur entourage, sans relâche.
Laissez-les faire ! Ceux qui vous connaissent savent la vérité et ne croiront pas à leurs mensonges.

Mais attention, ils ne s'arrêteront pas là : ils pourraient endommager ou voler vos biens, vous harceler, ou encore faire de fausses accusations et vous menacer personnellement pour vous traumatiser davantage.

Le mieux pour vous est de disparaître de leur radar et de reconstruire votre vie. Franchement, pourquoi voudrait-on rester en contact avec un narcissique ?
Si, malgré tout, vous tenez à leur prouver (et surtout à vous prouver à vous-même) que vous n'êtes pas fou/folle et que vous partez pour de bon, le chemin sera difficile.
Vous devrez jouer un rôle pour ne pas éveiller leurs soupçons. Aussi désagréable que cela puisse être, il faudra faire semblant d'être naïf/naïve, de les croire sur parole, tout en rassemblant des preuves de leurs mensonges, de leurs tromperies et de leurs comportements toxiques.
 Enregistrez les conversations, sauvegardez les messages et les courriels. Cela vous aidera à ne pas tomber dans leurs pièges s'ils essaient de revenir vers vous et à tenir bon jusqu'à la rupture définitive. Trouver le courage de partir et résister à leurs tentatives de vous récupérer demandera des efforts immenses car on ne sort jamais indemne d'une relation abusive.
 Ils ont tenté de vous briser, et ils vous ont forcément causé du tort.
 Mais un jour, vous réaliserez qu'ils étaient encore pires que ce que vous pensiez.
95 % de ce qu'ils vous ont dit était un mensonge.
Et le plus grand de tous ces mensonges ? Qu'ils vous avaient aimé !


La vraie question est : pourquoi ça t'importe encore ? Lâche prise ! Ça n'a plus aucune importance.

Concentre-toi sur l'essentiel : tu es enfin libre.

Sauf si des enfants sont impliqués, supprime leur numéro, bloque-les sur les réseaux sociaux.
Oublie la vengeance : tu perds ton temps et ton énergie pour quelqu'un qui, en réalité, ne se soucie absolument pas de toi.

Pense à toi et guéris.
Maintenant, il est temps de te libérer de la culpabilité, de la honte, de la colère, etc.
Ne perds plus une seule seconde sur eux.

Ils ne pensent pas qu'il y ait quelque chose qui cloche chez eux, alors pourquoi changeraient-ils ?
Ils ne tiennent pas à toi. Alors sois heureux/heureuse pour toi-même, aime-toi pour toi, fais-le pour toi.

Tu n'obtiendras jamais de finalité avec un narcissique.
Ils nieront toujours leurs torts et n'éprouveront aucun remords. Leur seul but est de garder le pouvoir et le contrôle.

Rappelle-toi : ce sont des personnes hautement toxiques avec lesquelles on ne peut pas raisonner.

La meilleure finalité que tu puisses espérer, c'est qu'ils t'aient enfin laissé partir et qu'ils soient passés à autre chose.

## Quitter la relation abusive ou narcissique

J'ai dressé une liste de pensées qui peuvent te traverser l'esprit si tu es dans une relation narcissique ou toute autre forme de relation abusive. Si l'une d'elles te semble familière, cela signifie que la relation est toxique, qu'elle soit narcissique ou non. Il est temps de chercher de l'aide.

- Si je fais tout ce qu'il veut, il va changer.
- Personne ne voudra de moi après ça. Je suis brisé(e). Je dois faire en sorte que ça fonctionne avec lui.
- Je ne peux pas fonctionner sans lui.
- C'est un homme bien et je l'aime. J'ai juste besoin de le guider pour qu'il devienne l'homme que je sais qu'il est au fond de lui.
- Il était incroyable au début ; je peux le ramener à cette version de lui-même.
- Tout est de ma faute. (*C'est exactement ce qu'il espère que tu penseras.*)
- Pourquoi me fait-il souffrir ? Tout ce que je fais, c'est l'aimer.
- S'il ne tenait pas à moi, il ne passerait pas autant de temps sur notre relation. (*Mais le fait-il vraiment ?*)
- J'ai peur de lui, mais je l'aime toujours.
- Je veux mourir, c'est mon seul moyen de m'en sortir.
- Je ne suis pas assez bien pour lui.
- J'essaie de partir, ou je pars vraiment, mais je n'arrive pas à couper les liens.

Si tu te reconnais dans ces pensées, sache que tu n'es pas seul(e) et que de l'aide existe.

## N'aie pas honte d'en parler.

La meilleure façon de contrer leurs tactiques est de ne plus être leur victime. Il est essentiel que tu parles de ce que tu traverses. Un véritable ami comprendra et t'aidera. Cherche de l'aide auprès des ressources communautaires pour les victimes de violences. Tu n'es peut-être pas prêt(e) à porter plainte, mais il est important d'avoir un dossier de police et d'essayer d'obtenir une ordonnance de non-contact. La police exigera tous les courriels, messages, communications et historiques d'appels pour prouver que tu es harcelé(e), mais au moins, elle sera consciente qu'il y a un risque de violence. Ne reste pas silencieux (se) pendant qu'ils te détruisent, ils t'ont isolé(e) et maintenu(e) dans le silence assez longtemps. Ils t'ont fait croire que personne ne se souciait de toi, mais il y a des gens qui s'inquiètent, et ils attendent que tu les contactes. Il n'y a aucune raison d'avoir honte de toi parce que tu es tombé dans leurs pièges et leurs manœuvres. Peu importe ce qu'ils ont fait ou dit, c'est leur honte, pas la tienne. Ne reste pas silencieux (se).

## Ils vous blâmeront, peu importe

En fin de compte, tu ne peux pas vraiment changer leur version des faits et tu dois éviter de retomber sous leur contrôle. Laisse-les te blâmer pour la fin de la relation. Toute personne qui s'associe à eux ne mérite pas ton temps ni ton énergie. Ils voudront sauver les apparences et maintenir une certaine image, mais ils iront jusqu'à dire des choses comme :

• « Tu sais comment elle est, elle est tellement négative » • « Elle est tellement frustrante, j'espère qu'elle obtiendra l'aide dont elle a besoin » • « Elle ne voulait plus de notre famille, elle a demandé le divorce » • « Elle nous a abandonnés et ne veut plus nous voir »

Une fois que le voile a été levé, il devient difficile de rester calme et de ne pas réagir face à tous leurs mensonges et manipulations. Je n'ai pas pu, alors j'ai laissé les avocats traiter calmement l'affaire et les juges faire respecter mes droits.

L'essentiel est que tu dois couper tous les liens avec un narcissique, les bloquer sur les réseaux sociaux et les signaler s'ils te harcèlent. Tu devras peut-être changer de numéro de téléphone, de courriel et d'autres informations de contact s'ils ne peuvent pas être bloqués. Mais la manière la plus sûre de ne pas être reprise dans leur emprise est de ne pas avoir de contact.

Si tu as des enfants avec eux, j'ai une section spéciale à la fin du livre pour toi. Mais, s'il te plaît, ne saute pas cette partie, car la guérison est essentielle pour que tu puisses préserver ta santé mentale tout en gérant les questions de garde.

## Divorce

Il est difficile de quitter un narcissique, peu importe les circonstances, mais si tu es marié(e), il est important de divorcer le plus rapidement possible. Cela apporte une finalité et un point de non-retour. Qu'est-ce qui rend le divorce avec un narcissique plus difficile qu'avec une personne équilibrée ? Ils ont complètement oublié tout ce que tu as fait pour eux ; c'était un droit pour eux et cela ne compte pas. Ils n'ont pas de souvenirs précieux, et tu dois comprendre cela si tu veux gérer la situation de manière efficace. Ils essaieront de te discréditer auprès de tes amis, de tes enfants, de te voler de l'argent et de prendre tout ce qui n'est pas fixé au sol ; c'est s'ils ne prennent pas la maison aussi.

Si tu es marié(e) ou dans une union de fait et que tu dois partager les biens, le ménage, etc., attends-toi à ce qu'ils utilisent toutes les excuses possibles pour te faire passer pour une mauvaise personne et tenter de tout prendre. C'est leur punition pour le fait que tu les aies quittés. Ils se feront toujours passer pour des victimes, peu importe comment ils t'ont traité. Reste calme, essaie de trouver un médiateur et ne tente pas de faire cela seul(e). Il existe des lois qui te protègent dans une certaine mesure. Le narcissique est un manipulateur hors pair, et tu finiras toujours avec un mauvais accord. Je sais combien les avocats sont chers, mais tu peux peut-être obtenir de l'aide juridique. Sinon, tu devras en payer un, mais cela en vaudra chaque centime lorsque tu traiteras avec un narcissique.

Il est préférable de couper tes pertes, ne discute pas pour des choses matérielles insignifiantes. Rappelle-toi, leur intention est de te laisser ruiné(e). Ils argumenteront et traîneront les accords aussi longtemps qu'ils le pourront. En retardant les procédures et en augmentant les coûts, ils te poussent à bout. Reste concentré(e) sur ce que dit la loi et ne t'engage pas émotionnellement. Tu pourras toujours acheter un autre congélateur ou un piano. De toute façon, ils ont probablement déjà cassé le vase de ta grand-mère auquel tu tenais.

Ils pourraient te proposer un divorce à l'amiable, mais uniquement si cela leur est avantageux et qu'ils peuvent te faire subir une grande perte. Prépare-toi donc à devoir passer par le tribunal, et c'est là que tous les courriels, vidéos et enregistrements seront utiles. Le Canada applique un divorce sans faute, donc tu n'as pas besoin que l'autre partie accepte le divorce et tu n'as pas besoin de prouver quoi que ce soit.

La loi est conçue pour répartir les biens du ménage de manière équitable. Que tu penses qu'ils ne méritent plus rien à ce stade est secondaire. La loi leur accorde certains droits, mais au moins, ce sera une répartition bien plus juste que les exigences impossibles du narcissique.
Je sais qu'être marié à un narcissique a probablement dévasté tes finances à ce stade, mais cela ne signifie pas que tu as tout perdu. Ton esprit peut se sentir brisé et tu veux juste que ce soit terminé, mais ne lâche pas prise, obtiens ce qui t'est dû.



*Lorsque nous nous sommes séparés, j'ai acheté un contrat de séparation. Je l'ai rempli et je suis allée dans chaque pièce avec mon ex-mari pour lui demander ce qu'il voulait. J'ai noté tout ce qu'il a demandé. Il ne savait pas cuisiner, mais voulait le congélateur, je lui ai laissé. C'était moins cher d'acheter un nouveau congélateur que de laisser les avocats se disputer à 350 $ de l'heure pour cela. Il a pris le piano, bien qu'il ne sache pas y jouer, tandis que moi, je savais. Il a pris les meubles pour enfants que j'avais peints. Ce n'est pas grave, je peux en fabriquer et en peindre de nouveaux.*

*J'ai aussi inclus qui gardait quel véhicule, même si cela semblait évident. J'ai listé les outils qui étaient les siens, principalement des outils de mécanique, et j'ai gardé mes outils de menuiserie de mon côté de la liste. J'ai également parlé de nos dettes et de leur remboursement après la vente de la maison.*

*Il a signé le document et a probablement pensé qu'il ne tiendrait pas en cour. Lorsque j'ai demandé le divorce, j'ai déposé la convention de séparation et elle est devenue légalement contraignante. Après la vente de la maison, j'ai été payée pour la moitié du prêt de consolidation. Il n'avait jamais eu l'intention de me payer et il est allé raconter à tout le monde que j'étais une voleuse. L'essentiel était que j'ai été payée. Peu importe ce qu'il disait sur moi.*



*Un ami était marié et a découvert que sa femme narcissique le trompait. Il avait acheté la maison avant leur mariage. Cependant, elle avait toujours droit, selon la loi, à la moitié de la valeur augmentée de la maison pendant les cinq années de leur mariage. Ils ont essayé de parvenir à un accord à l'amiable, mais elle voulait calculer ce qu'elle devait en utilisant l'estimation initiale et la valeur actuelle du marché. Ce qui signifie qu'elle prendrait la plus petite valeur au départ et la plus grande valeur à la fin pour augmenter ce qui pourrait lui être versé. Elle a également retourné la bague de fiançailles et l'alliance, mais voulait leur valeur en espèces. Elle était remplie de demandes déraisonnables pour obtenir autant d'argent qu'elle le pouvait en plus de la pension alimentaire pour enfant. Elle n'a aucun intérêt pour l'enfant, mais refuse de lui confier la garde, car c'est sa source de revenus. Elle a trois enfants de trois hommes différents, qui lui versent tous une pension alimentaire. Elle est travailleuse autonome, mais ne déclare pas ses revenus afin d'obtenir davantage de son ex-conjoint.*

*Il a tenté d'obtenir un accord à l'amiable, mais il se rend maintenant compte qu'il risque de perdre davantage de cette manière que de payer un avocat et de laisser un juge prendre une décision.*

Je pense qu'il est important, à ce stade, que vous compreniez ce qui vous a rendu susceptible de tomber dans le piège d'un narcissique. Cela vous aidera à comprendre que vous n'êtes pas stupide et, au contraire, que vous êtes une personne très bien. Vous devez savoir cela, cela vous aidera à guérir et à aller de l'avant dans votre cheminement vers la joie, la paix et l'amour.

# Pourquoi attirez-vous des Narcissiques ?

## Les signes qui démontrent que tu pourrais les attirer

Certaines personnes tenteront de vous dire qu'il y avait un élément en vous qui a attiré le narcissique. Personnellement, je suis passée d'une mère narcissique à un petit ami narcissique, puis j'ai épousé un narcissique, pour moi, c'était tout ce que je connaissais des relations. Donc, si vous avez souffert d'abus et que vous n'avez pas guéri de vos traumatismes, l'univers veut peut-être que vous les affrontiez. Il continuera de mettre ce genre de personnes sur votre chemin jusqu'à ce que vous vous compreniez vous-même.

Cependant, les narcissiques sont attirés par un certain type de personne. Ils recherchent des individus forts et intelligents, car cela les met en valeur devant les autres et cela devient un défi de les détruire. Selon certaines théories, les personnes empathiques ont tendance à être attirées par les narcissiques. Cela pourrait être vrai. Voici pourquoi : le narcissique ciblera un trait particulier chez la personne qu'il recherche, l'empathie !

Les personnes ayant une forte capacité d'empathie sont leurs cibles préférées. Les personnes empathiques sont celles qui accueilleront tout le monde qui pourrait avoir besoin d'aide. Cela signifie que vous pouvez être belle, riche, compétente, populaire ou avoir un solide réseau social. Cela veut généralement dire que vous êtes joviale, drôle et mentalement forte, et qu'ils peuvent vous tromper. Les narcissiques sont habiles. Comme vous l'avez vu précédemment, ils ont de nombreuses tactiques pour jouer la victime et chercher votre aide. Ce sont des loups déguisés en agneaux.

Votre vulnérabilité repose sur votre degré de sensibilité, cela n'a rien à voir avec l'intelligence. Rappelez-vous, je suis membre de Mensa. J'appartiens aux 2 % les plus intelligents. Je ne suis pas, et je n'ai jamais été stupide. J'ai toujours été belle, attentionnée, honnête, travailleuse, éthique, amicale, gentille et confiante. J'ai enduré tant d'épreuves et en suis sortie victorieuse et triomphante. J'ai quitté la maison à 16 ans, terminé mes études secondaires en travaillant pour payer le loyer et la nourriture. J'ai intégré le Cégep avec succès, puis l'université et j'y ai été diplômée. J'ai payé mes études avec mes emplois et mes prêts étudiants. Je crois sincèrement que, si j'ai pu faire tout cela, rien ne peut m'arrêter. Tant que je mets mon esprit et mes efforts sur mon objectif, je peux l'atteindre !

Mais en même temps, j'étais extrêmement vulnérable. J'avais grandi en étant blessée et manipulée, ce qui m'a rendue très consciente de la souffrance des autres. Je cherche toujours le meilleur chez les gens et je vois leur potentiel plutôt que leurs défauts. Si tous les blocages, croyances anciennes et peurs étaient retirés d'une personne, quel est leur véritable potentiel ? C'est cela que je vois. Après avoir grandi en étant rabaissée et en ayant mes rêves ridiculisés, je sais ce que cela fait à une personne. Une personne empathique veut ce qu'il y a de mieux pour les autres. Nos cœurs sont remplis de compassion et de soin, ce qui nous donne de l'intelligence émotionnelle.
Je pense que cela m'a aussi rendu une victime plus facile. J'ai tout fait toute seule et je n'étais pas encline à demander de l'aide. Après la manipulation de ma mère et le rejet de ma famille, faire confiance à quelqu'un a été très difficile pour moi. Je naviguais dans la vie, mais je n'ai

rencontré ma meilleure amie qu'en 2011. Avant cela, j'avais des amis, mais je n'aurais pas osé leur confier mes pensées. Après qu'une mère narcissique ait exploité chaque émotion pour vous manipuler, vous gardez vos émotions pour vous. Pendant longtemps, j'ai joué un rôle et j'ai continué à prétendre pendant des années être heureuse alors que je ne l'étais pas.
Vous pouvez aussi être le type de personne qui évite les conflits, donc le narcissique pourra gagner chaque argument.

Je suis une personne très organisée. Je garde une trace des courriels et des factures, j'ai une excellente mémoire et une excellente réputation. Mais ce que vous considérez comme votre force peut devenir votre faiblesse. Je suis bien consciente qu'il peut falloir une vie pour construire une réputation, mais seulement 5 minutes pour la détruire, et des années pour la récupérer. Les narcissiques cibleront vos faiblesses et s'en serviront contre vous. Maintenant, je vis ma vie et je me détache de ce que les autres peuvent penser. Les gens qui me connaissent savent qui je suis, à quel point je travaille dur et combien je suis honnête. Mais pendant que j'étais mariée, j'étais préoccupée par le fait que ce qu'il faisait pourrait affecter ma carrière.



*Après notre séparation, un ami commun a appelé. Je lui ai dit que s'il cherchait mon ex-mari, il était parti après m'avoir trompée. Il a répondu que ce qui était bon pour l'oie était bon pour le jars. J'étais tellement confuse. Je ne l'avais jamais trompé. Il a pris le parti de mon ex-mari, probablement à cause de la campagne de dénigrement précédente, et m'a dit que je méritais ce qui m'arrivait, que cet ami savait que j'avais trompé mon ex-mari. C'était terrifiant de voir comment certaines personnes, qui ne vous connaissent pas bien, peuvent être manipulées pour croire des mensonges complets. Ce jour-là, j'ai décidé que cela n'avait pas grande importance, car cela prouvait qu'ils n'étaient pas mes amis au départ. J'ai laissé tomber et lui ai dit de contacter directement mon ex-mari et de ne plus jamais appeler mon numéro.*

*Vous n'êtes pas faible d'être tombé(e) dans le piège d'un narcissique, vous n'êtes pas bête, stupide ou inutile. Peu importe quel type de personnalité vous avez, il y a toujours une faiblesse à exploiter. Ils fonctionnent ainsi depuis leur enfance. Ils ont fait des erreurs et ont affinés leurs compétences et méthodes manipulatrices.*

*En fin de compte, ils flatteront quiconque sera prêt à se laisser flatter et ils sont très doués pour vous faire croire à des choses qui ne sont pas vraies. Et si vous tombez amoureux (se), cela rendra les choses encore plus difficiles pour sortir de cette situation. Soyons francs, tout type de relation abusive va éroder votre confiance en vous et votre estime de soi, rendant difficile de partir. Ne vous sentez pas coupable de ne pas avoir repéré les signes avant-coureurs au début, car un bon narcissique ne vous laissera pas en voir. C'est pourquoi la meilleure protection est de les attendre. Leur besoin de gratification est sur une très courte durée, ils ne peuvent pas se masquer éternellement. Prenez votre temps avant d'entrer dans une relation et apprenez à connaître la personne dans différents contextes. Laissez-les rencontrer vos vrais amis.*
*Vous savez maintenant à quoi ressemble un narcissique, ce que cela fait et vous pouvez éviter le piège.*

*La clé principale est d'être seul(e) et de commencer le processus de guérison. Apprenez à vous aimer, à prendre soin de vous. Ne délocalisez pas votre joie et votre bonheur en les offrant à quelqu'un d'autre. Prenez le temps de vous connaître. Regardez vos anciennes blessures, retirez les pansements et guérissez votre enfant intérieur, votre cœur et vos blessures pour retrouver votre véritable soi.*

*Une fois que vous vous aimez, vous vous respectez. Vous savez qui vous êtes, et personne ne pourra plus vous traiter de stupide. Si quelqu'un ose, vous vous lèverez contre cette personne, vous vous défendrez et vous ne resterez pas une minute de plus dans cette relation, que ce soit avec un ami, un collègue, un membre de votre famille ou un conjoint.*

*Vous ne vous rappelez peut-être pas du film Runaway Bride, mais l'histoire tourne autour d'une fille qui se fiance toujours, puis, le jour du mariage, s'enfuit avant d'atteindre l'autel. La protagoniste lui dit qu'elle est un caméléon et qu'elle adopte les passe-temps, les goûts et même le style vestimentaire de son petit ami. Elle est comme un caméléon, car elle ne sait pas qui elle est, ni ce qu'elle aime. Parce qu'elle veut tellement être aimée, elle se modelait parfaitement selon ce que son petit ami actuel aimait et voulait. Sa découverte de soi commence par comprendre comment elle aime ses œufs.*
*Vous devez faire de même, vous devez raviver votre flamme intérieure en découvrant ce que vous aimez, ce qui vous fait sourire et rire.*

## Comment éviter le piège du narcissique ?

Cela peut sembler simpliste, mais cela fonctionne réellement et vous aide à démasquer tout narcissique qui pourrait rôder.

Avant toute chose, prenez le temps de guérir. Ce n'est pas si terrifiant d'être seul(e). Vous ne serez pas seul(e) pour toujours. La théorie de l'attraction stipule que « les semblables s'attirent ». Si vous êtes brisé(e), vous attirerez quelqu'un qui est tout aussi brisé que vous. Si vous prenez le temps de guérir, vous attirerez une personne saine, non seulement physiquement, mais émotionnellement, mentalement et spirituellement.

Cela devrait vous aider à établir des limites solides. Ces limites commencent par votre propre identité et votre besoin d'espace personnel. Les limites émotionnelles vous aideront à rester en contact avec ce que vous ressentez et à être autorisé(e) à ressentir et à être validé(e). Il s'agit aussi de la manière dont les émotions sont communiquées, de façon calme, paisible et compréhensive. Les limites sexuelles, que vous acceptez ou non, et où vous fixez la limite. Le jeu de rôle peut être amusant, mais le bondage n'est pas au goût de tout le monde. Certains aiment les démonstrations publiques d'affection, tandis que d'autres sont plus privés. Où est votre limite, quelles sont vos attentes ? Une autre limite est celle de la gestion du temps. Par exemple, combien de fois avez-vous besoin d'être seul(e) chaque semaine ? Quand avez-vous besoin de temps pour vos activités, votre famille ou vos amis ? Si votre partenaire est sain(e) et mène une vie épanouie, il ou elle aura aussi des engagements, des passe-temps et des amis. Une limite peut également concerner le contact physique, c'est-à-dire ce que vous êtes prêt à accepter ou non. Une autre concerne la manière de résoudre les conflits, comme un environnement calme et neutre. La discussion doit être calme et posée, sans jurons, cris ou insultes. Ce sont des signes clairs d'immaturité émotionnelle. À l'ère des réseaux sociaux, vous pouvez aussi avoir des limites concernant les réseaux sociaux ; vous ne souhaitez peut-être pas que votre visage soit affiché sur une tonne de publications. Vous pouvez vouloir un peu d'intimité. Le dernier exemple que je vous donne est probablement le plus important : vous avez le droit de dire non ! Être clair(e) sur vos limites vous permet d'avoir une communication ouverte sur vos besoins et vos attentes, tout en ouvrant la porte à l'autre personne pour exprimer les siennes.



*Bien que je sois célibataire depuis 2010, j'ai rencontré des hommes lors de rendez-vous à l'aveugle et de rendez-vous café, mais ça n'a jamais été bien loin. Lors d'un de ces rendez-vous, dîner, le gentleman m'a expliqué qu'il était un habitué des soirées échangistes (avoir des relations sexuelles avec d'autres lors d'une soirée) et qu'il espérait que j'accepte, puisqu'il s'agissait simplement de sexe et qu'il n'y avait pas d'émotion impliquée. Il considérait cela comme une pratique tout à fait normale. Je le remerciais pour sa franchise et son ouverture, mais je lui ai dit, sans la moindre hésitation, que cela ne m'intéressait pas du tout.*

*Parce que j'ai pris le temps de guérir et d'avoir un solide sens de moi-même, peu importe ce qu'il dirait pour me convaincre, je savais que ce n'était pas ce que je voulais, et je l'avais au plus profond de moi. C'est ma limite personnelle, et cela n'a pas besoin d'être la vôtre. Peu importe les limites que vous déciderez d'adopter, tenez-vous-y. Cela ne veut pas dire que vous ne rencontrerez pas un autre narcissique, mais vous saurez facilement les repérer.*

En vous traitant avec amour et respect, vous commencerez à recevoir cela des autres autour de vous. Après avoir guéri vos blessures et éliminé les croyances limitantes, vous saurez ce que vous méritez et vous ne vous contenterez pas de moins.

Prenez votre temps, si c'est trop beau pour être vrai, c'est probablement le cas. Personne ne montrera ce dont ils sont embarrassés lors des premières rencontres. Prenez le temps d'apprendre à connaitre la personne, son entourage, et observez comment elle traite les autres.

Gardez vos finances séparées. J'ai voyagé aux Pays-Bas et ce qu'on dit est vrai, « Chacun paie sa part ». Vous payez pour vos affaires, et eux paient pour les leurs. Cela ne veut pas dire que vous ne pouvez pas payer pour eux, mais la prochaine fois, ce sera à leur tour. En gardant vos finances séparées, si la relation se termine, il y a un enchevêtrement en moins à gérer. Ils sont responsables de leurs dettes, de leur crédit, de leur voiture et de tout ce qu'ils ont décidé d'acheter, pas vous. Pour un narcissique, leur argent est à eux, et votre argent est à eux, idem pour les biens.

Restez proche de vos amis et de votre famille ou d'un groupe de soutien. Sortir avec quelqu'un ne doit pas signifier que vous devez abandonner tout le monde dans votre vie. Cette personne devrait être un ajout au groupe, pas un remplacement. Bien sûr, il y aura des rendez-vous et du temps passé en couple, mais pas au détriment des réunions de famille, des anniversaires d'amis, des week-ends entre filles au spa ou de votre ligue de jeu de quilles.

Il est sain d'avoir des passe-temps et des activités, car ce sont elles qui reconstruiront votre estime de soi et votre confiance. Pourquoi les abandonner simplement parce que vous avez trouvé un compagnon ? C'est parfaitement normal de suivre un cours de poterie ou de peinture sans eux. Cela vous donnera de quoi parler quand vous serez ensemble. Mon frère a finalement compris qu'il était malheureux parce qu'il ne pouvait pas pratiquer de sport lorsqu'il sortait avec quelqu'un. C'est un gars de plein air qui adore pêcher, chasser, jouer au baseball et au hockey. Sa future copine n'a pas à aimer ça ou à participer, mais elle doit comprendre qu'il sera absent pendant la saison de chasse, qu'il partira régulièrement pêcher en été et qu'il jouera activement à des sports. C'est sain, car cela lui donnera l'occasion de rencontrer ses amis pour aller au spa, faire du magasinage ou rejoindre un programme communautaire.

# Guérir de la relation narcissique

Les narcissiques aiment provoquer des émotions négatives chez les autres afin d'obtenir une réaction. Cela consiste généralement à proférer une insulte, à adopter un comportement indélicat ou encore à perpétrer une action cruelle. Ils peuvent salir ces émotions en affirmant que vous êtes fou, en disant que vous réagissez de manière excessive, en vous traitant de reine du drame, ou en essayant de vous faire sentir que vos émotions sont complètement erronées. Cela vous amène à douter de vous-même, ce qui affecte votre estime de soi et votre valeur personnelle.
Ne les laissez plus vous contrôler ni vous dire comment vous devez vous sentir. Vous n'êtes pas une personne dramatique, et vos demandes étaient normales et équilibrées. Les bons moments étaient là pour vous aveugler à leurs manipulations et font partie du cycle de l'abus. Il y a de nombreuses personnes gentilles et normales autour de vous, bien supérieures au narcissique, mais avant de simplement vous lancer dans une autre relation, peut-être est-il temps de vous demander pourquoi vous avez attiré ce genre de personne en premier lieu. Il est temps d'identifier votre vulnérabilité. Il est temps de repérer votre propre douleur et de commencer à guérir de cette relation toxique. Vous êtes bien plus capable que ce que le narcissique voudrait que vous croyiez. Le véritable bonheur commence après que vous les ayez laissés partir et que vous ayez guéri.

## Symptômes

Vous devriez examiner la liste ci-dessous ; ce sont de bons indicateurs qu'une guérison est nécessaire.
• Vous vous sentez mentalement, émotionnellement et physiquement épuisé(e)
• Vous êtes constamment sur le qui-vive, ou vous avez l'impression de marcher sur des œufs
• Vous avez l'impression d'avoir perdu votre identité et de ne plus savoir qui vous êtes
• Vous vous sentez isolé(e) et seul(e)
• En raison du stress, un déséquilibre hormonal peut se produire, entraînant des problèmes tels que perte de cheveux, maux de tête, migraines, déséquilibre thyroïdien, problèmes de poids ou troubles des glandes surrénales
• Vous souffrez de faible estime de soi, vous ne vous sentez jamais assez bien, ou vous avez l'impression qu'il y a quelque chose qui cloche chez vous
• Vous êtes dans un état constant de confusion, la vie vous semble accablante et vous avez souvent l'impression de ne pas savoir ce que vous faites
• Vous souffrez de dépression et d'anxiété, de douleurs chroniques, peut-être de trouble de stress post-traumatique, de dysfonctionnement des glandes surrénales, de troubles alimentaires ou de sommeil
• Vous avez du mal à être fonctionnel(le) et à accomplir les tâches quotidiennes
• Votre bien-être entier en souffre, et vous présentez des symptômes physiques comme des maux de tête ou d'autres problèmes et/ou maladies en raison du stress chronique dans ces relations
• Vous vous sentez écrasé(e) et brisé(e) à cause de la relation avec le narcissique
• Vous avez des pensées suicidaires
Pour guérir, il vous faudra passer par une période sérieuse d'introspection et examiner tout ce que vous avez mis de côté. Il n'est jamais trop tard pour que vos rêves deviennent réalité. Tant que vous vivez et respirez, il est encore temps de rêver et de travailler à la réalisation de ce rêve.

J'ai commencé par me poser la question « Qu'est-ce que j'ai mis de côté pendant mon mariage ? », et j'ai dressé une liste. Il y avait des choses comme le rafting, le parachutisme, le saut à l'élastique, et un tatouage. Je voulais aussi écrire un livre, peindre à nouveau, et voyager. J'ai passé du temps à ressentir de nouveau, à écrire dans un journal, et à rire à haute voix. Sourire juste parce qu'il faisait beau, jouer dans la neige comme un enfant sans craindre d'être jugé. Le plaisir est revenu, et la vie était à nouveau belle. En tout, je peux honnêtement dire qu'il m'a fallu 5 ans pour me sentir moi-même à nouveau. Cela a pris ce temps, car je n'avais aucune méthode à suivre, et j'ai trouvé que les thérapeutes n'étaient pas vraiment utiles. Tout ce qu'ils voulaient faire, c'était m'écouter, ce qui me faisait me sentir encore plus victime, coincée dans un piège de goudron, plutôt que de quelqu'un qui essayait de reprendre sa vie en main.

Cette expérience m'a beaucoup appris sur moi-même, sur ce qu'est réellement l'amour inconditionnel et sur ce qu'une relation signifie pour moi. J'ai beaucoup appris sur mes capacités et mes dons, et je n'accepterai plus jamais que quelqu'un les minimise. Je suis encore confrontée à des problèmes concernant mes enfants et l'aliénation parentale à laquelle ils ont été soumis. J'espère qu'avec le temps, nous pourrons guérir ces blessures, mais la meilleure chose que j'ai pu faire pour me préparer à cela a été de commencer par me guérir moi-même et d'être ouverte et prête quand ils seront prêts à guérir notre relation.

## Combien de temps faut-il pour guérir ?

Réfléchis-y. Tu dois guérir de l'abus, de l'infidélité, de la tromperie, des critiques incessantes, de la manipulation émotionnelle et psychologique, de l'exploitation financière et de la trahison, pour ne nommer que quelques exemples. Veux-tu vraiment précipiter ce processus ? Donne-toi le temps dont tu as besoin pour guérir. C'est la première étape pour t'aimer toi-même. Réfléchis à la manière dont tu as déjà trouvé ton courage, ta force, ton estime de soi et ta confiance en toi pour les quitter. Tu dois te remettre de l'épuisement et de l'hypervigilance, cela prend du temps. C'est le premier cadeau que tu devrais te faire, le cadeau de prendre soin de toi et de t'aimer.

Je vais partager un outil dans le prochain chapitre pour t'aider à naviguer dans ta guérison. N'hésite pas à consulter un médecin, un psychologue, un psychiatre ou un groupe de thérapie. C'est un excellent complément pour ton cheminement, mais cela ne doit pas être l'unique outil sur lequel tu te reposes.


Tu as été dans une relation abusive, cherches des groupes communautaires qui peuvent t'aider à reconstruire ta vie. Tu pourrais avoir besoin de conseils juridiques et d'autres professionnels pour faciliter la séparation ou le divorce. Tu n'es pas seule ! N'aie pas peur de demander de l'aide et du soutien.

# Processus de guérison

*« Avec des amis comme ça, pas besoin d'ennemis ? » Ai-je dit quand je me suis rendu compte que ma guérison n'était pas complète.*

J'ai utilisé un manuel intitulé « Les 12 étapes pour les enfants adultes de familles dysfonctionnelles » pour amorcer ma guérison. Vingt ans plus tard, j'ai adapté l'idée pour l'adapter spécifiquement à la guérison d'une relation abusive, y compris narcissique. C'est un mélange de mon expérience personnelle, d'études de cas et de ma pratique au REDU Spiritual Wellness Center. J'ai consacré ma vie à accompagner les personnes pour les aider à se responsabiliser et à reconnaître leur moi divin. Ma grand-mère m'a formée dès mon plus jeune âge et j'aide ceux qui souhaitent s'aider eux-mêmes. Nous reconnaissons que l'individu n'est pas simplement un corps physique, mais qu'il porte également un corps émotionnel, mental et spirituel, ainsi qu'une dette karmique accumulée lors de vies antérieures. La perspective chamanique inclut tous les corps, est spirituelle par nature et accueille tous les individus, de toutes les nations, croyances et langues.

Votre âme est blessée et la seule façon de guérir est de se tourner vers une puissance supérieure. Vous pouvez l'appeler Dieu, Gaïa, l'Univers, Allah, Yahvé, le Grand Esprit ; honnêtement, peu importe. Il vous suffit de croire en quelque chose de plus grand que vous, qui est aimant et qui veut vous aider. Il attend que vous retourniez vers lui ou elle, que vous l'accueilliez et l'aimiez. Je pensais que Dieu s'était retourné contre moi, mais j'ai réalisé que je m'étais détourné de Dieu. Dieu est composé de trois éléments dans toutes les cultures du monde : la partie masculine, iLe Verbe, que j'appelle la Volonté Divine ; la partie qui a donné forme à l'univers, la mère qui crée et donne forme, la Sagesse Divine ; l'élément qui naît de ces éléments et les maintient ensemble, c'est l'Amour Divin. C'est tout ce dont vous avez besoin pour commencer. Pour plus de commodité et pour ne vexer personne, je l'appellerai votre puissance supérieure, qui pour les bouddhistes est leur soi éveillé, et vous pouvez choisir ce qu'elle représente pour vous. Je pourrais aussi faire référence aux différents aspects du Divin, tels que la Volonté Divine, la Sagesse Divine et l'Amour Divin.

Il y a douze étapes pour retrouver votre véritable moi, qui font partie d'un cheminement. Vous pouvez revisiter les étapes précédentes, car parfois, en guérissant, nous prenons conscience d'une dimension plus profonde que nous avions manquée lors de nos premiers pas. L'idée n'est pas seulement de quitter une relation abusive, mais de guérir complètement et de redevenir des individus autonomes. L'objectif de ce processus est de vous permettre d'être au meilleur de vous-même grâce à l'introspection, à la réflexion et à la connexion à votre nature divine. Prenez le temps de parcourir chaque étape. Si vous recherchez la joie et le bonheur et évitez les relations difficiles et compliquées, vous devez construire des fondations solides. Une maison construite sur le sable est vouée à bouger, à se déplacer et à finir par s'effondrer.

Les 12 étapes offrent un cadre complet pour guérir d'une relation abusive ou narcissique, en intégrant à la fois des aspects spirituels et de croissance personnelle. Chaque étape invite à une introspection profonde et à un retour à son vrai soi, tout en reconnaissant l'interconnexion de nos corps physique, émotionnel, mental et spirituel.

Le chemin commence par la reconnaissance de notre impuissance et de la nécessité d'une force supérieure pour restaurer l'équilibre, en nous alignant avec l'amour, la sagesse et la volonté divins. Ensuite, des étapes pratiques pour la découverte de soi, la guérison émotionnelle, l'établissement de limites et la guérison mentale et spirituelle sont mises en place, menant à une transformation profonde.

Voici un résumé de votre processus en 12 étapes :

1. **Reconnaître l'impuissance** : accepter que l'influence du narcissique ait perturbé votre vie, vous menant à une situation ingérable.

2. **Se connecter à une puissance supérieure** : croire en une force plus grande que vous, capable de vous guider vers votre vrai soi, par la prière et la méditation.

3. **Faire un inventaire de soi-même** : effectuer un examen de conscience complet et sans peur afin de comprendre qui vous êtes et ce dont vous avez besoin.

4. **Apprendre à prendre soin de soi et à s'aimer** : s'engager à se nourrir d'amour, de respect et de soins.

5. **Établir des limites** : définir des limites personnelles claires pour protéger votre bien-être émotionnel et physique.

6. **Prendre la responsabilité** : assumer vos pensées, paroles et actions, en vous donnant le pouvoir de créer du changement.

7. **Pardonner** : se libérer du poids du ressentiment en pardonnant à soi-même et aux autres.

8. **Guérison émotionnelle** : Traiter et guérir les blessures émotionnelles laissées par la relation.

9. **Guérison mentale** : Travailler sur la guérison des cicatrices mentales et des schémas de pensées négatifs créés par la relation narcissique.

10. **Guérison spirituelle** : Se reconnecter à son essence spirituelle, en s'alignant avec la sagesse et le but divins.

11. **Se préparer pour les relations futures** : commencer à envisager une relation saine et épanouissante, en se concentrant sur ce que cela ressentira.

12. **Réveil spirituel et service** : Atteindre un éveil spirituel, partager ce message avec les autres et pratiquer ces principes dans toutes les sphères de la vie.

Ce parcours de guérison ne consiste pas simplement à quitter une relation abusive, mais à se transformer en un individu pleinement épanoui. Il met l'accent sur l'introspection, la connexion spirituelle et l'autonomisation de soi, visant à restaurer la plénitude et la vitalité dans tous les aspects de la vie. En suivant ce chemin, vous construisez une base solide pour un avenir rempli de paix, de joie et de relations saines.

1. Nous admettons que nous étions impuissants face aux effets du narcissique, que nos vies étaient devenues ingérables.

Le premier pas consiste à réaliser clairement que le narcissique vous a affecté et qu'il n'est pas sain de le laisser dans votre vie. Il est crucial de comprendre les faits importants : il ne vous a jamais aimé, il vous a utilisée et vous a abusée. Votre seule option est de le quitter. Le fait de le quitter vous libère uniquement de son abus, et nous devons comprendre que nous étions vulnérables. C'est un voyage vers notre bien-être, dans une honnêteté totale.

C'est le moment de découvrir ce qui vous est arrivé et d'examiner vos peurs, vos ressentiments et d'autres sentiments réprimés. Je peux vous dire que vous êtes digne, magnifique et incroyable jusqu'à m'en épuiser, mais vous ne me croirez pas, donc nous allons entreprendre un voyage d'auto-découverte pour découvrir qui vous êtes et ce qui fait de vous une personne unique et spéciale.

Chaque chapitre contient une prière pour vous guider dans les exercices. Si vous prenez plusieurs jours pour compléter une section, commencez toujours par une prière. Les prières sont toutes formulées de la même manière : d'abord, vous saluez votre pouvoir supérieur, ensuite, vous énoncez votre intention et, enfin, vous demandez que cela soit accompli avec l'aide de votre pouvoir supérieur. Votre pouvoir supérieur est une lumière qui brille intensément comme une flamme. Chaque composant de la flamme a une couleur : la volonté divine est bleue, la sagesse divine est jaune, et l'amour divin est rose. Enfin, spécifiez toujours que cela est pour votre plus grand bien, conformément à la divinité.

Prière de l'étape 1 :

*Cher pouvoir supérieur (1), je me tiens devant toi aujourd'hui pour (2) démêler mon passé et mes schémas, mes blessures et ma force. Allume la flamme divine de la Volonté divine, de la Sagesse divine et de l'Amour divin dans mon cœur (3) pour mon plus grand bien, conformément à la Volonté divine, à la Sagesse Divine et à l'Amour divin.*

Ton passé te retient. De la même manière qu'un coureur de marathon ne peut pas terminer la course parce qu'il s'est tordu la cheville au premier quart, ton âme ne peut pas achever son parcours, car elle doit d'abord guérir avant de pouvoir repartir. Tes croyances, issues de ta famille, de l'école, de ta communauté et de ta religion, sont ancrées dans ton subconscient et peuvent être la cause de tes sabotages.

*J'aime la musique, j'étais dans une chorale en cinquième année. Le professeur qui dirigeait la chorale ne m'aimait pas. Elle m'a dit que je ne savais pas chanter et m'a fait quitter. J'ai gardé la croyance que je ne savais pas chanter, mais j'aimais tellement la musique que je chantais dans ma voiture, sous la douche, dans ma chambre et lors de concerts bruyants. 30 ans plus tard, j'étais à l'église en train de chanter des hymnes. Le chef de la chorale est venu me demander de rejoindre la chorale. Je lui ai dit que je ne savais pas chanter. Il m'a dit que, bien entendu, je ne pouvais pas chanter en soprano ni en alto, mais que ma voix était parfaite pour un ténor, une tessiture qui est généralement réservée aux hommes. Cela a éradiqué ma fausse croyance que j'avais entretenue pendant 30 ans et j'ai chanté dans la chorale pendant des années avec un immense plaisir. J'ai même enregistré deux albums de musique pour la méditation où ma voix est mise en avant.*

J'avais l'habitude de me punir moi-même plutôt que les autres. J'étais tellement dure avec moi. Je prenais la douleur des autres et me transformais en martyre, car je n'étais jamais assez bien, je méritais d'être punie, d'être malheureuse. La vie était une longue série dramatique remplie de turbulences et je me reprochais tout cela.

La plupart des gens passent leur vie comme des zombies. Nous achetons ce que les films et les médias nous vendent comme les idéaux du bonheur, qui nécessitent une éducation, de l'argent, une grande maison et de grandes voitures. Nous ne nous sommes jamais arrêtés pour nous demander si cela nous rendait heureux, car nous étions trop occupés à courir après l'idée de succès de quelqu'un d'autre. Quand j'étais adolescente, je méditais chaque jour, j'équilibrais mes chakras et je tenais un journal de mes émotions, de mes choix. Mais, après avoir poursuivi des études supérieures et m'être mariée, j'ai oublié mes idéaux et suis devenue une consommatrice. On m'a faussement guidée pour acheter certaines choses, en fonction de ce qu'elles pouvaient représenter dans mon statut socio-économique. J'étais distraite et j'ai cessé de me concentrer sur moi et mes besoins, confiant mon bonheur et ma satisfaction aux produits et aux autres, plutôt que de chercher en moi-même. J'étais devenue un robot, conditionnée par l'environnement, et j'avais tout oublié de moi. Paramahansa Yogananda a dit : « L'auto-analyse véritable est le plus grand art du progrès. »

Nous commencerons par une ligne de vie. C'est quelque chose que je fais avec toute personne qui vient dans mon bureau pour travailler sur elle-même. Parce que nous sommes faits d'énergie, l'énergie peut être affectée par les vibrations environnantes. Si vous avez besoin de plus d'espace, écrivez vos réponses dans un journal (virtuel ou papier) pour suivre vos progrès. Quelles étaient les circonstances qui ont entouré ta création ? Es-tu né(e) hors mariage ? Ta mère était-elle préparée à être enceinte ou cela était-il imprévu ? Tes parents étaient-ils capables de subvenir à leurs besoins ou étaient-ils déjà en difficulté ?

_______________________________________________________________________

_______________________________________________________________________

_______________________________________________________________________

Pendant la grossesse de ta mère, quelles émotions ressentait-elle ? Était-elle heureuse, ravie ? Ou triste, anxieuse, inquiète pour l'avenir ? Ces émotions ont imprégné la membrane utérine et se sont filtrées à travers toi. Elles font partie de tes éléments constitutifs. Si tu te sens envahi(e) par l'anxiété sans cause ou raison particulière, c'est peut-être là que tout a commencé. Cela ne t'appartient pas, pourtant, cela se trouve dans chaque cellule qui compose ton corps.

_____________________________________________________________

_____________________________________________________________

_____________________________________________________________

Comment s'est déroulée ta naissance ? A-t-elle été difficile, y a-t-il eu des complications ? Est-ce que l'on te reproche quelque chose à ce sujet ? Que sais-tu de l'histoire de ta naissance ?

_____________________________________________________________

_____________________________________________________________

_____________________________________________________________

 J'aime diviser la prochaine partie en sections facilement reconnaissables qui représentent une période particulière de ta vie. Comment étaient tes premières années (de 0 à 5 ans) ? Avais-tu un lien sécurisé avec une personne de soin ? Cela peut être ta mère ou ton père, mais aussi un frère ou une sœur, une tante ou un ami de la famille. Te sentais-tu en sécurité, aimé, nourri ? Avais-tu beaucoup de frères et sœurs ? Un frère ou une sœur est-il arrivé et t'es-tu senti abandonné à l'arrivée du nouveau bébé ? Tes besoins étaient-ils satisfaits ? Avais-tu suffisamment à manger, mangeais-tu tous les jours ? Avais-tu des vêtements propres à porter ? La maison était-elle propre ? Tes parents avaient-ils des emplois stables ou étaient-ils pauvres ? Avez-vous déménagé souvent ? Dans la catégorie éthérique, tu inclurais les amis imaginaires, les souvenirs d'une vie passée, les rêves vifs, les choses inexplicables dans ce temps, bien que ces expériences aient été très réelles pour toi. Certains vivent des traumatismes très jeunes en étant abusés physiquement ou sexuellement. Souviens-toi de tes blessures, de tes cicatrices, de tes opérations. Parcours les anciens albums photos et dessins pour raviver tes souvenirs. Tu devrais considérer tous tes corps en répondant à ces questions.

Ton corps physique se rapporte à tout ce qui est palpable dans cette dimension. Il se rapporte à ton corps et à ce qui lui est arrivé, à l'endroit où tu as vécu, à l'école que tu as fréquentée, aux lieux que tu as visités, aux maladies, aux allergies, aux accidents ; tout ce qui est physique. Le corps émotionnel est lié à ce que tu as ressenti : bonheur, tristesse, peur ou traumatisme qui affectent tes émotions.

Le corps mental est lié aux pensées, mais aussi à la créativité, la curiosité et l'apprentissage.

Le corps spirituel, ton âme, est lié à ta vision de l'univers et à ta connexion avec lui. Qui es-tu dans l'univers ? Que crois-tu concernant la méditation, les chakras, l'énergie, la vie, la mort, la réincarnation ? Comment te connectes-tu à cette force supérieure ? Qu'est-ce que la spiritualité pour toi ? As-tu un système de croyances à cet égard ? Assistes-tu à l'église ou au temple, pries-tu, qui t'a enseigné cela, comment sais-tu ?

Ton corps éthérique est la mémoire de tout ce que tu es.

Physiquement :

_______________________________________________

_______________________________________________

_______________________________________________

Émotionnellement :

_______________________________________________

_______________________________________________

_______________________________________________

Mentalement :

_______________________________________________

_______________________________________________

_______________________________________________

Spirituellement :

_______________________________________________

_______________________________________________

_______________________________________________

Souvenirs éthériques :

_______________________________________________

_______________________________________________

_______________________________________________

Ensuite, la plupart des enfants commencent l'école et fréquentent l'école primaire, de la maternelle à la sixième année. Examinez votre parcours, vous sentiez-vous à l'aise à l'école ? Avez-vous eu de bonnes notes ? Dans quoi étiez-vous bon ? Avez-vous trouvé des amis ? Avez-vous déménagé souvent ? Avez-vous vécu des traumatismes, eu des accidents, été victime d'intimidation ? Aucune expérience n'est trop petite ou insignifiante. Encore une fois, revisitez cette période de votre vie avec les 5 corps. Le corps éthérique garde vos souvenirs de vies antérieures ainsi que chaque mot, pensée et choix que vous avez faits. Vous êtes-vous senti à l'écart ? Y avait-il quelque chose qui vous semblait unique ?

Physiquement :

______________________________________________
______________________________________________
______________________________________________

Émotionnellement :

______________________________________________
______________________________________________
______________________________________________

Mentalement :

______________________________________________
______________________________________________
______________________________________________

Spirituellement :

______________________________________________
______________________________________________
______________________________________________

Souvenirs éthériques :

______________________________________________
______________________________________________
______________________________________________

Certains d'entre nous entrent au collège, d'autres passent directement au lycée, mais, vers 12-13 ans, nous développons la pensée critique, commençons peut-être à avoir de petits emplois, comme gardienne d'enfants ou tondeuse de pelouse. Nous ne sommes plus aussi coincés entre la maison et l'école, et notre horizon s'élargit à un monde plus vaste. C'est aussi une période où certains commencent à fumer, boire, consommer des drogues, avoir des relations sexuelles. Comment s'est passée votre première expérience dans une relation ? Combien de temps a-t-elle duré, comment cela s'est-il passé ? Comment cela vous a-t-il fait sentir ? Ce moment commence à jouer un rôle plus important dans la façon dont nous interagissons avec le monde et dont nous panserons nos blessures. Vous êtes-vous impliqué dans des activités criminelles ? Avez-vous développé des croyances spirituelles ?

Comment cette période s'est-elle déroulée pour vous ? Comment était l'école ? Avez-vous travaillé ? Avez-vous commencé à sortir avec quelqu'un ? Pour les femmes, quand votre cycle menstruel a-t-il commencé et cela a-t-il changé quelque chose pour vous ? Pour les hommes, comment s'est passée la transition vers l'âge adulte avec vos hormones, avez-vous eu des conseils ?

Physiquement :

_______________________________________________
_______________________________________________
_______________________________________________

Émotionnellement :

_______________________________________________
_______________________________________________
_______________________________________________

Mentalement :

_______________________________________________
_______________________________________________
_______________________________________________

Spirituellement :

_______________________________________________
_______________________________________________
_______________________________________________

Souvenirs éthériques :

_______________________________________________
_______________________________________________
_______________________________________________

Ensuite, à 18-19 ans, nous sommes considérés comme adultes. Pour certains, cela signifiait quitter l'ordonnance de placement et se retrouver dans la rue avec peu ou pas de ressources. Avez-vous fréquenté l'université ? Avez-vous suivi une formation professionnelle ? Comment était votre groupe de soutien ? Aviez-vous des contacts avec votre famille ? Vos amis ? Faisiez-vous partie d'un gang ? Où viviez-vous et qui payait vos dépenses de logement ? À ce moment-là, vous voulez peut-être suivre un modèle pendant des décennies. Alors, qu'est-il arrivé entre 18 et 29 ans ?

Physiquement :

_______________________________________________
_______________________________________________
_______________________________________________

Émotionnellement :

_______________________________________________
_______________________________________________
_______________________________________________

Mentalement :

_______________________________________________
_______________________________________________
_______________________________________________

Spirituellement :

_______________________________________________
_______________________________________________
_______________________________________________

Souvenirs éthériques :

_______________________________________________
_______________________________________________
_______________________________________________

Ensuite, vous décrivez l'évolution de 29 à 39 ans. Vous êtes-vous marié(e) ? Avez-vous eu des enfants ? Avez-vous subi d'autres traumatismes, accidents, problèmes de santé ?
Physiquement :

_______________________________________________________________________

_______________________________________________________________________

_______________________________________________________________________

Émotionnellement :

_______________________________________________________________________

_______________________________________________________________________

_______________________________________________________________________

Mentalement :

_______________________________________________________________________

_______________________________________________________________________

_______________________________________________________________________

Spirituellement :

_______________________________________________________________________

_______________________________________________________________________

_______________________________________________________________________

Souvenirs éthériques :

_______________________________________________________________________

_______________________________________________________________________

_______________________________________________________________________

Vous pouvez continuer dans votre journal pour les autres décennies.
De 40 à 49 ans : quel était votre principal centre d'intérêt ? Comment vont vos relations ? Êtes-vous marié(e) ? Divorcé(e) ? Comment gérez-vous la garde ou l'éducation des enfants ? Avez-vous des problèmes de santé qui surgissent ? Avez-vous perdu quelqu'un qui vous était cher ?
De 50 à 59 ans : cette période peut marquer vos préoccupations pour vos enfants ou petits-enfants. Peut-être commencez-vous à vous inquiéter de votre retraite ou de nouvelles relations. Qu'est-ce qui caractérise cette décennie ? Avez-vous voyagé, rencontré de nouvelles personnes, perdu un ami proche ou un membre de la famille ? Prenez le pouls de cette période de votre vie.
De 60 à 69 ans : pour la plupart, c'est une période de ralentissement. On prend sa retraite et on dispose de plus de temps libre, mais on peut aussi faire face à la pauvreté et à des problèmes de santé graves. Qu'est-ce qui marque cette époque de votre vie ?
Maintenant que vous avez un résumé de votre vie, de vos choix et de ce qui a influencé votre trajectoire, peut-être commencez-vous à voir des schémas émerger : pourquoi cela m'arrive-t-il toujours ?

*Exemple :*

*J'ai acheté une voiture neuve à 21 ans. J'en étais très fière, car, tout au long de ma vie, je portais principalement des vêtements de seconde main et je recevais rarement des vêtements neufs. Si j'avais quelque chose de neuf, c'était grâce à l'argent que je gagnais en faisant du gardiennage, puis en travaillant dans un fast-food, avant de commencer à vendre des vêtements et des chaussures. Cette voiture était très importante pour moi, j'y étais très attachée. Elle me donnait de la liberté et renforçait mon estime de moi.*

*Je rendais visite à mes parents lorsque le voisin, qui conduisait en état d'ivresse, a percuté ma voiture. J'étais furieuse, méchante et je lui ai crié dessus. La voiture a été réparée et ce n'était pas ma faute. Peu de temps après, j'étais au travail quand la police est venue me trouver à propos d'un accident de voiture. Je leur ai assuré que ce n'était pas moi, car j'étais au travail depuis 7 h du matin. Il s'est avéré qu'une femme avait percuté ma voiture, qui était garée légalement à l'arrière du bâtiment. Je suis sortie et, encore une fois, j'étais furieuse, méchante et je lui ai crié dessus. Comment peut-on percuter une voiture dans un stationnement ? La voiture a été réparée et la vie a continué.*

*Peu après, je déménageais et je suis allée chez une amie pour lui demander de l'aide et utiliser sa fourgonnette pour faciliter le déménagement. Ma voiture était garée dans la rue depuis moins de cinq minutes, et elle m'a demandé de déplacer ma voiture, car l'ancien voisin avait tendance à percuter les voitures en reculant, n'ayant pas une très bonne vue. J'ai couru déplacer ma voiture et suis sortie pour déplacer mes affaires. Quand nous sommes revenus, le voisin est venu me dire qu'il avait percuté ma voiture. Il n'avait pas arrêté, car il emmenait sa femme à l'hôpital et espérait que je n'avais pas déjà appelé la police. Cette fois, une partie de moi a abandonné. Je l'ai invité à entrer et nous avons commencé à échanger les informations d'assurance de la voiture. Il était vieux, fragile et tremblait. Je lui ai demandé s'il allait bien, et il m'a dit qu'il avait peur que je lui crie dessus et lui cause des ennuis. C'est à ce moment-là que j'ai compris que la voiture ou tout autre objet matériel peut être remplacé ou réparé, mais les êtres humains sont l'élément le plus important de l'équation. Je lui ai proposé de l'aider à remplir les documents. Ce jour-là, j'ai appris une leçon importante et le schéma a cessé.*
*Vous êtes un être divin, votre âme est sur Terre pour apprendre des leçons importantes, telles que l'amour, la compassion, l'honnêteté, l'intégrité, l'éthique, le pardon, le détachement du monde matériel, la reconnaissance de votre nature divine, l'altruisme, l'application de ces leçons apprises avec sagesse, et faire du monde un endroit meilleur que lorsque vous y êtes arrivé. Il y en a d'autres, mais ce sont les plus importantes.*

Votre âme planifie et choisit quels parents vous aideront le plus dans ce voyage et sélectionne des événements clés qui se produiront pour vous aider à apprendre ces leçons. Aimer inconditionnellement ne concerne pas seulement les autres, mais aussi soi-même. Ceux qui rencontrent le narcissique ne s'aiment pas eux-mêmes. C'est leur voyage, celui de nous aider à nous aimer nous-mêmes. Ils portent un lourd fardeau sur leur âme en jouant ce rôle, mais tous les contrats d'âme sont équilibrés, réciproques et offrent à toutes les parties impliquées l'opportunité de grandir, d'évoluer et d'atteindre la perfection.

Pourquoi pensez-vous avoir choisi vos parents ? Qu'est-ce qui les rendait si uniques que vous les avez perçus comme le bon choix pour vous guider et éveiller le but de votre âme ?

Ma mère était une catholique pratiquante et lisait la Bible. Elle avait une grande foi et croyait au pouvoir de la prière. Elle était aussi une abuseuse, une narcissique et souffrait de troubles mentaux. Une fois que j'ai pu surmonter ma colère et mes ressentiments envers elle, j'ai pu voir que la seule chose qu'elle faisait bien était de m'inculquer que j'irais à l'école, que j'aurais une

carrière, que je pouvais tout faire si je me consacrais à mes études. Malgré tous les abus que j'ai subis de sa part et le fait que je n'ai jamais ressenti d'amour, son message n'a pas été diminué. Plus tard, nous parlerons du détachement, et une partie de notre souffrance provient du fait que nous voulons quelque chose de quelqu'un qui ne peut pas nous le donner.
Un exemple flagrant est celui d'un voleur qui vous demande de lui donner 200 $, mais vous n'avez que 20 $. Il n'y a rien que vous puissiez faire ; vous n'avez pas l'argent à donner. Mais il continue d'insister, vous menace et peut-être vous blesse, mais vous ne pouvez toujours pas lui donner plus que ce que vous avez.

C'est ce que j'ai fini par comprendre au sujet de ma mère : je voulais qu'elle m'aime, je faisais tellement de choses impressionnantes et pourtant elle ne m'aimait toujours pas. J'étais en colère qu'elle ne puisse pas m'aimer, mais, en tant que narcissique, elle ne pouvait tout simplement pas offrir d'amour. Une fois que j'ai mis de côté mes demandes et me suis détachée, j'ai pu la voir pour ce qu'elle était et réaliser ce qu'elle pouvait m'offrir, et en être reconnaissante.
Je n'étais pas destinée à recevoir de l'amour de ma mère. Ma tante a pris le rôle de nourrice et de personne avec laquelle je pouvais me connecter émotionnellement.

Nous devons examiner les notes que nous avons prises, commencer à identifier les schémas et relier les événements qui se sont déclenchés les uns par les autres. Une amie à moi a perdu ses deux parents en l'espace de deux semaines, le choc a été si sévère qu'elle est entrée en ménopause automatiquement et n'a jamais eu de règles après cela, elle n'avait que 50 ans à l'époque.

Examinez si vous ressentez de l'anxiété. Quand cela a-t-il commencé ? Quel a été le déclencheur ? Avez-vous été malade, souffert de maladies auto-immunes ? Quand cela a-t-il commencé ? J'ai souffert de fibromyalgie, diagnostiquée peu après mon divorce. Le divorce n'a pas causé la fibromyalgie, cela venait de mes six années de mariage avec un narcissique. J'étais profondément déprimée pendant mon mariage, je souffrais d'anxiété, de peur constante, d'hypervigilance, etc. Faites un inventaire détaillé de vos émotions, de votre état mental et de vos maladies physiques, opérations, traitements, etc. Revenez sur l'exercice précédent si nécessaire, trouvez les moments clés de votre vie qui vous ont orienté sur un certain chemin, les personnes clés qui vous ont blessé ou vous ont renforcé, puis retracez votre parcours pour voir quand vous vous êtes senti(e) sur la bonne voie et quand vous vous êtes senti(e) perdu(e).

Votre âme a imaginé un voyage, il est facile, simple, direct et vous trouvez tout ce dont vous avez besoin à l'intérieur de vous, à travers vos passions, intérêts, talents et dons. Ceux-ci vous guideront sur un chemin inspiré vers le but de votre âme.

Les événements de notre vie nous détournent de ce chemin. Nos parents sont sur un voyage similaire au nôtre et peuvent eux-mêmes être perdus, ce qui signifie que l'aveugle guide l'aveugle. Nous devons enlever nos œillères et obtenir une image claire de ce que nous sommes censés apprendre et accomplir pour y parvenir. C'est comme monter dans un bus sans même vérifier s'il est le bon et continuer de faire le tour de la boucle du bus, sans savoir où descendre. Parfois, cela peut donner l'impression que vous allez en arrière, mais, en réalité, vous retournez simplement au moment où vous étiez sur la bonne voie et ensuite prenez le bon bus pour avancer.

Le voyage de l'âme est une ligne droite (bleue), mais nous pouvons nous perdre, être coincés dans la distraction matérielle et oublier notre nature divine (rouge).

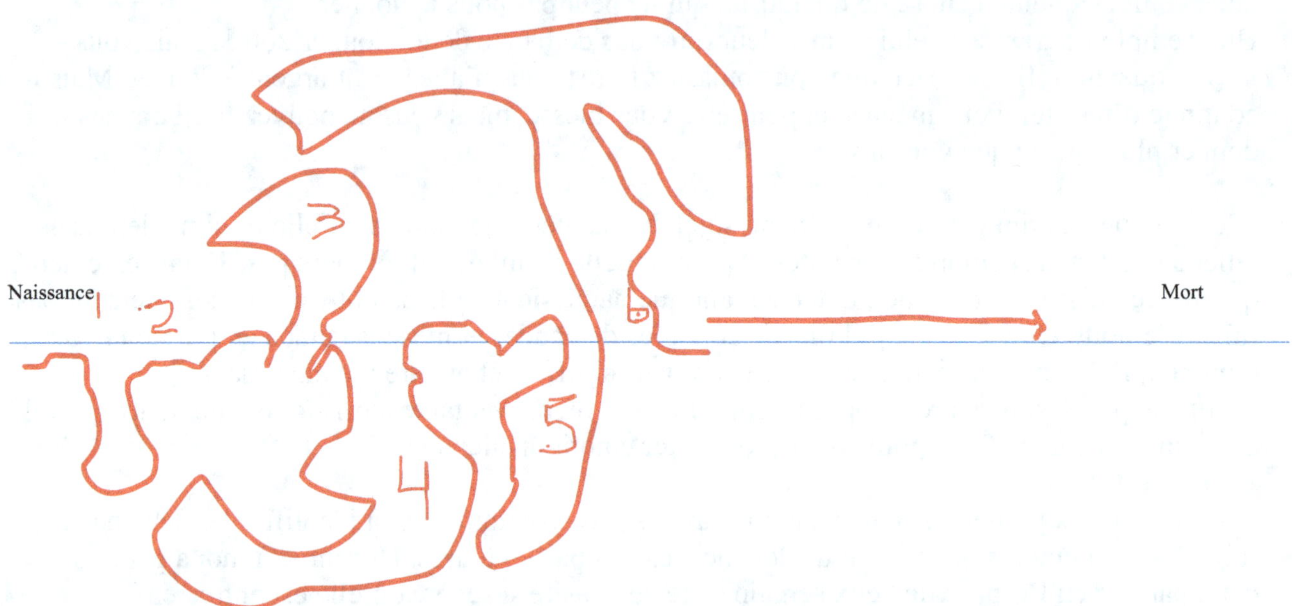


1. Cela pourrait être un abus à la maison, la mort d'un parent, la guerre, etc. Donc, vous arrivez au point 2 à 10 ans au lieu de 7 ans.
2. La paix est restaurée, nous sommes en sécurité et protégés.
3. Accident, maladie, blessure, drogues, viol, gang, alcool, donc vous terminez cette période à 25 ans au lieu de 15 ans.
4. Vous dépendez d'une relation narcissique, vous êtes malade, et vous avez maintenant 35 ans au lieu de 20 ans.
5. Vous avez perdu votre emploi ou votre relation et vous avez 45 ans au lieu de 25 ans.
6. Relation narcissique, abus, dépendance, etc., donc vous avez maintenant 50 ans au lieu de 30 ans.
7. Le jalon du développement est retardé, au lieu de cheminer facilement et avec grâce, vous avez enduré des difficultés et, pour récupérer, il vous a fallu deux fois plus de temps que ce que votre âme avait prévu pour arriver à un certain point. Votre âme doit accomplir certaines choses pour progresser, et vous avez besoin de temps pour apprendre et traiter les leçons afin de jouer votre rôle unique sur Terre. Votre âme finira par vous arrêter à travers des situations de vie majeures, comme une maladie auto-immune, une grave crise de vie ou un terrible accident qui vous laissent remettre en question la vie et son sens dans l'espoir de vous envoyer en quête spirituelle à la recherche de vérité et de réponses.

Qu'est-ce qui vous a détourné de votre chemin ? Comment vous sabotez-vous ? Votre croyance en vous-même, votre race ou votre pays peut être bloquée dans votre subconscient, et il est temps de connaître le conducteur du bus et de le remplacer !

Quelles sont vos valeurs ? Quand je demande cela aux gens, ils ont du mal à me répondre. « Je suis honnête et gentil », disent-ils. Oui, mais quel est votre rôle, selon vous ? En tant qu'homme ou femme ? Face à des choix, comment prenez-vous vos décisions ? Des aspects de vous-même ont-ils tendance à rejeter les occasions de croissance et de transformation parce que vous ne vous sentez pas à la hauteur ou parce que vous avez peur du changement et que vous ne pouvez pas vous engager dans l'inconnu ?

En examinant les schémas qui se répètent encore, pouvez-vous identifier des blessures qui nécessitent encore de la guérison ?

Schéma :

_____________________________________________

_____________________________________________

_____________________________________________

Blessures :

_____________________________________________

_____________________________________________

_____________________________________________

Vos peurs sont un excellent indicateur de ce qui doit être guéri. Il existe de nombreuses peurs, comme la peur des clowns ou des ballons, mais il y a des peurs plus profondes, telles que la peur de l'abandon, du rejet, de l'humiliation, de la trahison, de l'injustice et de la honte, pour n'en nommer que quelques-unes. De quoi avez-vous peur ?

Les peurs à l'extérieur de moi :

_____________________________________________

_____________________________________________

_____________________________________________

Les peurs en moi :

_____________________________________________

_____________________________________________

_____________________________________________

Quelles étaient les paroles que vos parents répétaient constamment ? « Nous sommes nés pour être pauvres » ou « C'est la place d'une femme d'être enceinte et dans la cuisine ». Peut-être qu'ils vous poussaient constamment dans un certain domaine et vous mettaient la pression pour réussir, comme le sport, la musique ou les études. Est-ce qu'ils buvaient, jouaient, ou prenaient des drogues ? « Ce n'est pas une fête tant que tout le monde n'est pas saoul » ?

_____________________________________________

_____________________________________________

_____________________________________________

Ces croyances sont en vous, elles vous guident dans l'obscurité sans but, comme des aveugles.

En grandissant, des gens vous ont-ils dit que vous étiez inutile, stupide, ou que vous ne réussiriez jamais à quelque chose ?

______________________________________________________________________

______________________________________________________________________

______________________________________________________________________

Qu'avez-vous entendu qui vous faisait grimacer et qui, encore aujourd'hui, vous ramène à la scène et à la douleur ? Cela pourrait être d'entendre votre mère dire : « Tu es exactement comme ton père, un ivrogne et un perdant. » Entendre constamment des messages se répéter dans nos vies finit par devenir une partie de notre réalité, et nous devons les déterrer pour les remplacer par une affirmation vraie et porteuse de pouvoir.

*Exemple :*

*« Tu es tellement stupide, tu ne peux rien apprendre de nouveau » devient :*
*« Je suis en train d'apprendre, il est normal pour moi de faire des erreurs. »*

*Exemple :*

*« Tu es grosse et laide » devient :*
*« Tu prends soin de ta santé et de ta nutrition, et tu as un corps sain. »*

Cela me mène à examiner notre dialogue intérieur. Nous avons exploré ce que d'autres dans notre environnement nous ont inculqué, limitant nos choix et options. Cependant, certains de ces messages ont été intériorisés, et nous n'avons même plus besoin que d'autres nous les disent, nous nous les répétons à nous-mêmes, soit dans notre tête, soit à haute voix.

Je ne peux pas compter le nombre de fois où j'ai entendu quelqu'un dire « Je suis tellement stupide » ou « Je ne peux pas prendre de dessert, je suis au régime ». Ce n'est pas de l'amour de soi de penser que tu es stupide ou que ton corps n'est pas optimal et que tu dois te priver de nourriture pour répondre aux attentes déraisonnables de la société. Je ne dis pas' que certaines personnes ne sont pas en surpoids et qu'elles ne devraient pas perdre du poids pour leur santé. Mais j'ai vu des femmes se détruire à cause de 5 à 10 livres de trop parce qu'elles n'ont plus la silhouette qu'elles avaient dans leurs 20 ans.

Notre corps est la représentation de notre parcours de vie. J'ai 52 ans, j'ai eu 3 grossesses, 2 césariennes, et j'ai surmonté la fibromyalgie, le PTSD, le trouble obsessionnel compulsif, des traumatismes graves, l'anxiété, la dépression et une blessure à la hanche. Je suis moins active et j'ai pris du poids. Je ne suis plus la même personne qu'à 20 ans, mais après tout, pourquoi devrais-je l'être ? Je m'aime en reconnaissant mon parcours, et tant que je suis en bonne santé, heureuse et épanouie, peu importe si je mange un morceau de gâteau et que je ne rentre pas dans un moule parfait d'un magazine. En quoi est-ce important ?

Pour guérir et être libres, nous devons explorer nos pensées. Que penses-tu régulièrement de tes capacités ? Que te dis-tu à toi-même ?

___________________________________________________________________

___________________________________________________________________

Tes talents ?

___________________________________________________________________

___________________________________________________________________

Comment réagis-tu à un problème ?

___________________________________________________________________

___________________________________________________________________

Quand as-tu besoin d'apprendre quelque chose de nouveau ?

___________________________________________________________________

___________________________________________________________________

Quand as-tu des tâches qui sortent de ta routine ?

___________________________________________________________________

___________________________________________________________________

As-tu d'autres pensées auto-limitantes ?

___________________________________________________________________

___________________________________________________________________

Tu devrais être capable de dire : « Je suis suffisant€, je m'aime, je suis digne, je suis un€ être divin€. » Si tu lis l'une de ces affirmations et que tu te dis que cela ne s'applique pas à toi, remplis la raison :

**Je suis suffisant€** : Ce n'est pas moi parce que…

___________________________________________________________________

**Je m'aime, mais c'est peut-être faux, ou bien je dois modifier certaines choses, car…**

_______________________________________________________________________

**Je ne suis pas digne parce que**…

_______________________________________________________________________

**Je ne peux pas être un être divin parce que**…

_______________________________________________________________________

**M'a-t-on enseigné des compétences de vie importantes, telles que :**
- La gestion de l'argent ?
- Les compétences en communication ?
- Comment traiter les enfants, les personnes âgées, ou la personne avec qui vous êtes en relation ?
- Comment prendre soin de vos besoins physiques ?
- Comment gérer vos émotions ?
- Comment gérer votre santé mentale ?
- Autre que l'abus de substances pour s'apaiser, que puis-je faire ?
- Comment demander de l'aide et où la trouver ?

Ces compétences de base sont essentielles pour naviguer dans notre société. Si vous ne connaissez pas les bases, il est temps de les apprendre et de devenir conscient. Si vous ne les avez pas apprises, où pouvez-vous aller ou qui pouvez-vous contacter pour obtenir de l'aide ? Se guérir d'une relation avec un narcissique nécessite de devenir autonome.

Lorsque j'ai d'abord complété cette liste, j'ai réalisé combien je savais peu de choses. J'ai lu des livres, suivi des ateliers et je me suis instruite. Je n'étais pas stupide, je n'avais tout simplement jamais été enseignée.

Nous devons examiner de près notre système de croyances. Qu'est-ce que vous faites par conformisme à cause de votre religion, de vos origines ethniques et de votre communauté ?
Dans son livre Dying To Be Me, Anita Morjani affirme qu'elle ne voulait pas se marier de façon arrangée, mais qu'elle sentait qu'elle n'avait pas le choix. Elle se sentait perdue en vivant à Hong Kong tout en respectant les valeurs du sous-continent indien. Elle voulait travailler et ne pas être une femme au foyer. Elle savait ce qu'elle voulait, mais elle ne pensait pas qu'elle avait de la valeur ou que quelqu'un l'écoutait.

Y a-t-il des rêves ou des idées que vous aviez sur la façon dont vous vouliez passer votre vie, mais que vous avez sentis impossibles à réaliser en raison de votre environnement ?
Ce que je veux, mes rêves, mes idées :

_______________________________________________________________________

_______________________________________________________________________

Qu'est-ce qui se met en travers de mon chemin :

___________________________________________________________

___________________________________________________________

___________________________________________________________

Ce que je veux, mes rêves, mes idées :

___________________________________________________________

___________________________________________________________

___________________________________________________________

Qu'est-ce qui se met en travers de mon chemin :

___________________________________________________________

___________________________________________________________

___________________________________________________________

Ce que je veux, mes rêves, mes idées :

___________________________________________________________

___________________________________________________________

Qu'est-ce qui se met en travers de mon chemin :

___________________________________________________________

___________________________________________________________

___________________________________________________________

Dans les relations abusives, il y a toujours des secrets. On cache la vérité pour sauver les apparences, éviter de nouvelles représailles ou par peur du jugement. Peu importe les raisons pour lesquelles vous avez gardé des secrets, il est important de commencer à vous dire la vérité, au moins à vous-même. Vous avez menti pour protéger l'image de la famille, votre relation, vos dépendances, vos peurs, votre honte. Changeons cette narration :

Ce que je disais auparavant :

___________________________________________________________

___________________________________________________________

___________________________________________________________

La verité :

___________________________________________________________

___________________________________________________________

___________________________________________________________

*J'avais une amie qui disait qu'elle avait un œil au beurre noir parce qu'elle était allée aux toilettes dans le noir et avait heurté la porte. En réalité, elle s'était disputée avec son petit ami et il l'avait frappée.*

__________________________________________________________

__________________________________________________________

__________________________________________________________

**************

Examinons ces schémas que vous avez identifiés :
Comment m'a-t-on montré de l'amour ?

__________________________________________________________

__________________________________________________________

__________________________________________________________

Lorsque je subis des blessures physiques, d'où viennent-elles ? Est-ce que les autres me font du mal ou est-ce que je me mets moi-même en danger ?

__________________________________________________________

Qu'est-ce qui me met en colère ?

__________________________________________________________

__________________________________________________________

__________________________________________________________

Qu'est-ce qui me rend triste ?

__________________________________________________________

__________________________________________________________

__________________________________________________________

De quoi je me sens coupable ?

__________________________________________________________

__________________________________________________________

__________________________________________________________

De quoi ai-je honte ?

___________________________________________________

___________________________________________________

___________________________________________________

Comment est-ce que je me juge moi-même ?

___________________________________________________

___________________________________________________

___________________________________________________

Ai-je de mauvaises habitudes, des dépendances, des mécanismes d'évitement ?

___________________________________________________

___________________________________________________

___________________________________________________

Quelle image est-ce que je renvoie au monde ? Suis-je véritablement moi-même ou est-ce que je me cache derrière un masque ?

___________________________________________________

___________________________________________________

Qu'est-ce que je porte dans mon sac à dos ? Est-ce que toutes ces responsabilités sont réellement les miennes ? Est-ce que j'en prends plus que ce que je devrais ? Suis-je capable de dire non ?

___________________________________________________

___________________________________________________

___________________________________________________

Quelles sont les conditions que je me fixe avant de me permettre de ressentir de la joie et du bonheur ? Suis-je digne de joie et de bonheur ? Est-ce que je crois mériter d'être heureux (se) seulement si j'obtiens un examen parfait ? Je serai heureux (se) une fois que j'aurai la promotion, ou lorsque nous serons mariés ou que nous aurons acheté une maison. Pourquoi ne pourrais-je pas être heureux (se) dès maintenant ?

___________________________________________________

___________________________________________________

___________________________________________________

Qu'est-ce qui déclenche ton anxiété, ta douleur, ta maladie, ta dépression ?

Qu'est-ce que j'évite ? Les réunions de famille ? Les événements sociaux ? Sortir le soir ?

Y a-t-il un incident qui t'a poussé à te replier sur toi-même et à perdre confiance ?

De quoi as-tu peur maintenant ? J'ai peur qu'ils pensent ou disent :

Ta confiance en toi a peut-être été ébranlée par ta famille ou ton groupe social d'origine. Y a-t-il eu un incident qui t'a poussé à te retirer et à ne plus participer aux groupes ?

Est-ce que je demande de l'aide ? Si ce n'est pas le cas, est-ce parce que je n'ai pas confiance ? J'ai peur ? Je sens que je ne le mérite pas ?

Sur quoi je me concentre dans ma vie ? Sur le négatif, ou sur ce qui est bon dans ma vie ?

Avant d'aller plus loin, vous devez vous demander si vous avez besoin de l'aide d'un professionnel. Quand avez-vous fait votre dernier bilan de santé général, consulté un dentiste, fait vérifier vos yeux ? L'exercice précédent vous a-t-il fait réaliser que peut-être vous devriez parler à un groupe communautaire au sujet des abus, ou demander une aide financière ? Vous n'êtes pas seul(e), et il pourrait être judicieux de consulter un avocat, de consolider vos dettes et de voir s'il y a des actions immédiates à entreprendre pour retrouver un certain équilibre. Avez-vous besoin de consulter un professionnel pour votre santé, vos finances, vos droits, votre santé mentale, ou de voir un thérapeute ou un conseiller ?

___________________________________________________________________

___________________________________________________________________

___________________________________________________________________

C'était de loin la partie la plus difficile ! Nous devons libérer notre douleur, trouver l'endroit où elle a pris racine pour pouvoir l'enlever. Vous deviez comprendre pourquoi vous étiez vulnérable, cela ne s'est pas fait du jour au lendemain. C'est dans notre histoire, renforcée par différentes expériences qui se manifestent sous forme de schémas. Nous réalisons peut-être que nous ne vivions pas réellement ; nous survivions, luttions et nous battions pour ce que nous avions. Cela ne doit pas être ainsi. Vous n'êtes pas seul(e) ; vous êtes constamment connecté(e) à votre pouvoir supérieur. Nous fermons cette connexion lorsque nous oublions d'être reconnaissants, de prier. Se connecter est la chose la plus importante que nous apprendrons dans le prochain chapitre, car, avec votre pouvoir supérieur, vous pouvez transcender toute douleur, souffrance, colère et rancune, et vous libérer. Libéré pour être heureux, joyeux, inspiré, passionné, aimant et bienveillant envers vous-même et les autres.

2) Nous en venons à croire qu'une puissance supérieure à nous-mêmes pourrait nous restaurer dans notre santé mentale et cherchons, par la prière et la méditation, à améliorer notre contact conscient avec notre pouvoir supérieur et à suivre le but supérieur de notre âme, conformément à l'amour divin, à la sagesse divine et à la volonté divine.

L'âme est sur Terre pour grandir, elle est ici pour devenir un créateur divin et, pour ce faire, elle doit apprendre à choisir l'amour, la compassion et réaliser que tout est connecté. Comment est-il possible que quelqu'un puisse suivre le prochain chapitre sans être offensé ou se sentir comme si ce n'était pas pour lui ? Parce que j'adhère à la théorie de l'Omnimisme.

L'Omnimisme reconnaît que différentes cultures ont évolué selon leur géographie et leurs luttes, et ont développé un système de croyances unique qui leur convient, qui correspond à leur histoire et à leurs besoins. Cependant, au fond des enseignements, peu importe où l'on se trouve sur la planète, ils sont essentiellement les mêmes. L'Omnimisme est la croyance que toutes les cultures à travers le monde partagent les mêmes principes fondamentaux, nous parlons de la même loi, du même Créateur. Je soutiens que les événements qui traversent chaque culture sont la vérité. Parmi ces croyances partagées se trouve le mythe de la création, le déluge et le mystère de la transformation spirituelle qui est à notre portée et dépend de notre introspection et de notre dévotion. Trouver votre pouvoir supérieur vous aidera à retrouver l'espoir.

La foi chrétienne a été enseignée par Jésus qui disait, entre autres : « Dans tout ce que vous faites, faites aux autres ce que vous voudriez qu'ils vous fassent. »

L'Unitarisme affirme : « Nous affirmons et promouvons le respect pour la toile interdépendante de toute existence dont nous faisons partie. »

Les croyances spirituelles autochtones sont centrées sur la connexion de tous les êtres vivants, le respect mutuel du cercle de la vie et le fait que nous sommes les gardiens de la Terre.
Le zoroastrisme enseigne : « Ne fais pas aux autres ce qui te nuirait. »

Le jaïnisme enseigne : « On doit traiter toutes les créatures du monde comme on aimerait être traité. »

Le judaïsme enseigne : « Ce qui est détestable pour toi, ne le fais pas à ton prochain. Voilà toute la Torah. »

L'Islam enseigne par le Prophète Muhammad : « Aucun de vous ne croit vraiment tant qu'il ne souhaite pas pour les autres ce qu'il souhaite pour lui-même. »

La foi baha'ie dit : « Ne chargez pas une âme d'un fardeau que vous ne souhaiteriez pas pour vous-même, et ne désirez pour personne ce que vous ne souhaiteriez pas pour vous. »

L'hindouisme enseigne : « Voici le résumé du devoir : ne fais pas aux autres ce qui causerait de la douleur si tu le faisais à toi-même. »

Le bouddhisme enseigne : « Ne menacez pas les autres de la manière dont vous vous sentiriez blessé. »

Le confucianisme enseigne : « Un mot qui résume la base de toute bonne conduite : la bienveillance. Ne fais pas aux autres ce que tu ne voudrais pas qu'ils te fassent. »

Le taoïsme enseigne : « Considère le gain de ton voisin comme ton propre gain, et la perte de ton voisin comme ta propre perte. »

Le sikhisme enseigne : « Je ne suis étranger à personne : et personne n'est étranger pour moi. En vérité, je suis un ami de tous. »

Les croyances du Shintoïsme viennent du Japon. Le Shintoïsme est centré sur la croyance que des connexions spirituelles et culturelles existent à travers le monde naturel. Vivre avec la nature comme alliée et être les gardiens de la Terre.

Les principes hawaïens du Huna disent que nous sommes tous connectés et que ce qui arrive à l'un arrive à tous.

Ils se rejoignent dans leur message. Nous sommes tous connectés, nous devons traiter les autres et tout ce qui est vivant avec le même amour, respect et honneur que nous souhaitons nous-mêmes. Lorsque nous parlons de voisin, nous pouvons le voir comme la personne vivant à côté de nous, mais aussi la ville voisine ou le pays. Nous pouvons valoriser et célébrer notre unicité, mais nous devons nous rappeler que nous sommes tous des êtres humains, et, en tant que tels, égaux. Nous sommes ici, sur une planète vivante qui, comme les animaux, les plantes et les arbres, est une conscience que nous devons respecter et honorer.
Peu importe quelle religion ou quelle spiritualité vous avez choisie, il est crucial de croire en l'existence de quelque chose de plus grand que vous.

En quoi croyez-vous ?

___________________________________________________________________________

___________________________________________________________________________

___________________________________________________________________________

___________________________________________________________________________

Est-ce que l'un des systèmes de croyances ci-dessus résonne avec vous ?

___________________________________________________________________________

___________________________________________________________________________

___________________________________________________________________________

___________________________________________________________________________

À quoi ressemble votre pouvoir supérieur ? Est-ce un vieil homme, une femme mince, Gaïa ou simplement l'univers ?

---

Comment vous connectez-vous à ce pouvoir supérieur ? Est-ce par la prière, la méditation, en fréquentant une église ou un temple ?

---

Votre pouvoir supérieur est connecté à vous, vous n'avez pas besoin de vous rendre dans un endroit spécifique pour être connecté. Pour certains, être dans la nature est le moment où ils se sentent le plus connectés. Cette étape concerne la foi, la confiance et la croyance. La foi est un cadeau accessible à tous. Le pouvoir supérieur est l'amour et la lumière. Il s'agit d'une acceptation totale sans jugement. L'amour est désintéressé, inconditionnel, empli de grâce, et il vous élève et vous donne du pouvoir.

Le plus grand cadeau que l'humanité ait reçu du Créateur est le libre arbitre. Comprendre le libre arbitre, c'est trouver son propre chemin. Dieu ne permet pas que de mauvaises choses arrivent aux bonnes personnes. Les gens font des choix parce qu'ils ont le libre arbitre, et parfois ces choix font du mal aux autres. Se soumettre à la volonté de Dieu signifie qu'en face d'un choix, je choisirai ce qui est bon pour tout le monde.

Je vous encourage à commencer à changer votre état d'esprit en exerçant la gratitude chaque jour. Cela fait des décennies que je dis cette prière chaque matin. Elle provient de Mikao Usui, le fondateur du Usui Reiki Ryoho, une pratique de guérison énergétique. Vous n'avez pas besoin d'être initié au Reiki pour que cette prière vous soit bénéfique.

Prière pour l'étape 2 :

*Juste pour aujourd'hui, je ne succomberai pas à la colère.*
*Juste pour aujourd'hui, je ne souffrirai pas d'anxiété.*
*Juste pour aujourd'hui, je ferai de mon mieux partout où je vais.*
*Juste pour aujourd'hui, j'aimerai et honorerai toutes les formes de vie.*
*Juste pour aujourd'hui, je suis reconnaissant(e) pour…*

Je dresse ensuite une liste de choses pour lesquelles je suis reconnaissant(e) : avoir une maison chaleureuse en hiver, des clients avec qui travailler, pouvoir payer mes factures, voyager, les nouveaux amis que j'ai rencontrés, la voiture qui me conduit où j'ai besoin d'aller, les vêtements que je porte. Je suis reconnaissant(e) pour ma santé, mes enfants, mes amis, mon chien. Je suis reconnaissant(e) pour ma joie, mon sens du but, mon inspiration, mes projets. En été, je suis reconnaissant(e) pour mes arbres fruitiers, mon jardin, l'eau et le soleil. En hiver, je suis reconnaissant(e) pour les montagnes, la neige et le fait que mon corps soit suffisamment en bonne santé pour faire de la raquette ou du ski. Chaque jour, je trouve quelque chose de nouveau pour lequel être reconnaissant(e).

L'univers veut que vous soyez heureux, mais si vous ne pouvez pas apprécier ce que vous avez déjà, pourquoi vous en enverrait-il davantage ? Ce n'est pas que vous ne soyez pas digne, c'est que vous n'êtes pas reconnaissant(e).

À la fin de chaque journée, je passe en revue ma journée. Je suis les 4 accords toltèques pour m'aider à analyser ma journée.
1. Ai-je été impeccable avec mes mots ? Ai-je dit ce que je pensais ? Ai-je dit la vérité ? Ai-je respecté les promesses que j'ai faites ?
2. Ai-je pris quelque chose personnellement ? Est-ce quelque chose que je dois aborder demain ?
3. Ai-je fait des suppositions ? Dois-je demander des éclaircissements ? Ai-je besoin de poser des questions pour mieux comprendre ?
4. Ai-je donné mon meilleur aujourd'hui

Certaines journées, mon meilleur n'est que de 50 % de celui des autres jours. C'était le mieux que je pouvais faire compte tenu de la douleur, d'une mauvaise nuit de sommeil ou du fait de ne pas me sentir bien. Tant que j'ai donné mon maximum, je suis satisfait(e). Edgar Cayce, un prophète endormi décédé en 1945, était capable de se connecter à une source infinie d'informations via les archives akashiques. Il pouvait prescrire des traitements et expliquer pourquoi une personne souffrait. Dans l'une de ses lectures, il recommandait à chacun de prendre le temps d'écrire chaque jour sur sa journée, ses actions, ses pensées et ses sentiments. Parfois, on ne voit pas la forêt à travers les arbres ; cela aide si vous notez comment vous vous sentez, agissez et pensez.

Six mois ou un an plus tard, vous pourrez revenir en arrière et voir à quel point votre vie a changé et s'est améliorée. Ou bien vous réaliserez enfin qu'à chaque rencontre avec votre vieil ami de l'université, vous vous sentez mal dans votre peau. Il est bon de savoir que nous grandissons et de voir ce changement. Lorsque j'écrivais ma biographie d'une transformation spirituelle, je suis retourné(e) lire mes journaux de 20 ans et je n'ai pas pu croire à quel point j'étais confus(e), effrayé(e) et en colère à l'époque. J'ai vu un changement considérable dans ma manière de penser, d'agir et de ressentir. Après avoir tout lu, je les ai brûlés. Je ne ressentais plus la colère ni le ressentiment, et il n'y avait plus de raison de les laisser vivre sur la page.

 peut nous aider à reconnaître une puissance supérieure :

> *Pouvoir supérieur, je viens à ta rencontre. Je vois les animaux pris en charge par la nature.*
> *Je vois le cycle naturel s'accomplir au moment juste.*
> *Je vois les arbres croître, les fleurs s'épanouir sans souci du soleil ou de la pluie.*
> *Je vois les étoiles et les constellations tourner, suivant une loi silencieuse, maintenant l'ordre.*
> *Je vois des miracles et des guérisons se produire.*
> *Je vois des personnes faire des changements pour aider l'environnement et leur prochain.*

La méditation est une clé importante pour se connecter à son pouvoir supérieur. Beaucoup de gens pensent que la méditation doit se faire dans une pièce calme, avec de l'encens et des bougies, sur un coussin spécifique, avec de la musique. Ils croient qu'ils doivent vider leur esprit et ne penser à rien. C'est une manière de méditer, mais l'objectif de la méditation est de consacrer du temps à écouter cette petite voix intérieure qui tente de vous parler.

Je pratique une méditation qui aide à écouter l'ensemble de ses corps. Commencez par vous asseoir tranquillement, que vous soyez près d'une rivière, dans les bois ou dans votre salon. Commencez par écouter votre corps, que vous dit-il ? « J'ai besoin de m'étirer davantage, je n'aime pas la chaise sur laquelle je suis assis pendant 8 heures par jour, il faut que je marche, que je bouge plus. » J'écoute mon corps et je l'honore avec un massage une fois par mois et je fais aussi une pédicure mensuelle. Je montre à mon corps que je tiens à lui et je l'écoute. Je fais du kayak, je marche à l'extérieur, je m'assois dehors avec ma tasse de thé et j'écoute les oiseaux. Je me détends, je me calme et je me concentre sur l'apaisement.

Une fois que votre corps se sent écouté, il se calme et permet à votre corps mental de prendre le relais. C'est alors que la longue liste de choses à faire commence, avec des rappels comme « acheter du lait », « faire une lessive », « passer ici », « appeler cette personne »… Ne vous inquiétez pas, faites simplement une liste de tout ce qui vous traverse l'esprit. C'est un signe évident que votre esprit est encombré. Asseyez-vous aussi longtemps que vous le pouvez, mais lorsque vous en avez fini, regardez cette liste. Il est temps d'organiser vos pensées.

Peut-être qu'un agenda vous serait utile pour y noter vos rendez-vous, suivis et rappels. Libérez votre esprit des petites choses qui peuvent encombrer votre attention, des choses qui peuvent facilement être écrites et consultées au moment nécessaire. J'écris tout. Mon agenda est bien rempli, mais ainsi mon esprit est tranquille et il ne me rappelle pas sans cesse ceci ou cela. J'écris aussi ce que j'ai fait de mon temps.

Pourquoi ? Parce que, comme faire les courses prend plus de temps que les 45 minutes que je pensais y consacrer, je serais épuisé en essayant d'accomplir 40 heures de tâches en 20 heures, me demandant pourquoi je n'arrive pas à suivre. J'ai besoin de temps pour aller au magasin, me déplacer, collecter les articles, attendre pour payer, charger la voiture, décharger la voiture à la maison et ranger les articles. En réalité, cela prend plus de 90 minutes, pas 45. Commencez à vous accorder le temps nécessaire pour accomplir vos tâches et soyez raisonnable avec votre emploi du temps, soyez réaliste. Peut-être avez-vous besoin de commencer à dire non à quelques demandes pour mieux gérer vos propres besoins.

Finalement, votre esprit se calme. Il vous faudra peut-être plusieurs essais, mais peu à peu, votre esprit cessera de vous rappeler sans cesse de petites choses et vous permettra de vous sentir inspiré et créatif. Je vous encourage à commencer à être créatif dans le prochain chapitre, car c'est une excellente manière de vous connecter à votre pouvoir supérieur. Au lieu de vous concentrer sur tous vos problèmes, à mesure que votre esprit s'éclaircit, vous commencerez à voir les solutions. Ainsi, votre attention pourra se poser sur votre cœur.

Le corps émotionnel a besoin de ressentir pour être en bonne santé. Parfois, lorsque je suis triste, je ne peux pas libérer cette émotion. Elle est coincée et pèse une tonne. Alors, je regarde un film qui sait me faire pleurer. Et une fois que les larmes commencent à couler, tout sort. Les gens peuvent critiquer la colère, mais il n'y a rien de mal à ressentir de la colère, car cela indique que quelque chose ne va pas. Il n'est pas acceptable de frapper, de détruire ou de faire du mal, mais il est tout à fait acceptable de ressentir de la colère. Ce qui compte, c'est ce que vous faites avec cette colère. De quoi êtes-vous en colère ? Que pouvez-vous faire ? Comment pouvez-vous changer les choses ? Les émotions saines sont celles qui sont ressenties et libérées. Il existe tant d'émotions et beaucoup d'entre elles restent enfouies à l'intérieur, ce qui est malsain. Prendre du temps pour méditer et laisser votre cœur libérer les émotions piégées est un moment idéal pour ressentir.

J'avais beaucoup d'émotions bloquées en moi et je suis heureux (se) de les avoir accueillies au fur et à mesure. Mon âme était prête à les laisser partir et à avancer. Ma famille me manquait, le contact humain affectueux me manquait. Je me sentais trahi(e), abandonné(e), rejeté(e). J'ai libéré mes émotions et maintenant je suis capable de vivre pleinement dans l'instant présent. Vous devez vider le vase des eaux troubles pour le remplir à nouveau de bonheur, de joie, d'inspiration, d'amour, de compassion. C'est difficile de faire surgir une émotion, alors laissez-vous porter par la musique, un film, un livre, une peinture, le sourire d'un enfant ou le chant d'un oiseau. Lorsque l'émotion refait surface, laissez-la être, soyez présent(e) avec elle et laissez-la passer.

Une fois que votre corps physique a été entendu et que vos corps mental et émotionnel sont libérés, vous avez nettoyé le chemin pour que votre âme puisse enfin communiquer avec vous. Imaginez-vous sous l'eau, et quelqu'un tente de vous parler. Les sons sont déformés et il est difficile d'entendre ce qui est dit. Une fois que vous pratiquez régulièrement l'entretien et le nettoyage de vos corps, c'est comme si vous flottiez sans effort vers la surface, et vous entendez la personne qui vous parlait depuis toujours, avec une voix claire et nette.

Votre âme est votre soi supérieur, elle vit dans la présence du Créateur. Elle est toujours dans sa lumière, toujours entourée d'amour et de lumière, existant hors du temps et de l'espace, toujours présente, éveillée et consciente. Vous vous connectez maintenant à cette lumière, à cette énergie, chaque fois que vous vous recentrez, chaque fois que vous priez, chaque fois que vous aimez et démontrez de la compassion.

Cette étape nécessitera peut-être, de votre part des recherches, de rencontrer des enseignants de foi, de participer à différentes activités pour trouver ce qui résonne en vous. Prenez votre temps et trouvez quelque chose qui vous permet de vous connecter.

J'aimerais partager six histoires d'un auteur inconnu que j'ai trouvées. Elles sont tellement simples qu'elles illustrent aisément ce concept fondamental :

« Un jour, tous les villageois ont décidé de prier pour la pluie. Le jour de la prière, tous se sont réunis, mais un seul garçon est venu avec un parapluie. C'est cela, la foi. » Ayez foi en la puissance de la prière.

« Lorsque vous lancez des bébés en l'air, ils rient parce qu'ils savent que vous allez les attraper. C'est cela, la confiance. » Si les bébés peuvent avoir confiance, vous pouvez apprendre à faire de même.

« Chaque nuit, nous allons au lit sans aucune certitude d'être en vie le lendemain matin, mais nous mettons des réveils. C'est cela, l'espoir. » Planifier des vacances, économiser pour une maison, ce sont des actions qui montrent que vous avez encore de l'espoir.

« Nous planifions de grandes choses pour demain, malgré l'ignorance totale de ce qui va se passer. C'est cela, la confiance. » Le simple fait de planifier signifie que vous croyez que cela se réalisera un jour.

« Nous voyons le monde souffrir, alors nous faisons du bénévolat, faisons des dons et aidons un voisin. C'est cela, l'amour. » Nous sommes capables de voir au-delà de notre propre souffrance et tendons la main pour aider les autres, l'amour c'est la compassion.

« Sur la chemise d'un vieil homme, il y avait une phrase : "Je n'ai pas 80 ans, je suis un jeune de 16 ans avec 64 ans d'expérience." C'est cela, l'attitude. » Des études ont même montré que ceux qui ont une vision positive de la vie s'en sortent beaucoup mieux et restent en meilleure santé.

3) Nous faisons un inventaire complet et sans peur de nous-mêmes pour savoir qui nous sommes.

Il est temps de se découvrir soi-même. Peut-être ne l'avons-nous jamais vraiment cherché, peut-être l'avons-nous oublié. Qui nous sommes est le maillon manquant pour s'aimer soi-même. Comment pouvons-nous nous aimer si nous n'avons aucune idée de ce qu'il y a à aimer et à apprécier! Cette étape consiste à découvrir la vérité de votre identité.
Le chemin à partir d'ici sera parcouru avec cette force à vos côtés, présente à tout moment. D'ici là, j'ai trouvé du réconfort dans la prière de sérénité. Je la récitais chaque fois que je me sentais accablé, fatigué ou épuisé.

Prière pour l'étape 3 : Prière de la sérénité

*Mon Dieu, donne-moi la sérénité d'accepter les choses que je ne peux changer. Donne-moi le courage de changer les choses que je peux changer et la sagesse d'en connaître la différence.*

*Par Reinhold Niebuhr*

Il n'y a pas de bonnes ou de mauvaises réponses ; seulement celles qui résonnent en vous, qui font vibrer la musique intérieure. Déterminez ce qui vous fait sourire, puis commencez à imaginer avec tous les « et si » que vous pouvez concevoir. Vous êtes ici pour vous libérer, alors ne commencez pas avec des limitations et des barricades. C'est la partie où vous apprenez à rêver et à imaginer tout ce que vous souhaitez. Soyez une toile blanche et commencez à créer une nouvelle couverture de livre pour vous-même. Vous êtes le héros de l'histoire, c'est bien si, jusqu'ici, cela ne vous semblait pas le cas, car au lieu d'être le conducteur de bus idiot, vous avez repris le contrôle et maintenant vous êtes conscient de la route que vous voulez emprunter. Vous ne voulez pas écrire un suspense ou un drame, vous voulez une comédie, un roman léger et prévisible, une histoire joyeuse qui fait sourire, rire et aimer. La seule manière de créer la vie que vous voulez, c'est de vous connaître vous-même. Vous ne serez pas facilement influencé si vous savez ce que vous aimez, ce que vous pouvez tolérer et ce qui est inadmissible. Flotter sur une rivière de la vie sans boussole ni pagaie pourrait vous mener sur une rive inconnue, complètement perdue et sans savoir comment revenir ou atteindre votre destination. Si vous avez quelqu'un en qui vous avez confiance, vous pouvez lui poser ces questions et voir ce qu'il ou elle perçoit et sait de vous.

Qui êtes-vous ? Commençons par quelques questions simples :
Quel type de nourriture aimez-vous ?

_____________________________________________________________________

_____________________________________________________________________

_____________________________________________________________________

Quel genre de vêtements et de souliers préférez-vous ?

_______________________________________________

_______________________________________________

_______________________________________________

Quelle est ta fleur préférée ? Quel Arbre ? Plante ?

_______________________________________________

_______________________________________________

_______________________________________________

Avez-vous un tissu préféré ? Une couleur ? Un style ?

_______________________________________________

_______________________________________________

_______________________________________________

Quelles sont vos qualités ?

_______________________________________________

_______________________________________________

_______________________________________________

Quels sont vos talents ?

_______________________________________________

_______________________________________________

_______________________________________________

Avez-vous un don, quel qu'il soit ?

_______________________________________________

_______________________________________________

_______________________________________________

Qu'est-ce qui vous fait sentir bien ? Une chanson ? Un pull préféré ?

_______________________________________________

_______________________________________________

_______________________________________________

Quelles sont vos forces ?

_______________________________________________

_______________________________________________

_______________________________________________

Qu'est-ce qui vous passionne ??

_______________________________________________

_______________________________________________

_______________________________________________

Qu'est-ce qui vous fait vibrer ?

_______________________________________________

_______________________________________________

_______________________________________________

Quel était votre emploi de rêve lorsque vous étiez enfant ?

_______________________________________________

_______________________________________________

_______________________________________________

Si vous pouviez changer une chose dans le monde, qu'est-ce que ce serait ?

_______________________________________________

_______________________________________________

_______________________________________________

Pratiquez-vous des sports ? Quelles activités aimez-vous ?

_______________________________________________

_______________________________________________

_______________________________________________

Avez-vous un livre ou un auteur préféré ? Qu'est-ce qui le rend spécial ?

_______________________________________________

_______________________________________________

_______________________________________________

Qu'est-ce qui est important pour vous dans votre carrière ?

_______________________________________________

_______________________________________________

_______________________________________________

Qu'est-ce qui est important pour vous en ce qui concerne vos finances ?

_______________________________________________

_______________________________________________

_______________________________________________

Qu'est-ce qui est important pour vous en ce qui concerne vos enfants ?

_______________________________________________

_______________________________________________

_______________________________________________

Qu'est-ce qui est important pour vous, tout simplement ?

_______________________________________________

_______________________________________________

_______________________________________________

Qu'est-ce qui est important pour vous en ce qui concerne votre paix ?

_________________________________________________________________

_________________________________________________________________

_________________________________________________________________

Qu'est-ce qui est important pour vous en ce qui concerne votre bonheur ?

_________________________________________________________________

_________________________________________________________________

Quel est votre lieu sûr, est-il facilement accessible ?

_________________________________________________________________

_________________________________________________________________

_________________________________________________________________

_________________________________________________________________

Qui fait partie de votre groupe de soutien, sur qui pouvez-vous compter ?

_________________________________________________________________

_________________________________________________________________

Quel est votre endroit préféré ? Pourquoi est-il si spécial ?

_________________________________________________________________

_________________________________________________________________

_________________________________________________________________

Quel genre de personne êtes-vous ?

_________________________________________________________________

_________________________________________________________________

Qu'est-ce qui est important pour vous dans votre culture ?

_________________________________________________________________

_________________________________________________________________

_________________________________________________________________

Qu'est-ce qui est important pour vous dans votre communauté ?

_________________________________________________________________

_________________________________________________________________

Qu'est-ce qui est important pour vous dans votre système de croyances ?

_________________________________________________________________

_________________________________________________________________

_________________________________________________________________

Qu'est-ce qui vous rend unique ?

_________________________________________________________________

_________________________________________________________________

Faire partie de notre développement personnel consiste à essayer des choses, à commencer à développer un raisonnement formel et à être capable de formuler des idées, une opinion, et de prendre des décisions. Souvent, dans des situations abusives, les choix sont enlevés et on est rabaissé lorsqu'on tente de formuler ses propres opinions et idées. Cela affaiblit notre capacité à défendre nos croyances. Développer une conception de soi, savoir qui l'on est essentiel pour notre bonheur.

Vous avez entendu vos parents parler de vous, votre conjoint, vos amis, et peut-être même vos enfants. Lorsque vous écoutez ce qu'ils ont à dire, avez-vous l'impression qu'ils savent vraiment qui vous êtes, qu'ils voient l'ombre de ce que vous êtes, ou qu'ils projettent leurs propres aspirations sur vous ?

_______________________________________________________________________

_______________________________________________________________________

_______________________________________________________________________

Si vous pouviez rétablir la vérité, que diriez-vous pour corriger l'information et véritablement vous représenter ?

_______________________________________________________________________

_______________________________________________________________________

_______________________________________________________________________

Qu'avez-vous fait en tant qu'adulte qui pourrait surprendre vos parents, en fonction de ce qu'ils s'attendaient à ce que vous fassiez ?

_______________________________________________________________________

_______________________________________________________________________

_______________________________________________________________________

Quel est le potentiel le plus important qu'ils ont négligé ?

_______________________________________________________________________

_______________________________________________________________________

_______________________________________________________________________

Maintenant, pensez à un professeur qui a compté pour vous, quelqu'un qui vous a vu et soutenu dans le développement de vos capacités. Que dirait-il de vous ?

_______________________________________________________________________

_______________________________________________________________________

_______________________________________________________________________

Pensez maintenant à un mentor important dans votre vie, quelqu'un qui vous a vu et soutenu dans votre potentiel. Que dirait-il de vous ?

_______________________________________________________________________

_______________________________________________________________________

_______________________________________________________________________

Mes fiertés :

_______________________________________________________________________________
_______________________________________________________________________________
_______________________________________________________________________________

Ce que je veux changer :

_______________________________________________________________________________
_______________________________________________________________________________
_______________________________________________________________________________

Je suis le genre de personne qui :

_______________________________________________________________________________
_______________________________________________________________________________
_______________________________________________________________________________

Ceci ne m'a jamais intéressé :

_______________________________________________________________________________
_______________________________________________________________________________
_______________________________________________________________________________

Ceci me rend inconfortable :

_______________________________________________________________________________
_______________________________________________________________________________

Quand j'étais petit, petite, je voulais devenir :

_______________________________________________________________________________
_______________________________________________________________________________
_______________________________________________________________________________

Je change ma conversation intérieure et remplace les pensées et idées négatives par des pensées positives. Rayez l'ancienne déclaration une fois que vous avez écrit la nouvelle, pour renforcer dans votre subconscient que les anciennes croyances ou affirmations ne sont plus valables ni vraies.

| Affirmations négatives | Nouvelles croyances positives, idées, messages |
| --- | --- |
|  |  |
|  |  |
|  |  |
|  |  |
|  |  |
|  |  |
|  |  |

Êtes-vous surpris par ce que vous avez écrit jusqu'à maintenant ?

_______________________________________________

_______________________________________________

_______________________________________________

Certaines de vos qualités comportementales sont-elles nées d'une réaction visant à ne pas imiter un parent ? (Par exemple, un partenaire joueur vous a-t-il poussé à devenir une personne responsable qui paie ses factures et maintient un budget ?)

_______________________________________________

_______________________________________________

_______________________________________________

Avec l'expérience du narcissisme, il se peut que vous en soyez venu à croire que vos pensées et émotions ne sont pas importantes, puisqu'elles n'ont pas été validées ni entendues. Vous devez apprendre à vous écouter lorsque vous ressentez une intuition. Y a-t-il eu un moment où vous avez eu une intuition, mais que vous ne l'avez pas écoutée ? Que s'est-il passé ?

_______________________________________________

_______________________________________________

_______________________________________________

Avez-vous déjà eu le sentiment d'être guidé par votre instinct, en suivant votre intuition ? Que s'est-il passé ?

_______________________________________________

_______________________________________________

_______________________________________________

La plupart du temps, pour éviter la critique, nous faisons les choses parfaitement ou pas du tout. Les critiques incessantes et le manque d'encouragements nous rendent incapables d'accomplir des choses qui nous semblent importantes. Avez-vous cessé de faire certaines choses en raison des critiques constantes que vous recevez ?

_______________________________________________

_______________________________________________

_______________________________________________

Y a-t-il eu un moment où vous vous êtes senti inspiré d'essayer quelque chose, mais vous n'avez pas trouvé le temps d'apprendre, de pratiquer ou vous avez abandonné ?

_______________________________________________

_______________________________________________

_______________________________________________

Qu'est-ce qui vous fait sourire et vous rappelle de bons souvenirs ?

_______________________________________________

_______________________________________________

_______________________________________________

Est-ce que quelqu'un vous a déjà encouragé à prendre une pause, à partir en vacances ou à faire une sortie ?

_______________________________________________________________________

_______________________________________________________________________

_______________________________________________________________________

Comment vous sentez-vous à l'idée de prendre une pause et de prendre soin de vous ?

_______________________________________________________________________

_______________________________________________________________________

_______________________________________________________________________

Que faites-vous pour prendre soin de vous ? Qu'est-ce qui vous apporte du plaisir ?

_______________________________________________________________________

_______________________________________________________________________

_______________________________________________________________________

Quand avez-vous fait cela pour la dernière fois ?

_______________________________________________________________________

_______________________________________________________________________

_______________________________________________________________________

Comment pouvez-vous vous distraire ou prendre une pause qui vous rendrait heureux ? (Par exemple : soirée cinéma, théâtre, opéra, randonnée, pique-nique, assis sur la plage)

_______________________________________________________________________

_______________________________________________________________________

_______________________________________________________________________

Appartenez-vous à des groupes sociaux ? (Par exemple : ligue de jeu de quilles, danse, yoga, équipe sportive, etc.)

_______________________________________________________________________

_______________________________________________________________________

Sinon, êtes-vous intéressé par l'idée d'apprendre quelque chose de nouveau ou de rejoindre un groupe local ?

_______________________________________________________________________

_______________________________________________________________________

_______________________________________________________________________

Pensez à 3 expériences où être socialement actif vous a été agréable et bénéfique pour votre santé émotionnelle et mentale :

_______________________________________________________________________

_______________________________________________________________________

_______________________________________________________________________

Dans quel genre de situation vous faites-vous vraiment confiance ?

_______________________________________________
_______________________________________________
_______________________________________________

Au cours de ce chapitre, vous êtes-vous surpris ? Vous êtes-vous souvenu des choses que vous aimiez faire ? Qu'est-ce qui a provoqué un sourire sur votre visage, un éclat de rire et un sentiment de joie chez vous ?

Vous êtes unique, personne ne répondra de la même façon à ces questions. Vous êtes parfait tel que vous êtes, et il n'y a pas de mauvaises réponses. Si vous avez oublié de remplir certains espaces, revenez-y dans quelques jours pour y répondre. Il n'y a pas de mauvaises réponses, mais il y a des réponses, ne vous sous-estimez pas.

Dans le chapitre précédent, je vous ai demandé quelles étaient vos peurs, maintenant j'aimerais que vous écriviez vos aspirations et vos rêves. Qu'est-ce que vous voulez ? Si je pouvais exaucer n'importe quel vœu que vous avez, lequel serait-ce ? Imaginez une liste de choses à faire, tous les endroits que vous souhaitez visiter, votre emploi de rêve, votre maison idéale, qu'avez-vous secrètement rêvé de faire ?

_______________________________________________
_______________________________________________
_______________________________________________
_______________________________________________
_______________________________________________
_______________________________________________
_______________________________________________
_______________________________________________
_______________________________________________
_______________________________________________

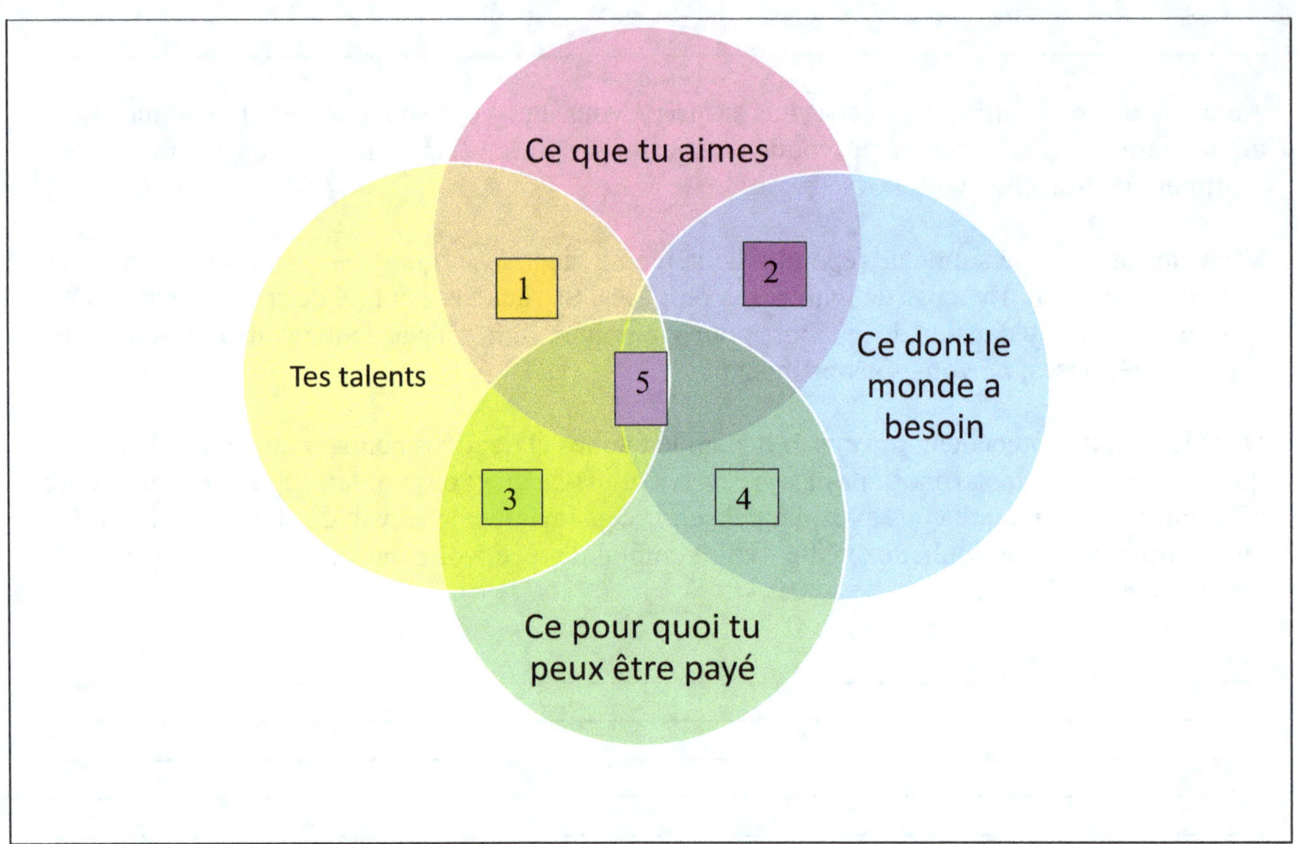


1. Maintenant que vous avez découvert ce que vous aimez et ce dans quoi vous excellez, vous êtes capable de déterminer ce qui vous passionne.

2. Maintenant que vous savez ce que vous aimez et ce dont le monde a besoin, vous avez trouvé votre mission.

3. Savoir ce dans quoi vous êtes bon et trouver un moyen d'en vivre, voilà ce qui devrait être votre travail.

4. Se faire payer pour ce dont le monde a besoin et ce que vous seul(e) pouvez offrir, c'est une vocation.

5. Le but de votre âme se trouve au centre du diagramme. Vous possédez déjà les talents, les intérêts et la passion nécessaires pour accomplir ce que votre âme est venue faire ici. Les bulles roses et jaunes sont déjà en vous, il vous suffisait de vous en souvenir. Maintenant que vous avez vécu, expérimenté la douleur, souffert et appris de précieuses leçons, vous commencez à réaliser qu'il manque quelque chose. Le monde serait un endroit meilleur si quelqu'un faisait simplement… et là, vous vous rendez compte que c'est vous ! C'est

vous, nous avons tous attendu longtemps que vous vous réveilliez et preniez votre place dans la lumière pour rendre le monde meilleur.

Après mon divorce, je partageais la garde 50-50 avec mon ex-mari. J'avais soudainement beaucoup de temps libre. J'ai fait une liste des choses que j'avais mises de côté et que je pensais ne jamais pouvoir faire faute de temps ou de liberté. J'ai eu mon premier tatouage à 32 ans. J'ai aussi écrit mon premier roman : *The Initiation*. Quand je l'ai terminé, je sentais des bulles de champagne à l'intérieur de moi. Je ne l'avais pas écrit pour qu'il soit publié. J'avais toujours voulu écrire une histoire, et celle-ci trottait dans ma tête depuis 5 ans. Je voulais écrire une histoire pour guérir de mon enfance traumatique, pour traiter des émotions dont je voulais me débarrasser. Je voulais que mes filles aient une histoire d'aventure à lire, qui les ferait se sentir puissantes, au lieu d'attendre qu'un prince les sauve. Une amie, qui m'avait entendue parler de ce livre, m'a demandé si elle pouvait le lire. Je lui ai donné, et elle a été tellement impressionnée qu'elle m'a suggéré de tenter de le faire publier. Depuis, la deuxième partie : *L'Apprentie* a été publiée et le troisième livre : *La Chercheuse* sera bientôt disponible.

Au début, je ne pensais pas que je pourrais vivre de l'enseignement de cours spirituels et des séances de guérison. J'avais mon travail de jour et je proposais ces services le soir et le week-end. Puis, en l'espace d'un an, je suis devenue très occupée. C'était facile, puisque j'étais tellement passionnée par ce que je faisais, mon enthousiasme était contagieux, le bouche-à-oreille a fait son effet, et j'avais du mal à caser tout le monde.

J'allais gagner moins si j'arrêtais de travailler dans mon emploi de jour. Mais aller travailler me tuait à petit feu. Je n'avais pas envie de me lever, je n'étais pas heureuse de conduire jusqu'au travail, je ne voyais pas pourquoi je gaspillerais mon précieux temps là-bas alors que je pourrais faire tellement plus depuis chez moi, rencontrer davantage de gens, et aider plus de personnes ayant besoin de mes talents et compétences particuliers. Je me suis assise et j'ai éliminé tout ce dont je n'aurais plus besoin si je n'avais pas ce travail. J'ai réalisé que je dépensais beaucoup d'argent pour avoir une apparence professionnelle au travail : vêtements, coiffeur, maquillage, essence, stationnement, repas à l'extérieur, etc. J'ai compris que je pourrais garder ma maison, ma voiture, vivre plus simplement et faire ce que j'aime.

Aujourd'hui, je donne des conférences dans le monde entier. Je participe à des balados et des émissions télévisées communautaires, et j'ai plusieurs livres publiés. Je suis propriétaire du REDU Spiritual Wellness Center et j'y propose des cours, des séjours et des séances individuelles. Tout a commencé par ma découverte, celle de qui je suis, de ce que j'aime, de ce pour quoi je suis passionnée, et tout cela, sans me mettre trop de pression, en travaillant lentement, mais sûrement.

Pour certains d'entre vous, vous pourriez retourner à l'école. Vous pourriez réaliser que vous êtes dans la bonne voie professionnelle, mais que vous devez travailler plus près de chez vous ou commencer votre propre entreprise. Pensez à votre rêve écrit et demandez-vous si, finalement, il est vraiment irréalisable.

Il existe des financements pour les petites entreprises, des prêts étudiants, certains métiers offrent une formation gratuite. Vous êtes peut-être plus proche de votre rêve que vous ne le pensiez. Une blogueuse de voyage a déclaré qu'elle adorait voyager et partager ses expériences avec ses amis, et elle gagne maintenant sa vie en écrivant sur tous les nouveaux endroits qu'elle découvre lors de ses voyages.

Peut-être que vous aimez les animaux, vous pourriez devenir toiletteur pour animaux et créer une garderie pour animaux pour ceux qui doivent partir en voyage et laissent leurs compagnons derrière.

Avec un peu d'imagination, vos compétences uniques et votre connaissance de ce que vous aimez, vous pourriez commencer quelque chose, prendre une direction qui vous rend heureux et plein d'espoir. La plupart d'entre nous doivent travailler 40 à 50 heures par semaine. C'est beaucoup de temps. Ne devrait-il pas être consacré à faire quelque chose qui vous fait sourire ?

Abraham Maslow était un psychologue américain qui a créé une hiérarchie des besoins pour expliquer quels besoins fondamentaux doivent être satisfaits afin de se développer en tant qu'individu sain. C'est ici que ton cœur guérit et se transforme.

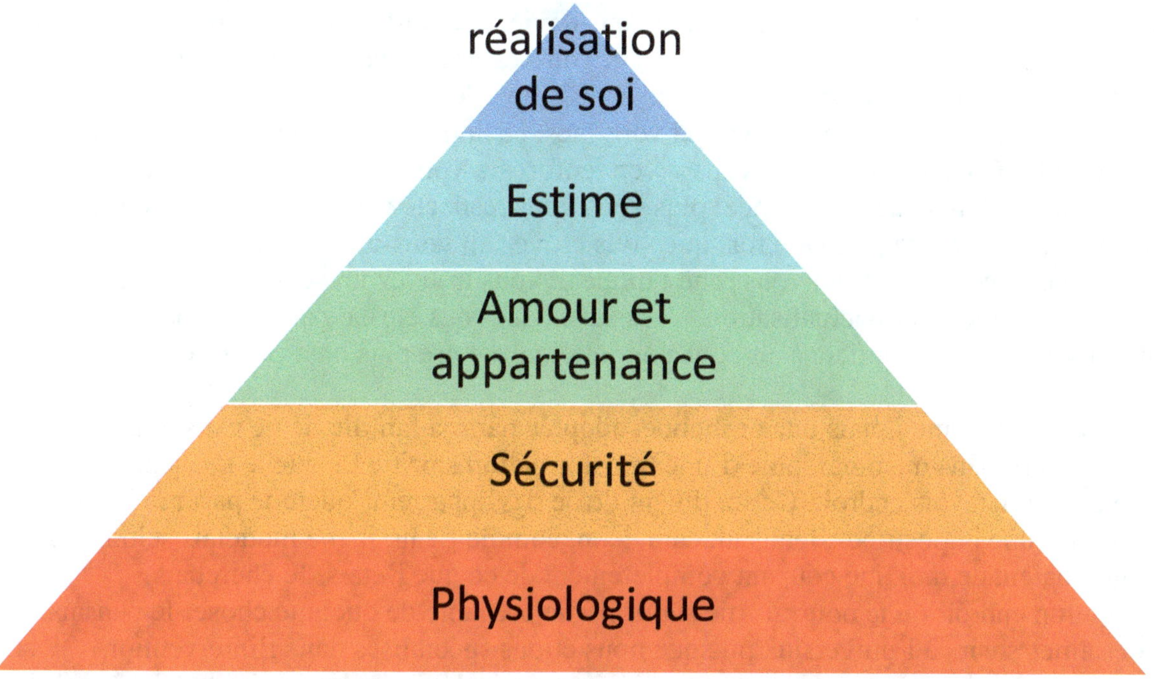


La fondation des besoins d'une personne est de nature physiologique. Nous avons besoin des éléments de base, tels que l'eau, la nourriture, le sommeil, un toit, des vêtements et bien sûr de l'air pour respirer. Il désigne cette étape comme celle où une personne se sent en sécurité.

Le deuxième niveau est également considéré comme un besoin fondamental : la sécurité. Ce terme s'applique au sentiment de sécurité, mais aussi à la sécurité de ma famille, de mes ressources, de mon emploi et de ma propriété. Pour une personne qui se remet d'une relation narcissique, c'est souvent là qu'ils commencent à reconstruire. Être dans une relation abusive a évidemment annulé tout sens de sécurité. Il est nécessaire de se sentir à nouveau en sécurité.

Que pouvez-vous faire pour vous sentir en sécurité ? Avez-vous besoin de nouvelles serrures à votre porte ? Avez-vous besoin d'un système de sécurité, de déménager dans un immeuble à entrée sécurisée ou peut-être d'engager un agent de sécurité ? Voulez-vous adopter un chien ? Souhaitez-vous avoir un colocataire ? De quoi avez-vous besoin ? Avez-vous besoin d'une ordonnance de non-contact de la police ?

________________________________________________
________________________________________________
________________________________________________

La prochaine étape dans la pyramide de Maslow entre dans le besoin psychologique de se sentir aimé. Ressentir l'amour, c'est avoir des connexions et des relations. Dans le chapitre précédent, vous avez appris à mieux vous connaître et, espérons-le, à vous apprécier davantage. Dans ce chapitre, nous nous concentrons sur l'amour de soi. Après l'expérience douloureuse du narcissique, il se peut que nous ayons besoin de faire une pause pour l'instant. Dans le chapitre 11, nous analyserons les personnes dans notre vie : qui est votre soutien, qui devriez-vous garder près de vous, qui vous écoute, qui vous croit et qui prend soin de vous.

Dans la pyramide de Maslow, il a suggéré que vous deviez d'abord ressentir l'amour, mais il a aussi suggéré que votre confiance, votre respect et votre estime de vous-même sont basés sur la quantité d'amour que vous recevez des sources extérieures. Je me permets de contredire cela. Si vous vous aimez vous-même, vous savez qui vous êtes, ce dont vous êtes capable et ce que vous pouvez accomplir. Chaque succès que vous vivez renforcera votre estime de vous et votre confiance en vous. Plus vous vous aimez, plus vous vous respectez et ne tolérerez pas que quiconque ne vous respecte pas. Une fois que vous croyez en vous-même et que vous avez vécu des succès, vous découvrez ce qui vous rend unique et vous trouvez un sens à votre vie, ce que Maslow décrit comme l'auto-actualisation. Vous savez qui vous êtes, ce que vous pouvez accomplir et vous avez la confiance en vous pour atteindre votre plus haut potentiel.

J'ai grandi en pensant que j'étais une orpheline, adoptée par ma famille, je ne me sentais pas à ma place. J'ai écrit dans ma biographie d'une transformation spirituelle que je me sentais complètement au mauvais endroit. Ce sentiment de ne pas appartenir quelque part renforçait ma sensation d'être une impostrice. J'étais un caméléon, comme l'eau, je me modelais selon ce que les gens attendaient de moi, me coupant complètement de ce que j'étais. Je cherchais constamment un endroit où je pourrais me sentir partie prenante de quelque chose. Je pensais trouver des âmes sœurs à l'université, puisque nous étions spécialisés dans l'intervention psychologique, mais je me suis sentie comme l'élément décalé. Puis j'ai rejoint la GRC, et j'ai pensé que, pour sûr, notre sens de la justice, de l'équité et notre désir de protéger les innocents me feraient sentir que j'appartenais. Je me suis toujours sentie comme la personne étrange, la bizarre, incapable de m'intégrer avec les gens avec qui je travaillais.

Ce n'est que lorsque j'ai changé la croyance que je n'étais pas aimable parce que ma mère ne m'a jamais dit « je t'aime », que les choses ont changé. J'ai réalisé que, même si je savais cognitivement que j'étais aimable parce que j'étais gentille, bienveillante, honnête, ma subconscience accrochait toujours à la fausse croyance que je ne l'étais pas. Cette croyance selon laquelle on n'est pas aimable si sa mère ne vous dit jamais « je t'aime » était une force invisible forte qui sabota toutes mes relations et amitiés et me suivait partout où j'allais.

Je choisissais des gens qui semblaient gentils, mais j'étais un paillasson. Je ne pouvais pas dire non de peur d'être rejetée, je voulais appartenir, mais je sélectionnais toujours les mauvaises personnes. J'ai fréquenté un homme six ans après mon divorce, j'étais seule. Il mentait sur sa consommation d'alcool, et j'ai acheté une maison avec lui pour découvrir qu'il était alcoolique. J'ai aidé à rénover la maison et, deux semaines après la fin des rénovations, il m'a dit que ça ne fonctionnait pas. Je ne pouvais pas me permettre de garder la maison, donc je devais déménager. Je suis allée dans ma chambre et j'ai pleuré, mais je n'étais pas tellement triste à propos de la relation parce que j'étais d'accord avec lui. Je pleurais les projets que j'avais faits pour la maison, pour les choses que j'avais imaginées qui allaient se passer ici. Les larmes n'ont cessé de couler pendant des heures, je ressentais une émotion déclenchée par le fait qu'il me dise que c'était fini, ma peur d'être rejetée. J'ai pu accéder à l'émotion et voir toutes les fois où ma peur du rejet avait refait surface dans ma vie. Cela m'a pris des heures, mais je me suis libérée de cette peur. Il existe différentes façons de se libérer des émotions emprisonnées.

La technique de liberté émotionnelle (EFT) est une technique simple qui consiste à tapoter des points spécifiques sur la tête, le corps et les mains. Elle est facile à apprendre et à appliquer en toute situation.

Louise Hay nous enseigne à utiliser des affirmations et des visualisations pour que la transformation ait lieu. Cela peut faire partie de votre temps de méditation.

Bradley Nelson a créé le système de libération émotionnelle « Émotion Code ». C'est une autre méthode simple à apprendre et à utiliser pour libérer les émotions piégées dans votre corps et éliminer les émotions provenant de votre lignée ancestrale et de vos vies antérieures.

Rob Williams a créé la méthode PSYCH-K®, qui aide à transformer les anciennes croyances en nouvelles croyances positives. Cette méthode nécessite un certain investissement pour l'apprendre, mais elle est également très efficace. Il existe de nombreux praticiens, comme moi, qui facilitent des séances pour les autres. Ces séances peuvent être réalisées en personne ou en ligne et sont tout aussi efficaces dans les deux cas.

Après avoir changé ma croyance que je n'étais pas aimable, j'ai changé ma vibration, et les personnes qui profitaient de moi ont simplement cessé de m'appeler. Cela a créé de l'espace pour de nouvelles personnes. L'un des plus grands changements qui se sont produits à ce moment-là, c'est que j'ai cessé de chercher où je devais appartenir, parce que j'ai commencé à m'aimer moi-même. J'appartiens à moi, avec moi. Où que j'aille, je suis en sécurité, je suis avec moi-même et ma puissance supérieure. Je n'ai jamais été seule et je me sentais protégée. Au lieu d'être à la dérive au milieu de l'océan, j'ai trouvé mon île paradisiaque. J'ai trouvé ma racine et mon endroit sûr ; c'était m'aimer moi-même ! Le principe hawaïen Huna a une forme de prière que je trouve particulièrement efficace à ce stade. Vous pouvez la réciter devant le miroir, lorsque vous vous sentez stressé ou que vous vous surprenez à penser négativement. Elle peut être dite à voix haute ou en silence. Je la répète jusqu'à ce que je me sente calme et posée.

Prière pour l'étape 4 :

*Je t'aime*

*Je suis désolé(e)*

*S'il te plaît, pardonne-moi*

*Je te pardonne*

*Merci*

*O'ho pounopouno*

S'aimer soi-même, c'est aussi rétablir ce qui a été mis hors d'équilibre. Vous avez une zone de confort qui a été grandement diminuée par un narcissique. Il était difficile de se sentir en sécurité et de garder le contrôle, mais vous êtes en train de revenir. Vous avez examiné vos peurs et savez d'où vient votre manque de confiance en vous. S'aimer soi-même, c'est lorsque vous arrêtez d'être affecté par les opinions des autres, en les examinant subjectivement et en les remettant dans leur contexte.

Lorsque j'ai quitté le petit ami qui m'a utilisée, il m'a dit qu'il s'inquiétait pour moi, comment ferais-je pour fonctionner sans lui ? Je lui ai répondu que je vivais très bien sans lui avant, et que je retrouverais mes repères et irais bien maintenant que je remettais mes priorités sur moi-même. J'ai cessé de trouver des excuses et j'ai commencé à faire des choses nouvelles que je n'avais pas faites auparavant. Ce n'était pas grave si je n'aimais pas cela, au moins j'avais essayé quelque chose de nouveau. C'est là que vous entrez dans une zone d'apprentissage. Vous acquérez de nouvelles compétences, vous faites face à des défis et à des problèmes, vous trouvez des solutions au lieu d'abandonner et de vous sentir vaincu. Vous trouvez des ressources, de l'aide, et vous traversez le voile de la peur. C'est là que la véritable croissance se produit et que vous vous fixez de nouveaux objectifs, atteignez de nouveaux jalons, rêvez et trouvez un sens à votre vie.



*Peu de temps après avoir commencé à croire que je méritais l'amour, j'ai commencé à travailler dans un nouvel endroit. J'y ai rencontré une charmante dame timide, appelons-la Angel. J'étais nouvelle et je lui ai proposé de venir déjeuner avec moi. Nous étions les deux seules personnes à travailler dans l'unité à ce moment-là. Elle ne levait presque jamais les yeux et parlait très doucement. Elle m'a dit qu'elle mangeait habituellement à son bureau, mais je lui ai répondu que, puisqu'elle avait maintenant une collègue, nous devrions profiter de notre déjeuner ensemble. Nous avons commencé à déjeuner ensemble et avons découvert que nous partagions de nombreuses croyances et goûts pour les activités. Nous sommes devenues les meilleures amies, et elle est maintenant ma partenaire d'affaires.*

*J'ai dû sortir de ma zone de confort et faire le premier pas, et cela a porté ses fruits. J'ai dû avoir confiance en le fait que tout le monde n'était pas un méchant et qu'il restait des personnes bien dans ce monde. Il s'avère qu'elle était extrêmement timide et avait eu de mauvaises expériences au travail dans le passé, ce qui la poussait à se replier sur elle-même.*

*Lorsque l'unité dans laquelle nous travaillions est devenue une unité centrale fédérale à travers le Canada, elle est devenue superviseure. Elle travaillait avec un patron narcissique qui ne valorisait pas son opinion ni ne validait son expérience. Elle se sentait sous-estimée et sans valeur. Cela l'a poussée à se retirer du groupe, et elle ne se concentrait que sur son travail. Elle travaillait souvent après 16 h. Je lui ai dit que, si elle devait travailler après 16 h, elle devait être payée pour cela. Elle m'a répondu qu'on ne la paierait pas plus, ce qui me semblait inacceptable. Je lui ai expliqué qu'elle devait se valoriser davantage, travailler sérieusement pendant ses heures prévues et partir à l'heure, comme tout le monde. Il est devenu évident que sa charge de travail était beaucoup trop lourde pour une seule personne et ils ont embauché des personnes supplémentaires et lui ont payé des heures supplémentaires quand ils étaient en retard.*

*Elle a commencé à réaliser que, si elle ne se valorisait pas, personne d'autre ne le ferait. Pourquoi vous paieraient-ils plus si vous êtes prête à faire le travail gratuitement ? Pendant qu'elle apprenait à s'aimer davantage, elle s'est fait couper les cheveux, les a teintés et a commencé à acheter de nouveaux vêtements. C'était une personne très généreuse qui aidait tout le monde, mais négligeait elle-même. « Je n'ai pas besoin de nouveaux vêtements, ils ont besoin de mon aide. » Cela lui faisait du bien d'aider les autres, mais elle était à peine appréciée pour tous les sacrifices qu'elle faisait. Elle a commencé à utiliser l'argent qu'elle gagnait pour mieux se traiter. Les gens au travail ont commencé à remarquer et à lui faire des compliments sur son nouveau look.*

*Elle était superviseure, mais parlait à peine à ses employés, sa timidité n'aidant pas. Elle avait l'impression d'avoir tellement de travail qu'elle n'avait pas le temps de socialiser. Je lui ai dit que, en tant que superviseure, c'était en partie son rôle de parler à ses subordonnés. Le temps du déjeuner était idéal pour créer des liens avec les personnes avec qui elle travaillait. J'avais pris ma retraite entre-temps, et elle était retournée déjeuner seule. Je l'ai encouragée à prendre le temps le matin de passer devant les bureaux de tout le monde, de saluer les employés, de vérifier leur bien-être, de voir comment ils géraient leur travail et d'inviter l'un d'eux à s'asseoir pour déjeuner avec elle. Cela a été un défi pour elle, mais elle était prête à sortir de sa zone de confort et à essayer. Cela a été une véritable révélation pour elle. Les gens l'ont bien accueillie et ont commencé à déjeuner avec elle. Finalement, certains employés lui ont dit qu'ils avaient l'impression qu'elle ne s'était pas préoccupée d'eux, et qu'ils étaient heureux qu'elle fasse le premier pas. Ils se sentaient désormais capables de venir la voir en cas de difficultés et appréciaient son savoir et son expérience.*

*Le patron narcissique lui avait pris cela, mais elle s'était réapproprié sa place légitime. Elle ne pouvait pas se débarrasser de son patron et était proche de la retraite, elle ne voyait donc pas l'intérêt de chercher un autre emploi. Cependant, elle avait appris à gérer le narcissique. Elle laissait glisser ses remarques et se concentrait sur ses subordonnés qui l'aimaient et l'appréciaient.*

Peut-être, comme moi, que vous n'avez pas eu l'impression de vous intégrer dès le départ, ou que d'autres personnes avons affecté votre sentiment d'appartenance pendant votre enfance (les intimidateurs sont des experts pour cela). Qui, à part vos parents, a sapé votre sentiment d'appartenance ?

_______________________________________________________________

_______________________________________________________________

_______________________________________________________________

Maintenant, concentrez-vous sur le positif : qui dans votre vie vous a fait vous sentir le bienvenu et était sincèrement heureux de vous voir ?

_______________________________________________________________

_______________________________________________________________

Que vous enseigne cela sur vous-même ? Mon Amie Angel a appris qu'elle laissait une seule personne affecter sa journée de travail, et, quand elle a tourné le dos à cette personne, elle a découvert qu'il y avait tellement d'autres personnes heureuses de passer du temps avec elle, ravies de sa compagnie, de son savoir et de son expérience. Elle a appris à être plus sélective quant aux personnes avec qui elle passait du temps. Elle a choisi celles qui la faisaient sourire, qui validaient son existence et la voyaient pour ce qu'elle était vraiment, un ange. Je remercie Dieu chaque jour pour sa présence dans ma vie. Elle m'a permis de retrouver ma confiance en l'humanité. C'est une amie incroyable qui aime sans condition et me soutient dans tout ce que je fais. Parfois, elle se sent comme une mère, elle a 15 ans de plus que moi, elle est définitivement la meilleure amie que j'ai toujours rêvé d'avoir et une partenaire d'affaires incroyable.

J'avais vécu seule pendant des années et Angel était aussi célibataire. Après le Covid, nous avons décidé que nous devrions peut-être emménager ensemble pour tuer l'ennui. J'appréhendais l'idée de partager ma vie avec quelqu'un de nouveau et de connaître l'échec. L'écho de mon ex-mari narcissique refaisait surface, me disant que j'étais une horrible personne à vivre avec. Est-ce que je devrais à nouveau être une servante, devoir toujours m'occuper d'elle ? C'était une expérience effrayante de partager à nouveau mon espace personnel. La voix de la raison a émergé pour m'aider, nous avions voyagé ensemble à travers le monde. Je vivais à Montréal et je venais lui rendre visite pendant 2 mois à la fois, et nous nous entendions très bien, partageant équitablement les tâches ménagères. Elle était ce qu'elle était, sans masque, et c'était un lieu sûr.

Donc, après 2 ans où je lui rendais visite et elle me rendait visite, nous avons emménagé ensemble. Je n'avais jamais vraiment eu de colocataire et, après 3 ans de cohabitation, je ne voudrais plus ça autrement. C'est facile, nous sommes comme des frères et sœurs, nous nous connaissons bien et nous renforçons les forces de l'autre. Pour la première fois de ma vie, je me sens prise en charge, nourrie. J'avais besoin de cette expérience platonique pour me prouver que je pouvais à nouveau entrer dans une relation intime. Cela annulait mes programmations de mon enfance, pas seulement mon mauvais mariage.

Trouvez un moment pour compléter la méditation suivante :
Asseyez-vous et fermez les yeux, imaginez-vous dans un endroit sûr. Cela peut être une cabane avec un feu qui brûle, cela peut être au bord d'un lac, cela peut être à l'intérieur d'un palais de cristal. Dans cet endroit sûr, invitez votre jeune moi et laissez cet enfant savoir ce qui est spécial chez lui. Offrez-vous de l'amour en l'étreignant ou en partageant une collation. C'est votre moment pour dire à votre jeune moi ce que vous aviez besoin d'entendre. Rappelez à cet enfant ce qui est unique chez lui, amenez-le dans la lumière et dansez, chantez, lisez un livre. Faites ce que vous auriez voulu que quelqu'un fasse pour vous quand vous étiez plus jeune. Rassurez, votre enfant intérieur qu'il est maintenant en sécurité, aimé et protégé.

Vous pouvez répéter cet exercice avec vous-même, à n'importe quelle étape de votre enfance, de votre adolescence ou de votre vie adulte. Même quand vous étiez dans la relation narcissique, voyagez jusqu'à ce moment-là et donnez-vous de l'amour, de la force et de l'espoir.
Nous devons reconstruire la confiance en nous-mêmes. Cet exercice suivant est un modèle de coaching étape par étape pour vous aider à surmonter des situations difficiles.
Décrivez une situation avec laquelle vous luttez :

_______________________________________________________________________________

_______________________________________________________________________________

_______________________________________________________________________________

Qu'avez-vous besoin d'accomplir ? *Exemple : J'ai besoin d'aller au travail et de me sentir appréciée et soutenue.*

___________________________________________________________________

___________________________________________________________________

___________________________________________________________________

Que se passe-t-il maintenant ? *Exemple : Mon patron me dévalorise et me fait sentir que je ne sais rien faire correctement.*

___________________________________________________________________

___________________________________________________________________

Que pouvez-vous faire ? *Exemple : Je ne peux pas changer mon patron, mais je peux changer l'atmosphère de mon travail et créer des connexions avec mes collègues.*

___________________________________________________________________

___________________________________________________________________

___________________________________________________________________

Que ferez-vous ? *Exemple : Je saluerai mon équipe chaque matin, je demanderai à l'un d'eux de se joindre à moi pour le déjeuner.*

___________________________________________________________________

___________________________________________________________________

___________________________________________________________________

Comment et quand le ferez-vous ? *Exemple : Lundi prochain !*

___________________________________________________________________

___________________________________________________________________

___________________________________________________________________

Comment allez-vous maintenir ce succès et en faire une habitude ? *Exemple : Je ferai cela tous les jours pendant deux semaines.*

___________________________________________________________________

___________________________________________________________________

___________________________________________________________________

Évaluez vos résultats. *Exemple : Après deux semaines, je verrai si je me sens mieux à l'idée d'aller au travail et si j'ai réussi à nouer de nouvelles connexions.*

___________________________________________________________________

___________________________________________________________________

___________________________________________________________________

___________________________________________________________________

Voici une décomposition simple des étapes pour vous permettre de sortir de votre zone de confort et de vous aider à reconstruire votre confiance en vous. C'est le modèle qu'Angel a utilisé lorsqu'elle a décidé qu'il fallait que quelque chose change. Elle a fait un choix, elle ne voulait plus aller au travail en redoutant la journée, souffrir d'anxiété chaque fois qu'une réunion était annoncée, et elle voulait à nouveau apprécier son travail. À son crédit, ce n'était pas un plan facile à mettre en place, mais elle a décidé de l'essayer et les résultats ont été stupéfiants. Après deux semaines, plusieurs personnes s'étaient jointes à elle et voulaient partager le déjeuner avec elle. Le bénéfice inattendu a été que les gens la soutenaient désormais lors des réunions et elle n'était plus rabaissée. L'atmosphère générale au travail a changé pour le mieux et elle a pu atteindre la retraite en paix.

Maintenant, réfléchissez un instant et souvenez-vous d'une situation où vous vous êtes senti complètement accepté pour ce que vous étiez. Vous n'aviez pas peur du jugement et étiez entièrement authentique. Être authentique signifie être capable d'exprimer ce que vous ressentez à l'intérieur, sans cacher une partie de vos émotions, de vos idées ou de vos talents.

Qu'est-ce qui était spécial dans cet événement ?

___________________________________________________________________
___________________________________________________________________
___________________________________________________________________

Qu'est-ce qui était différent chez les personnes présentes ?

___________________________________________________________________
___________________________________________________________________
___________________________________________________________________

Je veux que tu prennes le temps d'écrire une introduction sur toi-même, une description authentique, sans crainte du jugement ou des représailles. Il est temps de te dire au moins qui tu es. Qu'est-ce qui est spécial et unique chez toi, ce que tu aimerais pouvoir exprimer librement et que tu souhaiterais que le monde entier sache à propos de toi ?

___________________________________________________________________
___________________________________________________________________
___________________________________________________________________
___________________________________________________________________
___________________________________________________________________
___________________________________________________________________
___________________________________________________________________
___________________________________________________________________

**Comment vas-tu te prouver que tu t'aimes ?**

*Exemple : Pour Angel, elle a amélioré sa routine de soins personnels en allant chez le coiffeur, en achetant de nouveaux vêtements, en commençant à voyager, en respectant ses horaires de travail et en étant payée pour son travail. Elle s'est fait des amis qui la faisaient se sentir bien et a créé un groupe de méditation. Elle a commencé à créer des bijoux en cristal et rit à haute voix dès qu'elle en a l'occasion. Elle a essayé de nouvelles choses, comme la Tyrolienne, a appris le tarot et joue au golf. Ce n'était pas sa passion, mais elle a essayé et a apprécié la compagnie du groupe.*

*Pour ma part, je profite d'un massage chaque mois et d'une pédicure. Je prends une semaine de congé pour célébrer mon anniversaire et je ne travaille pas pendant cette semaine. Je suis travailleur indépendant, donc je travaille pratiquement tout le temps, mais cela reste mon moment. Je fais un bilan de santé annuel chez le médecin, le dentiste et l'ophtalmologiste. Je médite chaque matin pour me recentrer. Je mange bio et je ne consomme ni alcool, ni drogues, ni viande, ni produits laitiers. Je m'entoure de personnes qui croient en moi et me soutiennent. Je vis mes émotions au fur et à mesure qu'elles surgissent et, de manière platonique, je répands tout l'amour contenu dans mon cœur en étant bienveillante, en étreignant les gens et en les faisant se sentir importants et écoutés. J'écris des livres et des poèmes, je dessine, je peins et je crée des outils chamaniques. Je lis, j'apprends et je transmets mes expériences pour aider ceux qui le demandent. Je me connecte à la source chaque matin, je prie pendant la journée et j'exprime ma gratitude pour tout ce que l'univers m'a donné. Je cherche du soutien et des conseils auprès de mon moi supérieur et j'écoute mon intuition, la synchronicité et les messages que l'univers m'envoie pour me guider.*

S'aimer soi-même, c'est prendre soin de tous ses corps. Il est important d'avoir une action concrète pour chacun d'eux :

**Le corps physique** : faire de l'exercice, pratiquer le yoga, adopter une alimentation équilibrée, etc.

_______________________________________________________________

_______________________________________________________________

**Le corps émotionnel** : passer du temps avec ses amis, sa famille, assister à un spectacle d'humour, s'asseoir devant un feu, faire du camping.

_______________________________________________________________

_______________________________________________________________

**Le corps mental** : lire un livre, apprendre quelque chose de nouveau, faire une activité créative.

_______________________________________________________________

_______________________________________________________________

**Le corps spirituel :** Trouver un groupe avec qui méditer, prier, voyager ; se connecter chaque jour à sa source de lumière et de puissance, etc.

_______________________________________________________________

_______________________________________________________________

**Le corps éthérique** : pardonner et lâcher prise…

---

Je suis une grande amatrice de la nature et des animaux, et c'est là que j'ai trouvé du réconfort lorsque j'ai dû quitter ma maison.

Saint François d'Assise est associé à une prière particulière qui m'a beaucoup aidée lorsque j'apprenais à m'aimer. Le « où » de cette prière se trouve en toi : dans ton cœur, ton corps, ton âme.

Prière St-Francois D'Assise

*Seigneur, fais de moi un instrument de ta paix.*
*Là où règne la haine, que je sème l'amour.*
*Là où se trouve l'offense, que je pardonne.*
*Là où il y a le doute, que je sème la foi.*
*Là où il y a le désespoir, que je sème l'espérance.*
*Là où règne l'obscurité, que je fasse jaillir la lumière.*

*Là où règne la tristesse, que je sème la joie.*
*Ô Maître divin,*
*Fais que je ne cherche pas tant à être consolé qu'à consoler,*
*À être aimé qu'a aimé*

*Car c'est en donnant que l'on reçoit,*
*C'est en pardonnant que l'on est pardonné,*
*Et c'est en mourant que l'on renaît à la vie éternelle.*

1. C'est accepter que nous soyons ici pour un but plus grand que nous, et que la Volonté divine connaisse le chemin le plus simple et le plus gracieux pour rendre le monde meilleur.
2. En nous, il y avait un discours intérieur négatif : nous nous détestions, nous portions de la colère et de la honte. Désormais, nous allons remplir cet espace avec de l'amour.
3. Tu as été blessé physiquement, émotionnellement, mentalement et spirituellement. Garder rancune ou chercher à se venger ne fera que t'empirer les choses. Vide ton sac, laisse aller. Purifie-toi, pardonne, libère-toi. (L'étape 7 t'aidera dans ce processus.)
4. Tu en es venu à douter de toi, de tes idées, de tes décisions, de tes talents… Restaurons ensemble la foi en tes capacités.
5. Tu viens d'un lieu d'anxiété, de dépression et de peur ; laisse l'espoir prendre cette place.

6.      Tu es en train de sortir d'un endroit sombre ; permets à la lumière de t'envahir.

7.      Tu as pleuré toutes les larmes de ton corps ; que ces larmes fassent maintenant place à la joie et au rire.

8.      Aide-moi à trouver en moi la force qui vient de toi.

9.      Ne cherche pas quelqu'un pour te consoler ; console-toi toi-même.

10.     Ne cherche pas l'amour à l'extérieur ; commence par t'aimer toi-même.

11.     Si tu t'offres de l'amour, du respect, de la compassion et de l'attention, les autres te renverront la même chose.

12.     Pardonne-toi de t'être blessé, d'avoir fait des choix qui t'ont fait du mal. Tu n'es plus cette personne. Pardonne-toi et laisse aller.

13.     Le narcissique a tenté de tuer une partie de toi — ton âme — mais c'est cette expérience qui t'a permis de comprendre ce que tu devais guérir, et de te transformer en l'être divin que tu as toujours été, mais que tu avais oublié.

Très bien. Nous avons découvert ce qui était brisé en nous, nous nous sommes connectés à notre puissance supérieure, et nous avons fait la connaissance de la personne que nous avons toujours été censés être, avant d'être blessés. Nous agissons désormais avec bienveillance et compassion envers nous-mêmes, et nous apprenons à nous aimer de manière inconditionnelle.

C'est ici que tu reprends ton pouvoir, que tu réconcilies tes pensées, tes actions et tes paroles avec tes véritables besoins, et que tu commences à te réparer, à te rendre justice.
L'étape suivante consiste à établir le respect de soi. Cela passe par la connaissance de ce qui est acceptable pour toi… et de ce qui ne l'est pas. Il est temps de poser des limites claires, pour que, lorsqu'une personne essaie de les tester ou de les franchir, tu puisses immédiatement réagir et l'arrêter.

Si tu t'es laissé marcher sur les pieds, si tu as dit oui, alors que tu ne le pensais pas, c'est sans doute parce que tu ne croyais pas avoir le droit de dire non. Les relations abusives ne respectent aucune limite. L'agresseur te traite comme un objet, et non comme un être humain. Malheureusement, dans notre histoire humaine, nous avons souvent eu besoin de nous comparer aux autres, et, pour nous sentir supérieurs, nous avons justifié cette supériorité. L'esclavage, la prostitution forcée, la servitude, les travailleurs sous contrat forcé… tous ces exemples démontrent comment nous avons pu nier l'humanité de l'autre afin de l'exploiter pour notre avidité, notre désir ou notre paresse.

Il a même fallu créer une charte des droits pour que les femmes et les enfants soient traités comme des égaux.
Alors, que pouvons-nous revendiquer ? Qu'est-ce qu'un droit ?
Regardons de plus près la **Convention relative aux droits de l'enfant**, tirée du site unicef.org.

**Définition d'un enfant**
Un enfant est toute personne âgée de moins de 18 ans.
1. **Aucune discrimination**
   Tous les enfants ont ces droits, peu importe qui ils sont, d'où ils viennent, la langue qu'ils parlent, leur religion, leurs idées, leur apparence, leur sexe, s'ils ont un handicap, s'ils sont riches ou pauvres, et peu importe qui sont leurs parents ou ce que leurs parents croient ou font. Aucun enfant ne devrait être traité injustement, pour quelque raison que ce soit.
2. **Intérêt supérieur de l'enfant**
   Lorsqu'un adulte prend une décision, il doit tenir compte de son impact sur l'enfant. Tous les adultes doivent agir dans le meilleur intérêt de l'enfant. Les gouvernements doivent s'assurer que les enfants sont protégés et pris en charge par leurs parents ou par d'autres personnes lorsque nécessaire. Ils doivent également s'assurer que ceux qui s'occupent des enfants le font convenablement.
3. **Mettre les droits en action**
   Les gouvernements doivent faire tout ce qu'ils peuvent pour que chaque enfant bénéficie réellement de tous les droits contenus dans cette Convention.
4. **Accompagnement familial au fil du développement de l'enfant**
   Les gouvernements doivent permettre aux familles et aux communautés de guider les

enfants afin qu'en grandissant, ils apprennent à exercer leurs droits de manière appropriée. Plus les enfants grandissent, moins ils auront besoin de cette guidance.

5. **Vie, survie et développement**

Chaque enfant a le droit de vivre. Les gouvernements doivent garantir la survie et le développement des enfants de la meilleure façon possible.

6. **Nom et nationalité**

Les enfants doivent être enregistrés à leur naissance et recevoir un nom officiellement reconnu par l'État. Ils doivent avoir une nationalité (appartenir à un pays). Dans la mesure du possible, ils doivent connaître leurs parents et être pris en charge par eux.

7. **Identité**

Les enfants ont droit à leur identité propre — un document officiel indiquant leur nom, leur nationalité et leurs liens familiaux. Personne ne devrait leur retirer cette identité, et si cela se produit, les gouvernements doivent les aider à la retrouver rapidement.

8. **Maintien de la famille unie**

Les enfants ne devraient pas être séparés de leurs parents, sauf si ceux-ci ne prennent pas soin d'eux ou leur font du mal. Si les parents vivent séparément, l'enfant doit pouvoir maintenir des contacts avec les deux, sauf si cela représente un danger.

9. **Contacts transfrontaliers avec les parents**

Si un enfant vit dans un pays différent de celui de ses parents, les gouvernements doivent permettre aux parents et à l'enfant de voyager pour rester en contact.

10. **Protection contre l'enlèvement**

Les gouvernements doivent empêcher qu'un enfant soit emmené illégalement à l'étranger — par exemple, en cas d'enlèvement ou de rétention illégale par un parent.

11. **Respect de l'opinion des enfants**

Les enfants ont le droit de donner leur avis sur ce qui les concerne. Les adultes doivent les écouter et les prendre au sérieux.

12. **Liberté d'expression**

Les enfants peuvent partager librement ce qu'ils apprennent, pensent et ressentent — par la parole, le dessin, l'écriture ou tout autre moyen — sauf si cela nuit à autrui.

13. **Liberté de pensée et de religion**

Les enfants peuvent choisir leurs pensées, opinions et religion. Les parents peuvent les guider dans l'usage de ces droits, tant qu'ils respectent les droits des autres.

14. **Liberté d'association**

Les enfants peuvent créer ou rejoindre des groupes ou des organisations, et se réunir avec d'autres, à condition que cela ne nuise à personne.

15. **Protection de la vie privée**

Chaque enfant a droit à la vie privée. La loi doit protéger leur vie familiale, leur domicile, leurs communications et leur réputation contre toute atteinte.

16. **Accès à l'information**

Les enfants ont le droit d'accéder à l'information via Internet, radio, télévision, journaux, livres et autres sources. Les adultes doivent veiller à ce que cette information ne soit pas nuisible. Les gouvernements doivent encourager les médias à diffuser de l'information accessible et compréhensible pour tous les enfants.

17. **Responsabilité parentale**

Les parents sont les premiers responsables de l'éducation et du bien-être de leurs enfants. Si l'enfant n'a pas de parents, un tuteur ou une tutrice doit assumer cette responsabilité.

Les gouvernements doivent les soutenir. Lorsque les deux parents sont présents, ils doivent partager cette responsabilité.

**18. Protection contre la violence**

Les gouvernements doivent protéger les enfants contre toute forme de violence, de négligence ou de mauvais traitements, peu importe qui en est responsable.

**19. Enfants sans famille**

Tout enfant qui ne peut pas être pris en charge par sa famille a droit à une protection et à des soins respectant sa religion, sa culture, sa langue et son identité.

**20. Enfants adoptés**

Lorsqu'un enfant est adopté, son intérêt supérieur doit primer. S'il ne peut pas être bien pris en charge dans son pays, il peut être adopté à l'étranger.

**21. Enfants réfugiés**

Les enfants réfugiés (qui quittent leur pays, car ils y sont en danger) doivent être protégés et bénéficier des mêmes droits que les enfants du pays d'accueil.

**22. Enfants en situation de handicap**

Les enfants handicapés ont droit à une vie aussi complète que possible. Les gouvernements doivent éliminer les obstacles à leur autonomie et à leur participation active à la société.

**23. Santé, eau, nourriture, environnement**

Les enfants ont droit aux meilleurs soins de santé possibles, à une eau potable, à une nourriture saine et à un environnement propre et sûr. Ils doivent aussi avoir accès à l'information sur la santé et la sécurité.

**24. Suivi des placements**

Les enfants placés en dehors de leur foyer pour des raisons de santé, de protection ou autres doivent être suivis régulièrement pour s'assurer que leur situation est toujours adaptée.

**25. Aide sociale et économique**

Les gouvernements doivent fournir une aide financière ou autre aux enfants issus de familles pauvres.

**26. Nourriture, vêtements, logement sûr**

Les enfants ont droit à une alimentation suffisante, à des vêtements et à un logement sécuritaire pour favoriser leur bon développement. Le gouvernement doit aider les familles qui n'ont pas les moyens.

**27. Accès à l'éducation**

Tous les enfants ont droit à l'éducation. L'école primaire doit être gratuite. L'enseignement secondaire et supérieur doit être accessible. Les enfants doivent être encouragés à aller le plus loin possible dans leurs études. La discipline scolaire doit respecter les droits de l'enfant et ne jamais recourir à la violence.

**28. Objectifs de l'éducation**

L'éducation doit aider les enfants à développer leur personnalité, leurs talents et leurs capacités. Elle doit leur apprendre leurs droits, le respect des autres, la paix, et la protection de l'environnement.

**29. Minorités : culture, langue, religion**

Les enfants ont le droit de pratiquer leur langue, leur culture et leur religion, même si celles-ci sont différentes de celles de la majorité.

**30. Repos, loisirs, culture, arts**
Tous les enfants ont droit au repos, aux loisirs, à la culture et à la créativité.

**31. Protection contre le travail dangereux**
Les enfants doivent être protégés contre le travail dangereux ou nuisible à leur santé, à leur éducation ou à leur développement. S'ils travaillent, ils doivent être en sécurité et justement rémunérés.

**32. Protection contre les drogues**
Les gouvernements doivent protéger les enfants contre la consommation, la fabrication ou la vente de drogues nocives.

**33. Protection contre les abus sexuels**
Les gouvernements doivent protéger les enfants contre l'exploitation et les abus sexuels, y compris les rapports sexuels forcés ou la création de contenus pornographiques les impliquant.

**34. Prévention de la vente et de la traite**
Les gouvernements doivent empêcher l'enlèvement, la vente ou la traite d'enfants à des fins d'exploitation.

**35. Protection contre toute autre forme d'exploitation**
Les enfants doivent être protégés contre toute forme d'exploitation, même si elle n'est pas spécifiquement mentionnée dans la Convention.

**36. Détention des enfants**
Les enfants accusés d'un crime ne doivent pas être exécutés, torturés, emprisonnés à vie ou enfermés avec des adultes. L'emprisonnement doit être la dernière solution, pour une durée aussi courte que possible. Les enfants doivent avoir accès à un avocat et pouvoir garder contact avec leur famille.

**37. Protection en temps de guerre**
Les enfants ont droit à une protection durant les conflits armés. Aucun enfant de moins de 15 ans ne peut être enrôlé dans l'armée ni participer aux combats.

**38. Guérison et réintégration**
Les enfants victimes de mauvais traitements, de négligence ou de guerre ont droit à de l'aide pour retrouver leur santé, leur dignité et leur bien-être.

**39. Enfants en conflit avec la loi**
Les enfants accusés d'un délit ont droit à une défense équitable et à un accompagnement juridique. L'emprisonnement doit être la dernière solution. On doit les aider à devenir des membres positifs de leur communauté.

**40. La meilleure loi s'applique**
Si une loi nationale protège mieux les droits des enfants que cette Convention, c'est cette loi qui doit être appliquée.

**41. Diffusion des droits de l'enfant**
Les gouvernements doivent activement informer les enfants et les adultes sur cette Convention, afin que chacun connaisse les droits de l'enfant.

### Articles 43 à 54 : fonctionnement de la Convention

Ces articles expliquent comment les gouvernements, l'ONU — dont le Comité des droits de l'enfant et l'UNICEF — et d'autres organisations veillent à ce que chaque enfant puisse jouir de ses droits.

Au Canada, la **Convention relative aux droits de l'enfant** est entrée en vigueur le **2 septembre 1990**, soit moins d'un an après son adoption par l'Assemblée générale des Nations Unies, le 20 novembre 1989.

Est-ce que cela signifie que ces droits sont respectés ?
Non. J'en suis la preuve vivante. Parce que mes droits ont été niés, parce que j'ai été abusée, je ne savais même pas que j'en avais. Je voulais partager cela avec toi, car, toi aussi, on t'a probablement appris que tu n'avais aucun droit. Mais tu as le droit d'être en sécurité, protégé et d'avoir accès à des ressources, de l'aide et de l'éducation.
Puisqu'on ne t'a peut-être pas enseigné que tu avais des droits, c'est à toi maintenant de t'informer… et d'être le changement.

Quand tu sais à quoi tu as droit, tu ne laisses plus personne t'en priver.
Et si ces droits sont universels pour chaque enfant, ils sont aussi tes droits en tant qu'adultes.
Chaque pays a sa propre convention ou charte qui illustre tes droits. Si tu n'es pas du Canada, je t'encourage à consulter les droits et libertés de ton pays.

La **Charte canadienne des droits et libertés** peut aussi t'aider à comprendre que tu as des droits, et cela t'aidera à poser tes limites en réalisant que tu n'en demandes pas trop.
Tout le monde a droit à certaines libertés et à la sécurité. La Charte couvre les libertés fondamentales, les droits démocratiques, la liberté de circulation, les droits juridiques, les droits à l'égalité, les droits linguistiques officiels et ceux des minorités en matière d'éducation.
Je ne vais pas détailler tout le document, mais je veux te laisser avec ceci :
Connais tes droits. Et rappelle-toi : poser tes limites, ce n'est jamais demander trop.

## Droits fondamentaux

Au Canada, chacun est libre de pratiquer la religion de son choix… ou de n'en pratiquer aucune. Nous sommes également libres d'exprimer nos croyances religieuses par la prière ou encore par le port de vêtements religieux, par exemple. Toutefois, la Charte garantit aussi le droit pour les autres de manifester publiquement leurs propres croyances religieuses.

Nous sommes libres de penser par nous-mêmes, de dire ce que nous pensons, d'écouter les opinions des autres et d'exprimer nos idées de manière créative. Nous avons aussi la liberté de nous rassembler avec qui nous voulons et de participer à des manifestations pacifiques. Cela inclut le droit de protester contre une action ou une institution gouvernementale.

Cependant, ces libertés ne sont pas absolues. Il peut exister des limites à la manière dont tu exprimes tes croyances religieuses si cela porte atteinte aux droits d'autrui ou nuit à la mise en œuvre de programmes et politiques publiques complexes.
Par exemple, tu peux avoir des raisons religieuses pour t'opposer à ce qu'on prenne ta photo pour ton permis de conduire, mais cette exigence est liée à la nécessité d'empêcher que d'autres utilisent ton identité de manière frauduleuse.

De plus, la Charte ne protège pas certaines formes d'expression, comme les discours haineux qui comportent des menaces de violence ou qui prennent la forme de violences physiques.

Les médias bénéficient également de certaines libertés fondamentales : ils peuvent diffuser des nouvelles et toute autre information librement. Le gouvernement ne peut restreindre ce que les

médias publient **que pour des raisons valables et prévues par la loi**.
Par exemple, une revue ne peut publier des propos diffamatoires, c'est-à-dire des déclarations
mensongères portant atteinte à la réputation d'une personne



**Les droits à l'égalité sont au cœur même de la Charte.**
Ils visent à garantir que chacun soit traité avec le même respect, la même dignité et la même
considération, sans discrimination, peu importe certaines caractéristiques personnelles, tels que
la race, l'origine nationale ou ethnique, la couleur de peau, la religion, le sexe, l'âge, un handicap
physique ou mental, l'orientation sexuelle, le statut de résidence, l'état civil ou la citoyenneté.

Cela signifie que tout le monde devrait être traité de manière équitable devant la loi. Chacun a
aussi droit aux mêmes avantages prévus par les lois ou les politiques gouvernementales.
Cependant, la Charte n'exige pas que le gouvernement traite toujours chaque personne
exactement de la même façon.
Parfois, protéger l'égalité implique d'adapter les règles ou les normes afin de prendre en compte
les différences des personnes.
Un bon exemple serait de permettre à quelqu'un d'observer ses fêtes religieuses sans risquer de
perdre son emploi.

Les gouvernements peuvent aussi favoriser l'égalité en adoptant des lois ou en mettant sur pied
des programmes qui visent à améliorer les conditions de vie des personnes défavorisées en raison
des caractéristiques personnelles énumérées plus haut.
Par exemple, ils peuvent créer des programmes d'accès à l'emploi visant à accroître les
possibilités de travail pour les personnes en situation de handicap.

Prière pour l'étape 5 :

*J'écoute et je fais confiance à mon ressenti intérieur.*
*Je sais qui je suis et je suis fier(ère) de tout ce que j'ai accompli jusqu'à*
*présent.*
*Je m'aime et je réponds à mes besoins.*
*Une fois que je suis en santé et que je prends soin de moi, je peux alors*
*investir dans les autres, m'impliquer dans des causes et aider là où je peux,*
*selon mes dons, mes talents et mes capacités.*

Tu as le droit de :

Entoure-toi des gens avec qui tu te sens bien et en sécurité.
Sois toi-même et exprime tes idées, tes opinions et tes émotions.
Tu n'as pas à plaire aux autres si cela signifie t'éloigner de ton moi véritable et authentique.
Le bonheur, la joie, le rire, les espoirs et les rêves sont des droits innés.
Ta source de joie et d'amour est en toi, et personne ne peut t'en priver.
Tu sais profondément que tu es unique et spécial(e). Tu mérites l'amour.
Écris ta propre déclaration de droits, celle que personne ne pourra jamais t'enlever.

Crée ta propre prière personnalisée.

_________________________________________________

_________________________________________________

_________________________________________________



### Quels sont tes obligations et tes droits ?

Maintenant que tu sais comment tu devrais être traité(e) selon les lois internationales et locales, il est temps d'examiner tes frontières personnelles et de les noter afin de clarifier comment tu accepterais d'être traité(e) à partir de ce moment.

Parfois, en tant que parents, nous devons établir des règles pour protéger nos enfants. Prenons l'exemple de l'heure du coucher : il est normal d'envoyer un enfant se coucher à une certaine heure, mais il faut savoir rester flexible lorsqu'il y a un événement spécial, comme des vacances ou un anniversaire.

Il se peut qu'on t'ait dit que tu devais soutenir financièrement ta famille, mais cela ne devrait pas te nuire.

*Par exemple : Angel soutenait deux membres de sa famille en cosignant leurs prêts hypothécaires, mais, lorsqu'il a fallu renouveler le sien, elle a rencontré d'énormes difficultés. Elle payait l'éducation de ses petites-nièces, ainsi que le câble et l'internet de l'une d'elles, au point de n'avoir plus d'argent pour acheter de nouveaux vêtements, partir en vacances, et finissait par s'endetter. Il est acceptable d'aider un membre de ta famille si tu en as les moyens, mais cela ne doit pas te nuire ni faire de toi un facilitateur pour qu'ils évitent leurs responsabilités financières et vivent au-dessus de leurs moyens.*

Les frontières saines doivent être exprimées verbalement et dans ton propre comportement. Lorsqu'une personne se plaint de devoir soutenir un membre de la famille et menace de couper les ponts, mais finit toujours par payer la facture, cela ne fait que renforcer l'idée que ta frontière n'existe pas.

Tes frontières impliquent d'avoir tes propres idées, comportements et désirs, indépendamment de ce que les autres autour de toi veulent. Les frontières sont pour toi. Ce ne sont pas des moyens de contrôler les autres, mais de savoir ce que tu es prêt(e) à faire ou non, par rapport à ce que tu sens que tu devrais faire.

Établir des frontières surprendra peut-être les gens autour de toi au début, mais tu dois rester ferme dans leur application. Si tu as sacrifié ton temps, ton argent et ton bien-être pour quelqu'un, il est temps de définir des frontières claires. Tu n'es pas égoïste, tu assures ta propre survie.

Ta famille pourrait penser que tu devrais te marier. Tu n'es peut-être pas opposé(e) à l'idée du mariage, mais tu préférerais choisir ton conjoint plutôt qu'un mariage arrangé ou te marier simplement pour améliorer ton statut social.

Pour établir des frontières saines, commence par dresser une liste de tes croyances.

Quelles sont tes croyances religieuses ou spirituelles ?

_______________________________________________________________

_______________________________________________________________

_______________________________________________________________

Quelles sont tes opinions politiques ?

_______________________________________________________________

_______________________________________________________________

_______________________________________________________________

Quelles sont tes préférences alimentaires ?

_______________________________________________________________

_______________________________________________________________

_______________________________________________________________

Quelles sont tes opinions sur ton apparence, tes vêtements et ton style ?

_______________________________________________________________

_______________________________________________________________

_______________________________________________________________

Quelles sont tes attentes concernant les relations ?

_______________________________________________________________

_______________________________________________________________

_______________________________________________________________

Quels sont tes projets en ce qui concerne ta propre famille ?

_______________________________________________________________

_______________________________________________________________

_______________________________________________________________

Comment penses-tu devoir élever un enfant ?

_______________________________________________________________

_______________________________________________________________

_______________________________________________________________

Le type de vie que tu crées pour toi-même à partir de ce moment est entièrement entre tes mains. Tu vas arrêter de réagir et commencer à réfléchir avant de dire oui. Tu n'as peut-être pas pu établir de limites quand tu étais jeune, mais tu peux maintenant décider ce que tu trouves acceptable ou non.



*Ma mère adorait colporter des ragots. En l'écoutant, je la rendais complice et lui permettais de continuer. J'ai décidé que j'étais mal à l'aise avec les commérages, alors j'ai établi une limite avec elle. Lorsque nous parlons ensemble, tu peux parler de toi et me poser des questions sur moi, mais je ne t'écouterai pas si tu commences à parler des autres. Eleanor Roosevelt disait : « Les grands esprits discutent des idées ; les esprits moyens discutent des événements ; les petits esprits discutent des gens. »*

Lorsque ma mère commençait à raconter des ragots, je raccrochais. Une fois, nous étions au restaurant et elle a commencé à critiquer quelqu'un. Nous étions en compagnie de quatre autres personnes. Je lui ai demandé d'arrêter. Elle n'a pas voulu. Je lui ai demandé une seconde fois d'arrêter, car la personne dont elle parlait n'était pas là pour se défendre et il était injuste de parler de choses qu'elle ne savait même pas être vraie. Pendant ce temps, les autres à la table restaient silencieux. Je lui ai dit d'arrêter, sinon je partirais. Elle s'est retournée et a commencé à m'attaquer. Je me suis levée, ai payé mon addition et suis partie.

Ma tante était assez bouleversée et m'a dit que j'aurais dû aller aux toilettes, me calmer et revenir plutôt que de partir et qu'elle ne me pardonnerait jamais cet affront. J'ai dû lui expliquer que, toute ma vie j'avais souffert en silence et laissais ma mère m'humilier et me rabaisser, et que je ne permettais plus cela. Si personne d'autre n'était prêt à lui tenir tête, je devais au moins me défendre. Si elle ne comprenait pas, ça m'allait, et je ne la contacterais plus. Il m'a fallu un an avant que ma tante n'appelle. Elle s'est excusée de ne pas m'avoir soutenue, m'a dit qu'elle me manquait et espérait que nous pourrions reprendre notre relation.

Il avait été difficile de respecter cette limite particulière, mais si les gens autour de moi ne pouvaient pas me soutenir, j'étais mieux seule. J'ai repris contact avec ma tante et j'ai pris le temps de lui expliquer que, désormais, j'attendais des gens qu'ils me traitent avec respect. Je n'avais pas appris à me protéger, me tenir tête à ma mère finissait généralement par une correction. J'étais adulte maintenant et je n'avais pas à rester pour me faire battre verbalement ou physiquement, je pouvais simplement partir. Une autre amie souffrait de sa mère qui la rabaissait au téléphone. Je lui ai dit qu'elle pouvait tout simplement raccrocher. Elle m'a regardée, surprise, et a dit que ce serait impoli ! Je lui ai fait comprendre que cela ne serait pas plus impoli que ce que sa mère lui faisait. Établir des limites, c'est reconnaître que, si nous avons besoin que la limite soit respectée, c'est parce que l'autre personne ne nous respecte pas.

L'une des limites que j'ai développées et enseignées à mes enfants est la règle des deux. Tu peux te plaindre de la même chose deux fois, mais après cela, tu dois chercher une solution pour changer la situation, car après deux fois, cela deviendra un schéma. Nous ne pouvons pas forcer l'autre à changer, mais nous pouvons choisir de ne pas faire partie de leur drame.
C'est là que tu détermines quand il est important pour toi de prendre position et quand il est préférable simplement de laisser passer.

L'un de mes frères est particulièrement opiniâtre et têtu. Il te dira de manière forcée ce que tu dois croire et penser. Il doit toujours avoir raison et argumentera jusqu'à ce que tu cèdes. J'ai décidé que son opinion et ses idées lui appartenaient, qu'il avait le droit de les avoir, et que je n'avais pas besoin de défendre mes idées devant lui. Il n'y a rien qu'il puisse dire qui me font changer mes croyances, alors je le laisse exprimer ses opinions et je hoche simplement la tête. Les conversations se terminent généralement rapidement, car il n'obtient pas ce qu'il espérait, une dispute.

Cependant, lorsqu'il s'agit de sexe, j'ai des limites claires que je ne suis pas prête à franchir. Je sais ce que j'aime et ce que je n'aime pas. Si quelqu'un tentait de me convaincre du contraire, je partirais.

Pour ma mère narcissique, les apparences étaient très importantes et on ne pouvait pas quitter la maison sans être habillé d'une certaine manière, avec du maquillage, les cheveux coiffés et des bijoux. Je suis minimaliste. J'ai de beaux vêtements, des bijoux et des talons hauts, je sais me coiffer et me maquiller. Je préfère la simplicité. Je porte mes cheveux longs pour pouvoir les attacher en queue de cheval ou les tresser. Je ne porte pas de maquillage, sauf lors d'événements spéciaux. Je préfère porter un t-shirt, des leggings et des bottes de randonnée. Je ne porte des bijoux que peut-être une montre. C'est ce dans quoi je me sens bien. J'ai laissé de côté les critiques de ma mère et je me suis habillée confortablement.

Je travaille pour mon argent, c'est le mien. J'ai mes propres comptes et cartes de crédit, et je décide quand et où dépenser de l'argent. Après avoir payé les dettes de mon ex-mari, j'ai appris que je ne voulais plus jamais faire ça. J'ai mon budget et je sais ce que je peux me permettre. Mes finances ne regardent personne.

Ce n'est pas une relation si tu laisses quelqu'un prendre toutes les décisions. Il faut exprimer tes goûts, tes désirs, et comment tu souhaites qu'on procède.



*Tu as déterminé que tu as besoin de 8 heures de sommeil. Tu dois être au lit avant 22 h pour pouvoir fonctionner le lendemain. C'est une limite, elle peut être flexible, mais elle ne doit pas être enfreinte tout le temps.*

*Moi, personnellement, je suis une couche-tard. J'aime dormir tard parce que je ne vais souvent pas me coucher avant 2-3h du matin. Je fais respecter cette limite en mettant mon téléphone en mode silencieux jusqu'à 10 h. Ma famille est du matin et ne comprend pas. Ils n'ont pas besoin de comprendre et j'ai trouvé un moyen de ne pas être réveillée à 7 h du matin. Parce qu'ils sont debout dès l'aube, cela ne veut pas dire que je dois l'être aussi.*
Quels sont tes besoins et limites en matière de sommeil :

_______________________________________________

_______________________________________________

_______________________________________________

Le temps est quelque chose que tu ne peux pas acheter. Nous vivons maintenant dans un monde où tout est instantané. Nous sommes passés de l'écriture de lettres et de l'attente de semaines pour les réponses, à des appels et des messages laissés sur le répondeur, pour finalement être constamment attachés à nos téléphones. Les gens attendent maintenant une réponse immédiate à leurs appels, courriels et textos. Cela semble nous priver de la possibilité de réfléchir, de prendre du recul et de répondre sincèrement. C'est un monde très réactif. Fixer des limites avec ton temps est très important.

Quand travailles-tu ? Quand dois-tu t'occuper des tâches ménagères, des factures, des courses, du linge ? Quand te reposes-tu ? Et quand as-tu du temps pour toi ?

_______________________________________________________________________________

_______________________________________________________________________________

_______________________________________________________________________________

_______________________________________________________________________________

Si tu regardes une semaine et que tu considères que tu dois travailler 40 heures et dormir environ 56 heures par semaine, il te reste 72 heures pour faire tout le reste. Cela peut sembler beaucoup de temps, mais n'oublie pas de prendre en compte le temps nécessaire pour te rendre au travail, les tâches ménagères qui peuvent prendre jusqu'à 8 heures par semaine ou plus selon la taille de ta maison, l'entretien d'un jardin ou la garde d'animaux, et la distance entre la laverie et les magasins. Si tu as des enfants, il y a encore moins de temps. Tu devrais être capable de dégager au moins 8 heures par semaine pour toi. Si ce n'est pas le cas, il faut réexaminer où tu passes ton temps. Regarder la télé ou jouer sur ton téléphone ne représente pas du temps de qualité pour prendre soin de toi.

Prendre soin de soi se produit quand tu ressens une sensation de paix, de repos et que tu es rechargé d'énergie. Cela peut être prendre un bain, lire un livre, faire quelque chose de créatif, ou encore assister à un concert. Prendre soin de soi peut être partagé avec les autres, comme une journée au spa ou une soirée jeux. Cela te redonne de l'énergie, et t'élève.
J'ai une limite concernant la musique : je n'aime pas le rap. Si mes enfants voulaient écouter du rap, ils devaient porter des écouteurs. C'est OK que ta limite soit différente de celle des autres. Elle est là pour que tu te sentes bien dans ton espace.

Tu peux avoir une limite concernant l'espace. Je ne veux pas toucher des inconnus. Je n'aime même pas serrer la main. Je préfère mettre mes mains en prière devant mon cœur et m'incliner. Une fois que je me sens à l'aise et que j'ai établi une relation, les câlins ne me dérangent pas. Donc, jusqu'à un certain point, cette limite est flexible et adaptable.
Mon corps est mon temple et, en tant que tel, je ne laisserai personne me tripoter, toucher mes cheveux ou mon visage. Cela vient peut-être de tous les abus que j'ai subis, mais je me protège de tout contact non désiré.

Une autre limite que j'ai établie est que, sauf si nous pouvons avoir une conversation calme, je ne resterai pas. Quand mes enfants perdaient leur calme, ils étaient envoyés dans leur chambre. Ils étaient libres de revenir dès qu'ils étaient calmes pour continuer la conversation.

*Angel et moi respectons le temps de l'autre. Nous discutons de ce que nous devons faire et essayons de nous soutenir lorsque l'un de nous est plus occupé que l'autre. Nous n'avons pas de tâches ménagères attribuées ; nous nous occupons de notre propre linge. Nous nous relayons pour cuisiner et faire la vaisselle. Elle aime faire les courses et jardiner. Je m'occupe des tâches plus lourdes qui nécessitent plus de force, comme couper du bois, faire des réparations ou peindre. Si, cependant, le jardin devient envahi de mauvaises herbes et qu'elle a besoin d'aide, je l'aiderai.*

Fixer des limites, c'est aussi examiner tes amitiés. J'étais amie avec une fille pendant 10 ans et nos chemins nous avaient vraiment menées dans des directions très différentes. Je me suis demandé : si je rencontrais cette personne aujourd'hui, voudrais-je être son amie ? Avons-nous encore quelque chose en commun ou sommes-nous juste amies par pression et loyauté ? Examine tes amitiés et demande-toi si nos valeurs s'accordent? Est-ce que nous partageons les mêmes centres d'intérêt ou est-ce juste parce que nous avons fréquenté l'école ensemble ?
Tu as un temps limité dans une semaine, veux-tu le gaspiller avec des personnes qui n'ont rien en commun avec toi et qui ne t'apportent pas de joie ?

Tu ne trouveras peut-être pas toutes tes limites d'un coup, mais, chaque fois que tu te sens mal à l'aise, triste ou stressé, tu dois le noter et élaborer un plan. Reviens à l'étape 4 : aime-toi toi-même et fais ce plan.

Qu'est-ce qui doit changer pour que tu te sentes en paix, à l'aise et en sécurité ? Crée ta limite et applique-la. De nouvelles situations amèneront de nouvelles limites ou une modification des limites précédentes.

Rien n'est gravé dans la pierre. La vie est faite de changements. La constante est de t'aimer toi-même, de te traiter avec respect, de te sentir en sécurité, à l'aise et confortable.

## 6) Nous prenons la responsabilité de nos pensées, nos mots et nos actions

Les gens me demandent souvent si je déteste mon ex-mari. Je réponds que la personne que j'avais le plus besoin de pardonner n'était pas lui, mais moi-même. Je n'étais pas enfermée dans un sous-sol. J'aurais pu partir à tout moment. Je ne l'ai pas fait parce que j'étais épuisée, déprimée, effrayée et que je ne croyais pas en moi. C'est de ma faute, pas la sienne. Oui, c'était son comportement narcissique qui m'est rendu ainsi, mais mon manque d'amour propre, de limites et ma vulnérabilité ont fait de moi une victime parfaite. Tu es responsable de toi-même, chaque jour, tu fais en sorte d'être la meilleure version de toi-même.

La vie, c'est avant tout des choix. Même quand tu laisses quelqu'un d'autre décider où aller dîner ou quel film regarder, tu as fait un choix.

Tes pensées sont importantes. C'est ta première action, tu penses, puis tu agis. À quoi penses-tu ? Que te dit ta voix intérieure ? « Tu es bête, tu ne vaux rien, tu ne fais rien de bien » ? Ou bien, « Tu es bonne, tu es capable, tu es gentille, tu es aimée, tu es jolie » ?

Je réalise que cela peut sembler une demande importante au début, mais nous devons entendre cette voix intérieure et nos mots afin qu'ils résonnent avec nos nouvelles croyances : que nous sommes dignes d'amour et que nous valons la peine. Le programme en douze étapes utilise un processus très similaire.

Prière pour l'étape 6 :

*Je prie pour que je puisse continuer :*
*À grandir en compréhension et en efficacité,*
*À faire une introspection quotidienne sur moi-même,*
*À corriger mes erreurs quand je les fais,*
*À prendre la responsabilité de mes actions,*
*À être toujours conscient de mes attitudes négatives et autodestructrices,*
*Et à maîtriser ma volonté obstinée,*
*À toujours me souvenir que mon pouvoir supérieur est avec moi,*
*À garder l'amour et la tolérance envers les autres, comme mon code de vie,*
*Et à continuer de prier chaque jour pour rester connecté,*
*Je suis un enfant de Dieu,*
*Je suis une partie importante de l'univers.*

Prendre ses responsabilités signifie que vous devez savoir faire la différence entre ce que vous pouvez contrôler et ce que vous ne pouvez pas. Vous ne pouvez pas contrôler si les autres respectent les règles et les lois. Vous ne pouvez pas contrôler les pensées, les paroles et les actions des autres. Vous ne pouvez pas prédire l'avenir ou les motifs des autres. Vous ne pouvez pas contrôler les prix de l'essence, de la nourriture ou des vêtements.

Vous pouvez contrôler vos propres pensées, paroles et actions. Vous pouvez respecter les règles et les lois et être respectueux, honnête et bienveillant. Vous pouvez planifier un budget, préparer vos repas pour gagner du temps. Vous pouvez contrôler vos dépenses et réduire les coûts en cultivant votre propre nourriture, en prenant les transports en commun et en faisant vos courses lorsque les articles sont en solde. Vous pouvez choisir comment passer votre temps à faire des activités amusantes seul ou avec d'autres. Vous pouvez choisir d'éteindre la télévision et de passer plus de temps à l'extérieur.

Lorsque vous avez établi des limites à l'étape précédente, vous avez appris à exprimer votre malaise et à chercher une solution. Il se peut qu'une résolution ne soit pas possible.



*Exemple :*

*Après avoir approché mon père et réussi à établir une connexion avec lui, j'avais l'espoir de pouvoir faire de même avec ma mère. Cela n'a pas été le cas. À 18 ans, je n'avais aucune idée qu'elle était narcissique, et c'était futile de ma part de chercher une résolution. Elle ne reconnaîtrait jamais qu'elle avait tort.*

Cela m'a rendue tellement en colère, et cette colère me dévorait de l'intérieur. J'ai dû prendre la responsabilité de ma colère. Je choisissais d'être en colère au lieu de la laisser partir. J'espère qu'avec tout ce que vous avez lu jusqu'ici et tous les exercices que nous avons faits, cela vous a aidé à comprendre que nous pouvons désirer changer, mais que tout le monde ne sera pas heureux de cela ou ne pensera pas qu'il doit changer.

Allez avec le flux et acceptez que le changement, ou son absence fasse partie de votre responsabilité.

Nous faisons tous des erreurs et des jugements erronés ; nous devons assumer nos propres erreurs. Nous devons corriger notre trajectoire et changer. Ce n'est pas une question de se punir ; c'est reconnaître que nous devons changer. Prendre la responsabilité de cela vous permet de changer, de penser et d'agir différemment. Seul un imbécile continuerait à faire la même chose et s'attendrait à des résultats différents.

Avant, vous étiez dans l'ignorance, mais maintenant, vous savez faire la différence entre une bonne relation et une mauvaise. Vous savez que vous avez des droits et que vous avez fixé des limites. Vous êtes le maître de votre propre vie et vous pouvez maintenant être responsable de votre sécurité et de votre bien-être.

Joseph Campbell a illustré le voyage du héros en douze étapes. Le héros vient généralement d'un cadre ordinaire, puis il est appelé à une aventure. Campbell affirme que nous refusons généralement l'appel au départ, mais nous réalisons qu'il n'y a que nous qui pouvons rectifier les choses. Le héros se voit offrir un mentor pour l'aider dans les connaissances qui lui manquent, ce qui lui permet de franchir un seuil. Le héros est mis à l'épreuve, rencontre des ennemis, des alliés et entre dans la caverne. Il traverse une épreuve qui lui permet de renaître et de recevoir une récompense. Il revient dans le monde ordinaire, est ressuscité et possède l'élixir de la vie.

J'aimerais que vous reveniez à votre propre scénario de vie. Si vous deviez écrire l'histoire d'un héros, auriez-vous rendu l'histoire aussi difficile pour lui ? Vous étiez dans un monde ordinaire et au cours de votre vie, on vous a offert des opportunités que vous n'avez pas saisies, quelqu'un a peut-être essayé de vous guider et vous êtes entré dans l'âge adulte plus ou moins préparé à ce que la vie vous réservait. Vous avez été mis à l'épreuve. La caverne pour la guérison des abus narcissiques, c'est d'aller au fond de vous-même. Vous faites face à vos peurs, à vos blessures, et vous guérissez ; en effet, vous renaissez en tant que personne différente. Vous obtenez la récompense : vous avez acquis le pouvoir de vous protéger, de prendre soin de vous et de vos besoins. En sortant de la caverne, vous devez réintégrer le monde extérieur en tant que personne différente. Vous êtes à nouveau vivant, et cela vous permet de ressusciter. Votre élixir pour une vie éternelle est votre savoir que vous êtes une âme divine qui a un but et un sens.

Pour franchir le seuil, vous devez laisser derrière vous tout ce qui ne vous sert plus.

Il est temps de laisser partir votre douleur, votre colère, votre ressentiment, votre besoin de vengeance et votre besoin de justice. Ces émotions vous maintiennent dans le rôle de la victime. Vous devez transformer cette victime en une personne émancipée qui a appris de son passé et qui pense, parle et agit maintenant différemment.

Votre seul chemin vers la liberté est le pardon. Nous n'avons jamais vraiment appris à pardonner. Nous avons seulement appris qu'il était mal de nourrir une rancune et qu'il fallait simplement pardonner… passons à l'étape 7 et apprenons à pardonner.

Chercher le pardon est essentiel pour guérir et avancer. Le pardon ne concerne pas uniquement les éléments extérieurs de nos vies, mais aussi le fait de nous pardonner à nous-mêmes.

Prière pour l'étape 7 :

Je vous encourage à créer vos propres prières, spécifiques à vos besoins, en suivant l'exemple donné à l'étape 1. J'ai listé quelques prières variantes si vous avez besoin d'inspiration.

*Chère puissance supérieure, je me présente devant toi aujourd'hui pour apprendre le pardon et pour me pardonner à moi-même ainsi qu'à toutes les autres personnes qui m'ont causé du tort dans le passé, pour mon plus grand bien, conformément à la Volonté divine, à la Sagesse divine et à l'Amour divin.*

Chère puissance supérieure, pardonne-moi pour mon événement, ma décision, etc. Je reconnais que j'ai fait une erreur en ne m'aimant pas. Je sais que tu me pardonnes, mais je te demande aussi de m'aider à faire face aux émotions que je ressens à cause de mon erreur. S'il te plaît, guide-moi, soutiens-moi et aide-moi à guérir de la douleur et de la honte que je ressens. Aide-moi à me souvenir que je suis un enfant de Dieu, et donne-moi la force de faire les changements nécessaires dans ma vie pour rétablir la paix, l'amour et la joie.

Je prie pour avoir la bonne attitude afin de me pardonner à moi-même et de pardonner aux autres, tout en restant toujours attentif à ne pas nuire à autrui dans ce processus. Je demande ta guidance pour atteindre le pardon. Plus important encore, je continuerai à être bienveillant et attentionné en aidant les autres et en restant connecté à ta lumière.

Trouve l'harmonie en toi-même. Tu es humain et tu es ici pour apprendre. Il est normal de faire des erreurs, car elles offrent une occasion de croissance. Si tu es gentil et honnête avec toi-même, tu sais qu'au moment où tu as pris une décision, tu l'as faite du mieux que tu pouvais, avec les connaissances et la compréhension dont tu disposais. Tu as fait de ton mieux dans les circonstances.

Tu sais mieux maintenant et il est facile de se juger rétrospectivement. Évidemment, nous ferions les choses différemment, nous savons mieux maintenant. Considère cela comme une indication que tu as appris ta leçon et qu'il n'est pas nécessaire de continuer à regarder en arrière et à te punir.

Je donne des ateliers de deux jours sur le pardon, mais voici le fait simple et fondamental : tu as choisi de vivre une relation avec un narcissique pour libérer de vieux karma. Apprends à t'aimer et à comprendre le véritable pardon.

Le pardon est la clé qui te permet d'avancer. Mais plus important encore, si tu attends que l'autre personne change avant de lui pardonner, cela n'arrivera jamais. Elle ne peut pas changer tant que tu ne lui pardonnes pas. C'est un cercle vicieux qui se nourrit de lui-même et ne fait que grandir, devenir plus sombre et plus horrible avec le temps. Imagine que l'événement t'ait attaché à l'autre personne par une chaîne. Peu importe combien tu veux changer, tu ne peux pas fuir ni avancer ou t'éloigner avant de couper cette chaîne, et elle ne peut être coupée que si tu pardonnes.

Le pardon ne signifie pas oublier. Tout le monde a au moins vécu quelque chose de traumatique ou d'horrible qui a presque brisé son esprit. Le pardon ne consiste pas à dire que ce qui s'est passé n'était pas si grave, ou que cela n'a pas eu lieu. Les événements traumatiques se sont produits, ils étaient réels et ont façonné ta vie. Ils ont peut-être influencé plusieurs décisions et ont conduit à un chemin difficile et misérable pendant longtemps.

Le pardon ne signifie pas que tu dois faire confiance et aimer ceux qui t'ont blessé. Cela ne signifie certainement pas que tu dois redevenir ami avec eux ou essayer de te rapprocher d'eux. Par tous les moyens, tu as tout à fait le droit de te protéger contre tout futur mal. Cependant, si tu ne peux pas pardonner ce qui t'a été fait, et ce que tu t'es fait à toi-même, tu continueras d'attirer les mêmes types de personnes dans ta vie, car tu n'as pas appris la précieuse leçon que cette personne était là pour t'enseigner.

Le pardon que tu offres fait partie de ton chemin et il doit être donné sans attaches ni condition. Tu pardonnes ou tu ne pardonnes pas, peu importe ce que l'autre personne dit ou fait. Tu donnes le pardon comme un cadeau. Cela ne signifie pas que tu dois recommencer une relation avec eux, cela signifie simplement que vous êtes tous deux libres du passé.

Imagine un moment hors du temps, avant ta naissance. Tu t'es préparé pour ton incarnation sur Terre, tu as visualisé un parcours parfait pour atteindre ton objectif, ton but sur Terre, et ensuite tu as cherché d'autres âmes pour t'aider dans ton voyage. Elles ont accepté de jouer un rôle dans ton histoire. Certaines sont des amies, tandis que d'autres te défieront, c'est tout le plan pour t'aider à te réveiller et à affronter ta nature divine.

Elles sont sur ton chemin pour t'aider à te transformer et à être le meilleur de toi-même. Certaines seront d'excellents mentors et enseignants, tandis que d'autres se sentiront davantage comme des intimidateurs, des bourreaux et des tortionnaires. Tant que tu comprends qu'elles étaient des étapes pour te réveiller et t'élever, il n'est pas nécessaire de te retenir du passé. Tu as changé, tu as appris et tu ne reviendras jamais en arrière. Tu es un enfant du Créateur et tu as posé des limites et n'en as plus besoin.

Tu peux les laisser partir et les remercier pour leur sacrifice. Les narcissiques ne sont pas heureux ; ils ne se sentent pas accomplis ni aimés. Ils souffrent encore, mais tu n'as pas à l'être. Une fois que j'ai compris cela à propos de ma mère et des autres narcissiques dans ma vie, j'ai laissé partir la colère et le ressentiment et me suis libéré de ces chaînes. Je savais que j'avais pardonné à ma mère parce que j'ai pleuré de soulagement, c'était comme si un énorme poids était tombé de mes épaules. J'ai abordé ma mère différemment ; je ne portais plus de colère ni de ressentiment, et elle a réagi différemment envers moi et la nouvelle énergie que je portais. J'ai pu lui témoigner de la compassion. Cela m'a fait du bien de pouvoir être bienveillant. J'ai dû faire mon deuil de l'idée que je n'aurais jamais une mère aimante, mais parce que je m'aime, j'ai pu libérer mon attachement et me sentir libre.

Tant que tu comprends que tu as appris une précieuse leçon et que tu as connu une croissance spirituelle et personnelle, ils ont rempli leur rôle. Tu n'es plus une victime, mais tu as été transmuté en un être plus spirituel, plus proche de ta nature divine.

## 8) Guérison émotionnelle

Une fois que tu auras guéri émotionnellement, tu pourras marcher droit et devenir la lumière pour le monde. Tu pourras être transparent et authentique sans crainte. Tu feras face à tes émotions avec une humilité totale, sans jugement. Tes sentiments t'appartiennent, ils sont réels, et personne ne peut te dire ce que tu dois ressentir.

Il est fort probable que tu aies traversé des moments difficiles en serrant les dents, mais maintenant tu t'accorderas la permission de ressentir. Grâce à une grande résilience, tu as survécu, et maintenant tu t'offres l'opportunité d'explorer ce que tu ne pouvais pas alors. Tu as maintenant le pouvoir, les outils et les ressources pour t'autoriser à ressentir.

Prière pour l'étape 8 :

*Cher Créateur, tu as organisé la nature pour qu'elle coule sans fin.*
*La nature est imbibée de régénération et de guérison.*
*Permets-moi de libérer mon cœur des émotions bloquées.*
*Permets-moi de ressentir à nouveau de manière complète.*
*Remplis mon esprit de ta grâce et de ta paix.*
*Permets-moi d'aimer sans condition et sans peur.*

Il existe des blessures profondes qui proviennent de l'humiliation, de l'injustice, de la trahison, de l'abandon, du rejet, de l'isolement et des problèmes d'intimité, et pour chacune de ces émotions, il existe des émotions équilibrantes qui nous aident à guérir.

| Humiliation | Si quelqu'un vous a humilié, c'était sa manière d'affirmer son pouvoir sur vous. L'agresseur voulait que vous vous sentiez mal dans votre peau. Vous devez restaurer votre sens de l'honneur. Vous devez connaître votre véritable valeur. Nous avons travaillé sur cela dans l'Étape 4. |
|---|---|
| Injustice | Il n'y a rien de juste dans une relation abusive. Il existe des lois et vous pourrez peut-être trouver un certain réconfort en signalant ce comportement abusif. Mais dans l'Étape 5, nous renforçons vos limites afin que vous soyez traité de manière juste et égale. Vous avez maintenant foi que tout arrive pour une raison et qu'il n'y a pas de coïncidences. Vous avez appris votre leçon et avancez sans regarder en arrière. |

| Trahison | La trahison se produit pour diverses raisons, notamment l'égoïsme, le manque d'empathie, l'insécurité, la mauvaise communication, l'affirmation du pouvoir ou le manque d'intégrité ou d'honnêteté. C'est une description parfaite d'un narcissique. Vous avez effectivement été trahi à de nombreux niveaux. Dans l'Étape 6, vous prenez maintenant la responsabilité de vos paroles, de vos pensées et de vos actions, et en agissant de manière responsable, vous vous assurerez de signer des contrats et de construire la confiance plutôt que de faire confiance aveuglément. |
|---|---|
| Abandon | Vous allégez votre peur de l'abandon en créant de véritables connexions avec les personnes que vous rencontrez. Vous resterez authentique et ne vous cacherez plus, ni ne vous transformerez en ce que quelqu'un d'autre attend de vous. Vous ne serez plus abandonné(e) puisque vous ne prétendez plus être quelqu'un d'autre. Les personnes qui s'approcheront de vous le feront parce qu'elles aiment la véritable version de vous-même. |
| Rejet | Si vous avez été rejeté(e), au lieu de penser que tout est perdu, changez de perspective et réalisez que vous avez été rejeté(e) parce que Dieu a quelque chose de mieux en préparation pour vous. |
| Isolement | Vous avez souffert de l'isolement, mais, maintenant que vous savez qui vous êtes, ce que vous aimez et ce que vous voulez faire, vous vous occuperez de vos besoins. Ce faisant, vous rencontrerez des personnes ayant des goûts et des talents similaires. Vous apprendrez à apprécier le temps passé seul, car vous vous aimez. Vous choisirez avec qui passer du temps et pour combien de temps. Vous réalisez que vous pouvez être seul, mais vous n'avez pas à être solitaire. Vous irez au cinéma, au restaurant ou au théâtre seul(e) et vous vous en sentirez bien. |
| Problèmes d'intimité | Après avoir été trahi(e) dans un cadre intime, vous ralentirez les choses. Vous serez clair(e) sur vos attentes et trouverez un partenaire qui vous respectera, avancera à votre rythme et vous traitera avec amour. |

Le Bouddha a dit : « Mon enseignement est un radeau grâce auquel les humains peuvent atteindre l'autre rive, le triste constat étant que beaucoup confondent le radeau avec la rive. »

Il ne suffit pas de savoir, il faut appliquer dans l'action ce que l'on sait. J'apprécie l'approche bouddhiste de la liberté émotionnelle. Le Bouddha enseignait que notre souffrance provient de nos attachements. Ce sont ces attachements qui nous blessent.

Pour trouver la paix, nous devons libérer nos attachements. Nous pouvons être attachés à tant de choses. Voici un exemple où j'avais prévu de visiter un site spécial au Pérou. Ce n'est pas quelque chose qui peut facilement être reporté ou reprogrammé, à moins de retourner au Pérou.

Mon bus a été arrêté, le conducteur et le guide ont été extraits, et nous avons été laissés sur le bord de la route à 5 heures du matin. Je suis restée calme parce que je savais que l'univers me soutenait et que j'étais en sécurité. (FOI) Peut-être qu'il y avait une avalanche dont j'étais sauvée. Peut-être que je devais retourner à Cusco pour la journée. Mais, quelle que soit la raison de cet arrêt, c'était une synchronicité importante que j'ai respectée. Pendant ce temps, trois touristes criaient et faisaient une scène. Tandis que les autres (9) restaient dans le bus, en train de faire une sieste.

Je me suis approchée silencieusement d'un policier et lui ai demandé des explications. Il m'a expliqué que ni l'un ni l'autre des hommes n'avaient de permis de conduire valide et que nous serions mis dans un bus à destination du même lieu dès qu'un véhicule aurait de la place pour nous. Je suis retournée dans le bus et ai expliqué aux personnes tranquilles ce que je savais. Lorsque l'autre bus est arrivé, nous étions les premiers à y monter. Nous avons eu un merveilleux voyage, et les trois touristes dramatiques sont finalement arrivés, mais ils ne faisaient pas partie de notre groupe. Tout était calme et silencieux, comme je le voulais. L'univers nous a séparés du drame qui s'est produit plus tard ce jour-là et a rendu notre excursion fabuleuse.

J'ai d'abord été confrontée au détachement lorsque mon ex-mari a réussi à éloigner mes filles de moi. Je les aimais et je voulais être là pour elles. Il y avait tant de choses que je voulais faire avec elles, leur enseigner et partager ces moments importants de leur vie. Tout cela m'a été arraché des mains et je me suis retrouvée sans rien.

Les amis et la famille ont essayé de me rassurer en me disant qu'elles finiraient par passer au-dessus de ça, qu'elles reviendraient un jour. En attendant, je ne leur achèterai jamais leur robe de finissant, je ne serai peut-être même pas là pour leur mariage, pour les aider à acheter leur première voiture, ou pour leur premier entretien d'embauche. Je me suis sentie impuissante et désespérée.

J'avais peur que, si je me détachais d'elles, elles pensent que je les avais abandonnées et que je serais laissée seule.
Le non-attachement ne signifie pas que vous n'aimez plus ou que vous ne vous en souciez plus. Cela signifie simplement que vous libérez chacun pour qu'il apprenne et vive ses propres expériences. L'ego vous contrôle d'une manière dont vous n'êtes peut-être pas consciente. Afin

de vous protéger d'une réponse émotionnelle qui pourrait être déclenchée, il a développé des mécanismes de défense. Ces mécanismes vous donnent une illusion de contrôle et peuvent se manifester sous forme d'alcool, de drogues, de cigarettes, de sexe, de café, d'anorexie, de boulimie, d'exercice excessif ou de recherche d'adrénaline. La seule façon de pouvoir briser n'importe quel cycle est de trouver un endroit sûr, de simplement ressentir tout cela et de tout laisser partir.

Une fois que j'ai compris que j'étais libre d'aimer encore mes filles, d'être reconnaissante de pouvoir voir des photos de leur graduation, d'envoyer une carte ou de laisser des commentaires sur leurs réseaux sociaux, j'étais présente. Ce n'était pas du tout comme je l'avais espéré ou prévu, mais en libérant mon attachement à ce que je considérais comme la maternité et à la façon dont elles devaient grandir, j'étais libre de les aimer sans douleur. Elles me manquent encore, mais je peux passer ma journée, accomplir mes tâches et mes devoirs, et j'essaie d'être présente pour elles chaque fois qu'elles me contactent.

Pour l'instant, ce que nous devons comprendre, c'est que revenir à une personnalité infusée par l'âme, c'est être guidé par la Volonté divine, la Sagesse divine et l'Amour divin au lieu de la peur, de la dualité, des désirs et de l'ego. Être Âme au lieu d'Ego signifie que vous êtes guidé, protégé et aimé en tout temps. Vous êtes rempli de Grâce et de Paix. Qui ne voudrait pas de cela ?

Vous voulez développer une grande intelligence émotionnelle pour naviguer dans les émotions et ressentir sans être renversé.

Une personne avec une grande intelligence émotionnelle sera ordonnée, systématique, méticuleuse, prudente et attentive aux détails pour aller droit au but. Elle sera patiente, stable, prévisible, cohérente et une bonne écoute. Elle sera sociable, enthousiaste et chaleureuse. Cela conduit la personne à être décisive, déterminée, ambitieuse et assertive.
Je ne sais pas où vous en êtes sur l'échelle de votre santé émotionnelle, mais votre objectif est d'être équilibré. En attendant, vous devez prendre chaque émotion une à une.



*J'ai eu une cliente qui venait aux cours et aux ateliers, et elle pleurait sans cesse à propos de la mort soudaine de son fiancé dans un accident de voiture. Elle se plaignait d'être fatiguée de pleurer autant. Il s'avère qu'elle se sentait libre de pleurer dans mon centre parce qu'elle avait l'impression que tout le monde était passé à autre chose et qu'elle devait le faire aussi. Personne ne l'avait vraiment pressée d'arrêter de pleurer, mais elle sentait qu'elle devrait être passée au-dessus de sa perte à ce moment-là. Je lui ai expliqué que, si elle avait laissé les larmes couler librement dès le départ et ne les avait pas constamment retenues, elle aurait terminé depuis longtemps. Parce qu'elle s'était niée suffisamment de temps pour faire son deuil, elle avait prolongé l'émotion. Je lui ai dit de pleurer sans retenue et de ressentir la douleur pleinement. Peu de temps après, elle a partagé une histoire à propos de son fiancé et a souri au lieu d'éclater en sanglots. J'ai remarqué le changement et elle m'a répondu : « J'ai continué à éviter la douleur de sa perte. J'essayais de contourner ça, mais la seule façon de sortir de la salle du deuil, c'était d'aller au centre même de celle-ci et de me permettre de la ressentir. »*

La guérison émotionnelle est inévitable. Elle peut être mise dans une boîte et ignorée, mais elle finira par remonter à la surface quand vous vous y attendrez le moins et se déversera si vous ne faites pas attention. Cela peut être des larmes, mais cela peut aussi être de la colère, de la frustration, de la dépression…

Voici une liste d'émotions. Je veux que vous la parcouriez et que vous réfléchissiez si l'une d'entre elles déclenche une réaction en vous ou fait remonter un souvenir. Surlignez celles qui provoquent une réaction et prenez le temps de noter dans votre journal chaque incident où ce sentiment se manifeste. Cela peut prendre un certain temps, c'est normal, prenez votre temps. Notez ce que vous ressentez et laissez tout sortir sur le papier. Maintenant, imaginez-vous faire face à cet événement à nouveau, qu'avez-vous appris de celui-ci ? Qu'est-ce qui va être différent dorénavant ?

Vous n'avez pas à passer en revue toute la liste en une seule fois. Je vous recommande en réalité de travailler avec une émotion négative à la fois et de l'équilibrer avec la prochaine liste d'émotions positives.
Cela peut prendre un certain temps, mais l'introspection n'est pas une course pour arriver de l'autre côté. Il s'agit, peut-être pour la première fois, de regarder à l'intérieur de vous et de voir à quel point la colère ou le ressentiment couvent à l'intérieur. Vous voulez le nettoyer complètement et vous en débarrasser une fois pour toutes. Prenez le temps dont vous avez besoin et ne prenez pas trop de choses à la fois. Accordez-vous du temps ensuite pour prendre un bain ou méditer. Créez un environnement apaisant où vous pouvez recharger vos batteries.

| | | |
|---|---|---|
| abandonné, | Auto-abus | Convoitise |
| Agacé | Auto-récrimination | Culpabilité |
| aggravation | avoir honte | Débordé |
| Agitation | Blâme | Déception |
| Agité | blâmé | Découragement |
| Agression | Bouc émissaire | déçu |
| ambivalent | bouillonnement de colère | Défensif |
| Amertume | Castré | Dégoût |
| Amitié | Chagrin | Déprimé |
| Amour non partagé | Choc | désappointé |
| Angoisse | cœur brisé | Désemparé |
| Anxiété | Colère | Désespoir |
| Apathie | Conflit | Désillusionné |
| Appréhension | Confusion | Désir |
| Arrogance | Contre-attaque | désorienté |

détruit
Deuil
dévalorisé
difficile à gérer
Échec
effort non reconnu
Effort non reçu
égaré
embarrassé
Entêtement
Envie
envieux
épreuve
épuisé
espoir perdu
Être tenu pour acquis
Exaspération
extrême douleur
extrême tristesse
fâché
Faible estime de soi
Fanatique
fidélité non réciproque
Fierté
Folie Bouillante
Frénésie
Frustration
Fureur
Gêne
Haine
harcèlement
Honte
Honteux
Horreur
Humiliation
Impuissance
inadéquat

Incapacité à faire face
incertitude
Inconfort
Indécis
Indésirable
Indignation
Inférieur
Injuste
inquiétude
Insécurité
Insouciant
Insuffisant
Intimidation
Intolérance
Irritation
Jalousie
Lutte
Mal aimé
manque d'amour partagé
manque d'estime de soi
Manque de communication
Manque de Contrôle
manque de soutien
mélancolie
Mise en danger
Nervosité
Non soutenu
non-communication
Obsessions
oppression
oublié
Panique
peine
Perdu
persécuté
Perte de fierté
Perte de prestige

Peur
Piégé
poids excessif
pouvoir perdu
Préoccupé
Pris pour acquis
prisonnier
Rage
rancune
Rejeté
Ressentiment
sacrifice
sans amour
Se sentir sans valeur
Se sentir stérilisé
Sentiment de perte
solitude
souffrance
Stress
Stupide
submergé
Surchargé
surcharge émotionnelle
tentatives vaines
Terreur
Torture
Trahi
trappé
Tristesse
Trompé
Utilisé
valeur perdue
Violé
volonté contrariée
Vulnérable
zélé (fanatique)

Ce sont toutes des émotions qui ont un impact négatif. Elles surgissent lorsque nos besoins ne sont pas comblés. Voici maintenant une liste d'émotions positives : refaites le même exercice, avec la même passion et la même introspection. Il existe une vaste palette d'émotions positives que vous pouvez espérer, ressentir et avec lesquelles vous pouvez nourrir votre cœur.

| | | |
|---|---|---|
| Absorbé | ravi | aimant |
| admiration | extatique | hypnotisé |
| adoration | exalté | optimiste |
| affectueux | énergique | passionné |
| animé | engagé | paisible |
| appréciation | absorbé | ravi |
| assuré | enthousiaste | positif |
| équilibré | fasciné | calme |
| calme | enthousiaste | rafraîchi |
| captivé | fasciné | détendu |
| attentionné | attendu | soulagé |
| centré | fasciné | révérence |
| certain | affection | sûr |
| proche | amical | satisfait |
| à l'aise | heureux | sérénité |
| compatissant | reconnaissant | serein |
| confiant | heureux | tendresse |
| réconforté | harmonieux | reconnaissant |
| congruent | plein d'espoir | ravi |
| connecté | intéressé | tranquille |
| content | intime | confiant |
| convaincu | intrigué | |
| curieux | joyeux | |

Choisissez l'une de ces émotions — celle que vous aimeriez le plus ressentir en ce moment — puis écrivez une histoire qui mettrait en scène cette émotion dans votre vie actuelle.
Imaginez comment elle pourrait émerger, quelles circonstances pourraient la faire naître, et comment vous vous sentiriez si elle était pleinement présente. Laissez votre cœur s'ouvrir à cette possibilité

_______________________________________________
_______________________________________________
_______________________________________________

N'oubliez pas de ressentir l'émotion dans l'instant présent. Une fois que toutes les émotions réprimées en vous auront été libérées, l'émotion passera sans difficulté et deviendra agréable.

.

## 9) Guérison mentale

Je pense que la première étape la plus importante pour guérir notre corps mental est, avant tout, de surveiller nos pensées. Vous devez vous surprendre chaque fois que vous pensez quelque chose de négatif à propos de vous-même, par exemple : « Je suis stupide. Je suis trop gros (se). Personne ne va jamais m'aimer. » Cette confession de votre subconscient parle haut et fort et doit être entendue. Ne craignez pas ce que vous entendez, changez simplement l'énoncé en quelque chose de positif et, avec le temps, l'ancienne pensée fondra.

Vous devez reformuler vos pensées en affirmations positives, même si vous n'y croyez pas au début. Il est nécessaire de reprogrammer votre cerveau pour qu'il pense différemment. Vous avez eu beaucoup d'aide d'un narcissique pour vous démolir. Vous n'avez pas à faire cela seul(e). Vous pouvez demander à des amis de confiance ou à une personne spéciale de vous aider à repérer quand vous exprimez une idée ou une déclaration négative à propos de vous-même.

C'est le bon moment pour faire le tour de votre environnement et éliminer tout ce qui vous rabaisse. Je vous recommande de supprimer les émissions de télévision, films et livres orientés sur l'horreur, les suspenses et les meurtres. Votre cerveau est incapable de faire la différence entre être témoin d'un meurtre ou le regarder à l'écran. Votre subconscient réagira en vous disant que vous n'êtes pas en sécurité, ce qui augmentera votre anxiété. Écoutez les paroles des chansons que vous écoutez et choisissez des messages positifs. Mettez un peu de couleur dans votre vie, arrêtez de porter du noir.


Prière pour l'étape 9 :

*Calme mon esprit, Dieu, de toute l'agitation et du bruit*
*Aide-moi à centrer mes pensées, mon esprit*
*Enlève les distractions qui m'éloignent*
*Aide-moi à recevoir ton travail intérieur et le changement*
*Aide-moi à recevoir des messages*
*Reconnaître la synchronicité et les opportunités que tu m'envoies*

Vous devez débarrasser votre esprit des pensées intrusives. Pour ce faire, vous avez besoin d'outils pour vous aider à négocier vos schémas de pensée.
Si vous vous sentez accablé par une tâche, commencez par la diviser en étapes plus simples. Vivre avec un narcissique ou être influencé par eux a peut-être conduit à vous faire croire que vous deviez tout accomplir immédiatement, mais ce n'est pas nécessaire. Toute tâche peut être découpée.
Lorsque vous devez aller faire les courses, commencez par établir votre plan de repas pour la semaine. Décidez de ce dont vous avez besoin pour préparer vos repas et de ce que vous avez

déjà, puis allez faire vos courses. La préparation évitera que vous ne deviez retourner au magasin tous les deux jours pour des ingrédients manquants.

Planifiez votre semaine et prévoyez suffisamment de temps pour tout ce que vous devez faire. Déléguez certaines de vos tâches ou éliminez celles qui ne sont pas si importantes pour l'instant. Ayez un budget afin de savoir ce que vous pouvez vous permettre et ne pas être stressé par le paiement des factures ou du loyer.

Si vous essayez d'accomplir quelque chose et que vous ne vous sentez pas compétent, essayez une approche différente. Y a-t-il quelqu'un qui pourrait m'aider et me montrer une meilleure façon de faire ? Peut-être devriez-vous confier la tâche ou le projet à un professionnel. Si vous vous retrouvez coincé en vous demandant pourquoi quelque chose vous arrive, arrêtez de vous fixer sur cette idée et demandez-vous ce que vous pouvez en apprendre.

Si votre emploi du temps est déjà plein, c'est bien de dire non merci, je ne suis pas disponible pour l'instant, ou je peux vous aider le week-end prochain, mais pas maintenant. Quand mes enfants venaient me faire une demande, je leur disais toujours que j'y réfléchirais. Mon fils était occupé avec ses activités et son travail et avait besoin de trajets, le deuxième faisait du football et avait besoin d'être emmené à l'entraînement, donc, quand la cadette a décidé qu'elle voulait apprendre le violon, je voulais du temps pour vérifier mon budget, ma disponibilité, trouver un bon professeur et voir si je pouvais louer un violon plutôt que d'en acheter un. Vous n'avez pas à vous précipiter dans vos décisions.

Une personne réussie assume la responsabilité de ses choix, partage des informations et des données, et maintient une ligne de communication ouverte. Elle parvient à rester concentrée sur sa tâche, car elle tient une liste de choses à faire, trouve du temps pour équilibrer travail et vie, et veille à ce que ses besoins personnels soient satisfaits. Elle tient un journal et éprouve de la gratitude. Elle parle d'idées, souhaite la réussite des autres et attribue des crédits pour leurs victoires. Elle fixe des objectifs et élabore des plans de vie. Elle voit un chemin devant elle et agit selon une perspective transformative en apprenant continuellement, en lisant et en embrassant le changement. Le plus important, c'est qu'elle vit dans le présent, qu'elle se pardonne, ainsi qu'aux autres.

Tout comme votre corps physique a besoin de nourriture et d'eau pour fonctionner, votre corps émotionnel a besoin de ressentir pour rester en bonne santé. Votre corps mental doit pouvoir être curieux, créatif et apprendre.

Qu'est-ce qui vous intrigue ?

_______________________________________________________________________

_______________________________________________________________________

_______________________________________________________________________

Qu'est-ce que vous aimeriez apprendre ?

_______________________________________________________________________

_______________________________________________________________________

_______________________________________________________________________

Que pouvez-vous faire pour réduire votre stress ?

_______________________________________________________________________

_______________________________________________________________________

_______________________________________________________________________

Pratiquer la pleine conscience à travers la méditation est une excellente façon de calmer l'esprit et de trouver de l'inspiration. Ce serait un excellent exercice pour vous de rechercher des pratiques de méditation, de rejoindre un groupe de méditation et d'essayer une visualisation guidée. Personnellement, j'ai plusieurs méditations disponibles sur ma chaîne YouTube (https://www.youtube.com/user/ReduwellnessCenter/videos) que vous pouvez essayer. Certaines nécessitent du mouvement, comme la méditation de mise à la terre ou la méditation en marchant. Il y en a aussi une pour l'éclaircissement des chakras ou une méditation avec des tambours.

Jouer d'un instrument de musique est également très nourrissant pour votre corps mental.

L'étape suivante est un exercice de découverte personnelle. Qu'est-ce qui vous rend créatif ? La créativité consiste à utiliser votre imagination ou des idées originales pour produire un travail. Développer votre créativité vous permet de penser à une tâche ou à un problème d'une manière nouvelle ou différente.

Vous pouvez exercer votre créativité tous les jours. Cela peut être la rédaction de poèmes, la composition de musique, la peinture, le dessin, la décoration de gâteaux, la couture, le coloriage de mandalas, le travail du bois, la gravure, la sculpture, l'art floral, le jardinage ou le scrapbooking. Mon frère aime fabriquer ses propres leurres, mon amie aime crocheter et tricoter. Il n'y a pas de limite à la façon dont on peut être créatif. Une autre personne fait de la poterie, une autre a découvert qu'elle était douée pour la décoration intérieure et, adorant cela, elle est retournée à l'école et travaille désormais comme designer d'intérieur.

Trouvez un magasin de loisirs créatifs près de chez vous, entrez et voyez toutes les possibilités. Si la créativité est nouvelle pour vous, cherchez des cours et des activités qui vous apprendront un projet spécifique. Cela est généralement gratuit à l'exception des frais de matériel. Cela ouvre vos horizons à de nouvelles aventures. Cela pourrait même vous amener à découvrir un talent que vous ne saviez même pas que vous aviez.

Internet regorge d'idées sur les créations que vous pouvez réaliser. Vous pourriez commencer à créer des marionnettes, des centres de table pour vos fêtes. Je ne pense pas avoir jamais acheté de décorations toutes faites pour une fête, j'aime fabriquer les miennes et y ajouter ma touche personnelle. À Noël, je fabriquais toujours un bricolage avec les enfants, et c'était ce qu'ils offraient à leurs amis comme cadeaux.

L'idée est de ne pas faire quelque chose de parfait, mais simplement de suivre votre inspiration et de libérer votre esprit de la pensée logique et des tâches. Quand je suis créatif, c'est là que j'ai des idées pour d'autres projets sur lesquels je travaille. C'est quand vous créez un espace et que vous entendez des conseils et des messages de votre soi supérieur.

Je pense que c'est l'une des choses qui m'a le plus manqué lorsque je travaillais comme policière. Je ne me sentais pas très créative, et cela me rendait déséquilibrée.

Il s'agit de votre créativité, je ne vais pas vous dire quoi faire, je veux juste que vous fassiez de petits pas et essayiez de faire quelque chose que vous faisiez auparavant ou essayiez quelque chose de nouveau. Trouvez quelque chose qui vous apporte de la joie, qui vous redonne votre estime de vous et qui élève votre humeur. C'est ainsi que vous trouvez votre passion et ce qui est unique pour vous !

Lorsque j'étais à l'école, un professeur a apporté un bocal en classe avec de gros cailloux, des petits cailloux et du sable. Il a dit que la seule façon de tout faire tenir dans le bocal était de commencer par les gros cailloux, puis les plus petits, et de finir par le sable. Il a ensuite expliqué que les gros cailloux représentent les grands objectifs, les cailloux plus petits les objectifs moins importants et les tâches quotidiennes.

Il a déclaré que la procrastination est le sable, essayez d'accomplir tout ce qui est facile et rapide, mais, si vous versez d'abord le sable, il n'y aura pas assez de place dans une journée pour accomplir les tâches importantes. Lorsque vous priorisez vos tâches, vous pouvez mieux accomplir vos objectifs et tout faire.

Commencez à planifier, commencez à programmer, laissez-vous suffisamment de temps pour chaque tâche et soyez responsable de votre agenda. Il est possible qu'un événement imprévu se produise et vous retarde, mais, si vous avez bien planifié, il sera plus facile de rester sur la tâche.

Je me récompense avec un peu de temps de jeu une fois que j'ai accompli mes grandes tâches. Je prends une pause, mais je ne me perds pas dans le jeu et je règle une minuterie pour revenir au travail après 30 minutes.

## 10) Guérison spirituelle

Il est temps de commencer à écouter ton âme. Qu'est-ce qui fait chanter ton cœur ? Il est temps d'exprimer ta gratitude pour tout le chemin parcouru et pour la croissance que tu as vécue. C'est là que tu obtiens enfin ta révélation personnelle.

Prière pour l'étape 10 :

*Juste pour aujourd'hui, j'exprime de la compassion pour chaque être vivant.*
*Juste pour aujourd'hui, j'émule la paix.*
*Juste pour aujourd'hui, j'ai foi en le plan divin.*
*Juste pour aujourd'hui, je fais confiance à ma puissance supérieure pour me guider avec sagesse.*
*Juste pour aujourd'hui, je suis reconnaissant pour…*

À ce stade, tu devrais être assez habile pour trouver des choses pour lesquelles être reconnaissant. Tu devrais facilement pouvoir en lister 10 chaque jour et apprécier tout ce que tu as reçu. Cela t'aidera à rester aligné avec ta Puissance supérieure et à te sentir en sécurité. Avec l'aide de ta Puissance supérieure, tu as la capacité d'influencer positivement n'importe quel aspect de ta vie.

Guérir son corps spirituel, c'est comprendre qu'on est un être divin, et que notre âme représente véritablement ce qu'on est, et non pas nos attributs physiques. Tu es parfait tel que tu es et tu es aimé. Tu n'es jamais seul. Toutes tes émotions sont sacrées, précieuses dans leur contexte et portent une sagesse profonde. Tu as en toi toutes les ressources nécessaires pour transformer n'importe quelle condition physique, émotionnelle et mentale. Tu comprends que chaque événement dans ta vie a été un outil pour t'enseigner et t'aider à grandir et évoluer. Il n'y a pas d'erreurs.

Tu dois prendre le temps chaque jour de te connecter à ton âme. Ton âme ne peut te guider et t'inspirer que si elle peut être entendue. La connexion est facilement accomplie à travers la prière, la méditation ou en passant du temps en contemplation, comme écouter de la musique classique ou aller dans un musée d'art.

La méthode la plus facile, la plus accessible et la moins chère est de passer du temps dans la nature. Que tu te contentes de faire une promenade dans le parc, de faire de la randonnée dans les montagnes ou de nager dans un lac, débranche ton téléphone, écoute les oiseaux chanter, sens les fleurs et sois présent dans l'instant.

L'hiver apporte un nouveau panel d'activités possibles : pêche sur glace, raquettes, ski, patinage, fabrication de bonhommes de neige, glissades ou une marche vivifiante dans l'air frais.

Tu pourrais aimer un coin du parc où tu aimes t'asseoir et lire. Ton âme est très réceptive et réagit à chaque fluctuation de ton humeur ou de ton esprit. Il est dit que le rire prolonge la vie de 5 minutes.

Tu as découvert ou reconnecté avec ta Puissance supérieure dans l'étape 2, sois attentif à elle et connecte-toi à elle tout au long de la journée. Rester connecté t'aide à recevoir les messages qui te guident, te protègent et font que ta vie coule facilement et sans obstacle. Donne ton attention et ton énergie à ce qui t'apporte de la joie.

11) Nous préparons ce que sera votre prochaine relation et ce que vous ressentirez

Appréciez le long chemin parcouru. La vie est un véritable tourbillon de montagnes russes ; vous serez plus sur vos gardes face à de nouvelles personnes, et certaines auront leurs hauts et leurs bas. Après tout, c'est la vie. Mais avec tout le travail accompli jusqu'à présent, vous allez probablement commencer à rencontrer de nouvelles personnes. Comment faire confiance après un narcissique ? Vous faites confiance à votre puissance supérieure pour vous guider et vous protéger.

Prière pour l'étape 11:

*Je suis reconnaissante d'avoir les yeux ouverts et de voir la vérité.*
*Je suis reconnaissante d'avoir un cœur ouvert et aimant.*
*Je suis reconnaissante de donner généreusement et de voir des connexions et des synchronicités.*
*Je suis reconnaissante que l'Esprit ait guidé mes pas vers la rencontre de personnes authentiques.*
*Je suis reconnaissante d'être entourée de personnes aimantes, attentionnées et authentiques.*

Nous construisons un modèle de ce que nous recherchons chez un ami. Commençons par regarder qui est autour de toi, on appelle cela une carte de soins. Une carte de soins est une représentation visuelle de ton réseau. Chacun peut créer sa propre carte de soins. Une carte de soins peut inclure des personnes, des professionnels, des lieux et des relations qui sont impliqués avec toi. Elle peut te donner de nouvelles perspectives sur ta propre situation personnelle et tes relations. Elle soutient la communication avec les autres concernant les soins et le développement de nouvelles compétences. Les éléments suggérés ne s'appliqueront pas à tout le monde. Il est recommandé que chaque carte de soins reflète spécifiquement ta situation.

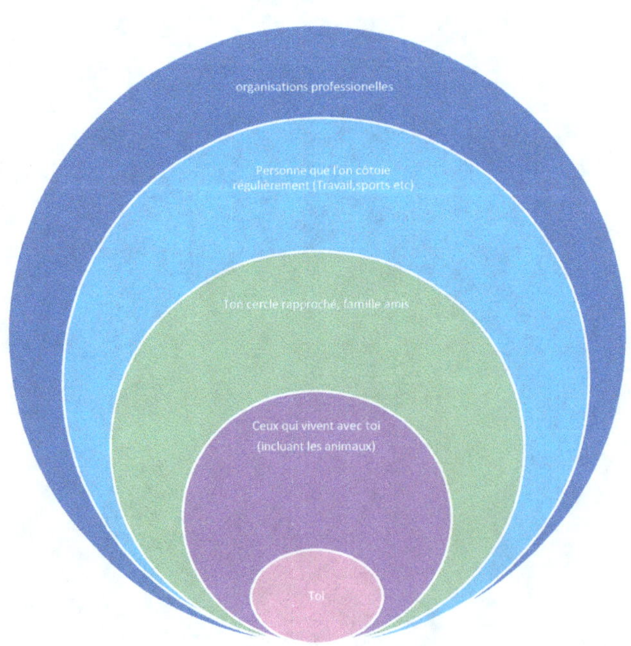

Maintenant que tu as listé toutes les personnes auxquelles tu penses, trace des flèches entre toi et elles. Une ligne solide et droite entre ceux avec qui tu échanges du temps. La flèche va-t-elle dans les deux sens ?

Une ligne pointillée pour les contacts plus occasionnels en dehors du travail ou des événements programmés en groupe.

Combien de ces personnes sont votre soutien émotionnel ? Tracez la ligne en rose.

Quelle est la solidité de votre réseau ? Cela donne une bonne indication de la personne sur qui vous pouvez vraiment compter en cas de besoin.
Quand avez-vous demandé de l'aide pour la dernière fois ?
Est-ce que l'aide vous a réellement donné un sentiment de pouvoir, de soulagement ou de désespoir supplémentaire ?

______________________________________________________________________
______________________________________________________________________
______________________________________________________________________

Parfois, la raison pour laquelle nous ne demandons pas d'aide, c'est que l'aide qui nous est offerte n'est pas celle dont nous avons besoin. Qui est la personne la plus capable autour de vous ? Comment peut-elle réellement vous aider (garde d'enfants, décompresser, prêter main-forte à la maison, réparer votre voiture, vous aider avec vos finances, vous aider à gérer des émotions fortes) ?

______________________________________________________________________
______________________________________________________________________
______________________________________________________________________

Qui est votre modèle ? Pourquoi avez-vous choisi cette personne ?

______________________________________________________________________
______________________________________________________________________
______________________________________________________________________

Être capable de reconnaître des qualités chez une autre personne signifie généralement que nous avons aussi ces qualités ; nous les avons peut-être ignorées pendant un certain temps, mais elles sont toujours là. Comment termineriez-vous la phrase suivante : En repensant à (événement), je me sens fier/fière de la façon dont j'ai (qu'avez-vous fait) ?

_______________________________________________________________

_______________________________________________________________

_______________________________________________________________

En me remémorant (événement), j'ai une profonde admiration pour la façon dont j'ai :

_______________________________________________________________

_______________________________________________________________

_______________________________________________________________

Après avoir libéré l'espace autour de toi des influences du narcissique et d'autres personnes qui profitaient de ta nature bienveillante, tu as créé un espace pour de nouvelles personnes. Peut-être as-tu pu renouer des liens avec des personnes que le narcissique avait éloignées.

J'ai commencé à rencontrer des gens qui m'envoyaient des messages après nos rencontres en me disant qu'ils avaient vraiment apprécié notre temps passé ensemble. J'ai reçu des cartes sans raison particulière, juste pour me remercier d'être une amie. J'ai commencé à comprendre comment fonctionnaient les relations non narcissiques. C'était tout ce que j'avais connu jusqu'alors, cela m'était totalement étranger. J'ai reçu une carte de remerciement pour un cadeau que j'avais envoyé, un petit geste de reconnaissance pour ce que je pensais être attendu de ma part.



Vous avez appris à reconnaître à quoi ressemblent les personnes émotionnellement matures. Ce sont des qualités que vous devez rechercher : pour développer une amitié solide, vous devez être un bon auditeur, votre conversation doit être honnête, gentille et encourager l'échange d'idées et de croyances sans jugement. Le soutien doit être échangé de manière égale entre les deux personnes, de sorte que les deux se sentent soutenues, encouragées et respectées. Vous vous sentez tous deux appréciés et valorisés.

Pour que l'amitié grandisse, il faut passer du temps de qualité ensemble et l'autre personne doit être disponible. Il y a un certain niveau d'engagement et de cohérence entre vous et vous devez sentir que vous pouvez faire confiance à la personne. Vous devriez être capable d'être vous-même et de vous sentir à l'aise lorsque vous passez du temps avec elle. Un bon ami assume ses erreurs, sera rapide à s'excuser et fait preuve de flexibilité.

L'amitié est une rue à double sens, vous devez être capable de recevoir et de donner de manière égale, de démontrer de la gratitude, de la réflexion, de l'empathie et de la considération pour les sentiments de l'autre, en respectant les limites tout en vous amusant et en vivant de nouvelles expériences.

Ce qui différencie une relation narcissique d'une relation saine, c'est la capacité à rester raisonnable sous pression, à ne pas prendre leur stress ou à ne pas vous le transmettre, à être prêt à parler de ses sentiments, à négocier et à résoudre les conflits. Ils ont une attitude organisée et responsable concernant les tâches de base de la vie.

Il n'y a pas de recette secrète pour se faire de nouveaux amis. Vous devrez trouver du courage et créer des opportunités. Cependant, vous avez le droit d'avoir des relations significatives avec d'autres personnes et vous n'êtes pas limité à une seule. Parce qu'une personne ne pourra peut-être pas vous donner tout ce dont vous avez besoin. Theresa adore le cinéma et les loisirs créatifs, mais Arnold aime les activités en plein air. Vous attirerez cependant différentes personnes parce que vous êtes différent.

Avant de devenir intime ou de vous engager dans une relation intime, j'espère que vous prendrez le temps de devenir amis d'abord, de bien les connaître et de respecter vos instincts, vos impressions et vos signaux d'alarme.

Qui aimeriez-vous approcher et avec qui aimeriez-vous être amis ? Pourquoi ?

12) Nous avons eu un éveil spirituel à la suite de ces étapes, portons ce message aux autres et appliquons ces principes dans toutes nos affaires.

Tu l'as fait ! Une partie du programme en 12 étapes consiste à partager avec quelqu'un d'autre ce qui s'est passé, à créer une connexion solide avec une personne à qui tu peux t'adresser en cas de doute. Tu dois regarder autour de toi et les notes que tu as prises dans le chapitre précédent pour trouver la personne avec qui tu pourrais parler de ton expérience. La dernière étape concerne également le fait d'être au service des autres.

Je t'ai partagé mon expérience avec une mère narcissique, un petit ami et un ex-mari. Je l'ai fait pour t'aider. Je ne suis pas gênée et je n'ai pas honte. Je rappelle seulement ce qui s'est passé, à quel point cela m'a fait mal, et comment j'ai réussi à guérir et à m'épanouir dans une vie que j'adore, avec un travail qui me passionne. Je pense que, pour vraiment compléter ta transformation de victime à individu responsabilisé, tu dois partager ton histoire. D'abord à un ami qui n'avait probablement aucune idée de ce qui se passait, car tu le cachais si bien. Personne dans mon entourage, que ce soit la famille ou les amis, n'en avait la moindre idée. Normalement, le programme en 12 étapes encourage un partage de l'expérience bien avant, mais en essayant de guérir d'un abus narcissique, je sens que nous devons nous sentir forts avant de nous ouvrir à nouveau. Le partage est essentiel pour la guérison.



*Dieu, je n'ai jamais eu à parler à quelqu'un d'autre de mes blessures, de mes souffrances et de mes abus.*
*J'ai tout gardé en moi et cherché à le cacher.*
*J'ai eu trop peur d'être jugée, rejetée ou abandonnée.*
*Accorde-moi le courage de révéler à quelqu'un ce que j'ai vécu, comment j'ai évolué et, j'ose le croire, de contribuer à l'épanouissement de quelqu'un.*
*L'aide que j'ai reçue, je la transmettrai aux autres.*
*Je suis reconnaissante pour cette opportunité.*
*Je prie pour que la force intérieure, la sagesse et l'amour me guident chaque jour.*

Il est temps de dépasser la survie de l'épreuve et de profiter à nouveau de la vie. Tu seras peut-être surprise qu'en partageant ton expérience, tu trouves du soutien ou quelqu'un qui a besoin d'aide pour se libérer d'une relation abusive.

# Faire face à un narcissique que tu ne peux pas couper de ta vie.

## Examine leurs outils et leurs façons de riposter.

Les incohérences ne se manifesteront qu'après avoir appris à les connaître. Le meilleur moyen d'éviter un narcissique est de les laisser se dévoiler. Je me rends compte que nous vivons dans une société où certaines personnes ont des relations sexuelles d'abord, puis décident ensuite si la relation sera monogame, puis commencent réellement à se fréquenter. Je peux sembler un peu démodée, mais après avoir été mariée à un narcissique, j'ai tendance à vouloir faire connaissance avec une personne sur un plan platonique avant de décider si je veux en faire une relation. Cela signifie que la relation sera exclusive et que le sexe sera exclu pendant une période donnée. Ce sont mes limites et je m'y tiens. Je suis attirée par des individus distincts, des hommes sincères, attentionnés, courtois. J'espère rencontrer un jour l'âme sœur, sans toutefois sacrifier ni sous-estimer les atouts que je possède. Je m'aime avant tout.

Ne commence pas une relation parce que tu es fatigué d'être seul ou parce que tu penses que tu vieillis et que c'est ta dernière chance pour l'amour. Apprends à être à l'aise avec la solitude et crée une vie que tu aimes.

Prends soin de toi par toi-même, ne dépends pas de quelqu'un d'autre pour te soigner et te nourrir. Travaille sur ton estime de toi et ta confiance, c'est la meilleure façon de ne jamais te contenter d'une personne ou d'une situation qui ne te convient pas.

Apprends à reconnaître les schémas qu'ils utilisent et ne minimise pas les signaux d'alarme.

## Comment vous protéger d'un narcissique

Vous devez sortir de l'ombre et exposer ce comportement à la lumière, en utilisant vos mots. Il est temps pour vous d'établir clairement et efficacement vos limites. Expliquer vos sentiments à un narcissique ne les affectera pas du tout. Alors, dites simplement et clairement :
*Ce comportement (expliquez ce qu'il est afin qu'ils comprennent bien de quoi vous parlez) est inacceptable et doit cesser. Si vous avez besoin de moi (pour quelque chose) ou si vous avez besoin de dire quelque chose, vous devrez parler calmement et poliment. Si, encore une fois, vous m'insultez ou que vous me criez dessus, je partirai. (Je ne répondrai pas au téléphone).*

Vous pouvez appliquer ce scénario à n'importe laquelle des limites que vous avez définies pour vous-même à l'étape 5.

Afin de surmonter l'abus d'un narcissique, vous êtes parti et avez construit votre résilience. La résilience est définie comme la capacité à résister ou à se remettre rapidement des difficultés. Les personnes résilientes sont conscientes des situations, de leurs réactions émotionnelles et du comportement de ceux qui les entourent.

*« La résilience n'est pas la résistance à la souffrance. C'est la capacité de se plier sans se briser. La force ne vient pas d'ignorer la douleur. Elle vient du fait de savoir que votre ancien soi a été blessé et que votre futur soi guérira. La force est la présence de la détermination, et non l'absence de difficultés. »*
*— Adam Grant*

Il est temps d'examiner vos forces et ce que vous avez à disposition, êtes-vous prêt(e) ?

| | | | | |
|---|---|---|---|---|
| Aventurier | Assertif | Courageux | Calme | Coopératif |
| Flexible | Utile | Humour | Gentil | Rire facilement |
| Modeste | Ouvert d'esprit | Patient | Passionné | Positif |
| Résolution de problèmes | Autocontrôle | Soutien social | Volonté forte | Réfléchi |

**Quels compliments recevez-vous des autres ?**

_______________________________________________

_______________________________________________

_______________________________________________

## Gérer une relation avec un membre de la famille

Vous êtes seul responsable de vos propres pensées, paroles et actions. Vous avez le droit de ressentir ce que vous ressentez, mais restez maître de vous-même et ne réagissez pas de manière impulsive. Vos besoins sont importants et vous trouverez un moyen de gérer chaque situation, une à la fois.

Nous avons déjà déterminé que certaines personnes étaient mieux à éviter. Cependant, il peut être plus difficile de couper complètement les ponts avec un membre de la famille, un supérieur hiérarchique ou un parent avec qui vous partagez la garde d'un enfant. Dans ce cas, il est essentiel de limiter les interactions au minimum.

L'éducation est la clé : apprenez à reconnaître les signes d'alerte et à comprendre les causes profondes du narcissisme. Prenez le temps de connaître les nouvelles personnes qui entrent dans votre vie. Définissez des limites et des attentes claires pour la manière dont vous voulez être traité, et SUIVEZ-LES. Cela vous aidera à discerner les comportements qui ne sont pas tolérables ou acceptables. Accordez-vous le droit de faire votre deuil, rejoignez un groupe de soutien et trouvez un thérapeute pour vous aider à nettoyer le désordre qu'ils ont laissé en vous.

Pour être prêt à faire face à un narcissique, vous pouvez créer un kit d'outils. Commençons par la conversation. Prendre conscience des stratégies des narcissiques permet de créer de nouveaux schémas de conversation pour mieux nous protéger.

Lors d'un rassemblement social en famille, essayez de rester avec des personnes avec lesquelles vous vous sentez à l'aise. Évitez autant que possible tout contact prolongé avec le narcissique. Si vous ne pouvez pas éviter le contact, soyez prêt à vous éloigner.

Vous êtes le héros de votre histoire et vous pouvez partir à tout moment. Demandez-vous si cette conversation vaut vraiment la peine d'être engagée. Vous pouvez leur témoigner du respect, mais cela ne signifie pas que vous devez être d'accord avec eux.



*Pour voir mon père, je devais lui rendre visite chez lui. Si je rentrais chez moi, je devais affronter ma mère. Je lui ai dit que je quitterais la table si elle parlait mal de mon père.*

*Si la conversation tourne en rond, vous avez parfaitement le droit de dire : « Il est évident que nous avons des idées différentes et c'est tout à fait acceptable. Parlons d'autre chose. »*

*« Je suis venu ici pour profiter (de l'anniversaire de quelqu'un), pas pour me disputer avec toi, excuse-moi. » Et partez.*



*Je voulais rendre visite à quelqu'un qui vivait avec un narcissique, je ne me souciais pas particulièrement du narcissique, mais je tenais beaucoup à rester en contact avec Clary. J'ai dit au narcissique qu'il était parfaitement acceptable qu'il ne m'aime pas, mais qu'il ne pouvait pas m'empêcher de rendre visite à Clary. Le narcissique va vaquer à ses occupations pendant que je visite.*

Lorsque vous prenez position et que le narcissique réalise qu'il ne vous fait pas peur et ne peut pas vous manipuler, il recule. Si vous ne vous exprimez pas, ce n'est pas nécessairement un signe de faiblesse, mais plutôt un signe d'intimidation. Cependant, tout comme le tyran de la cour d'école, le fait de vous opposer à lui le rend incertain et anxieux, et il n'aime pas ça.

Lorsque nous avons affaire à des membres de la famille, ils sont moins susceptibles d'être violents. Si vous risquez d'être blessé, ne vous mettez pas dans une situation dangereuse. Avant de dire oui, demandez si cette personne particulière sera présente et indiquez que, puisque le narcissique sera là, vous ne viendrez pas. C'est une frontière, vous devez vous y tenir. Restez connecté à vos sentiments et à vos besoins, et vous ne serez pas confus ni influencé. Vous n'êtes pas responsable de votre famille si celle-ci vous met en danger. Les narcissiques ont une tendance très vindicative, il est de votre droit d'être et de vous sentir en sécurité. Si les autres ne vous protègent pas, vous devez vous protéger vous-même.


## Faire face à quelqu'un au travail

Le travail est quelque chose que l'on ne peut pas éviter, à moins d'être très riche. Selon le type de travail que vous faites, vous pourriez facilement chercher un autre emploi. Si ce n'est pas le cas, vous devez apprendre à gérer un collègue ou un patron narcissique. Voici quelques tactiques qui permettront d'alléger la pression et de rendre la situation plus supportable.
Lorsqu'un narcissique vous fait une demande, vous devez le désarmer. S'engager émotionnellement avec un narcissique est comme une drogue pour lui, donc, avant tout, restez calme et composé.

Ensuite, demandez-lui de mettre sa demande par écrit, en précisant ses attentes et un délai.
Si la personne vous interrompt à votre bureau, faites-lui savoir que ce n'est pas le bon moment et que vous reviendrez vers elle. Par exemple : « Hey, je dois te demander d'attendre une minute. Désolé. »

S'ils vous appellent en exigeant de parler immédiatement, ne répondez tout simplement pas. Si vous êtes obligé de répondre à l'appel, dites : « Quelqu'un arrive, je dois partir. Je reviendrai vers toi dès que j'aurai une minute. »

Si l'appel arrive sur un téléphone portable, demandez-leur d'envoyer les détails par courriel, car vous allez bientôt manquer de batterie.
Une fois que la demande a été faite, vous avez tout à fait le droit de prendre du temps pour y réfléchir. Il n'est pas nécessaire de répondre tout de suite, c'est une demande. Faites-leur savoir que vous avez besoin de temps pour réfléchir et voir si vous pouvez intégrer ce travail supplémentaire à votre emploi du temps ou si vous êtes la meilleure personne pour cette tâche. Cela pourrait ressembler à ceci : « J'ai besoin de temps pour réfléchir à ce que tu as dit, donc je reviendrai vers toi quand j'aurai terminé ce sur quoi je travaille, » ou « Je reviendrai vers toi dans deux jours. »

Si vous n'êtes toujours pas en mesure de répondre par un oui ou un non et qu'ils exigent une réponse, il est tout à fait acceptable de dire : « Je crains de ne pas encore être en mesure de répondre. Je vais bien sûr réfléchir à ta proposition et je reviendrai vers toi dès que j'aurai pris une décision. »

Si votre patron s'attend à ce que vous fassiez certaines tâches, lisez votre description de poste. Le travail supplémentaire relève-t-il de vos responsabilités ? C'est une autre manière de refuser le travail supplémentaire s'il n'est pas dans vos attributions. Les narcissiques sont paresseux et chercheront toujours à vous faire porter leur travail.

Il est important de rester cohérent et de maintenir le message. Ne vous laissez pas influencer, votre cohérence sera récompensée, car le narcissique ne veut pas faire le travail, mais il a aussi une échéance. Il cherchera quelqu'un d'autre à déranger. Finalement, il ne vous demandera même plus, considérant que ce serait une perte de temps, puisque vous dites toujours non.
Il est important de faire partie d'une équipe au travail et d'aider un collègue débordé, mais ce n'est pas un narcissique. Le narcissique trouvera sans cesse des excuses pour demander de l'aide ou vous transférer son projet. Vous n'êtes pas égoïste et vous ne devez pas vous sentir coupable de dire non.
Vous pouvez envoyer votre réponse par courriel. Les courriels sont pratiques, car ils servent de preuve.

## Gérer la garde des enfants

Je vous assure que vos enfants ne sont pas protégés en restant avec un narcissique. La meilleure chose pour eux est que vous partiez, guérissiez, soyez fort(e) et ensuite les aidiez à naviguer avec un parent narcissique. Vous ne pouvez pas faire cela si vous restez dans une relation abusive. C'est la même chose que de mettre d'abord votre propre masque à oxygène, vous devez récupérer et être là pour vos enfants.
Le National Child Traumatic Stress Network indique que ce qui suit aide un enfant à naviguer dans des circonstances difficiles sur lesquelles il n'a aucun contrôle.

- Participation régulière à des activités sportives
- Engagement communautaire
- Soutien financier perçu
- Sentiment de sécurité à la maison
- Rêves et espoirs pour l'avenir
- Fort sens de la spiritualité ou de la religion
- Estime de soi élevée
- Relation avec un adulte de confiance

Si vous avez affaire à un parent narcissique, cela ne peut pas être qualifié de coparentalité. Melanie Tonia Evans a inventé le terme « coparentalité parallèle », qui décrit parfaitement la situation. Il n'y aura aucune coopération. Vous devez faire de votre mieux lorsque les enfants sont avec vous. Si vous pouvez obtenir la garde exclusive, ce serait idéal. La liste ci-dessus peut vous guider et soutenir vos enfants face au stress lié à la gestion et à la vie avec un narcissique.

*Exemple :*

*Après que j'ai quitté le père de mon fils, il ne s'intéressait plus du tout à son fils. Cela l'empêchait de faire la fête et perturbait son style de vie. Il ne venait quasiment jamais le chercher. Il était censé venir un week-end sur deux et venir chercher mon fils à 19 h. J'attendais à la maison, mais il ne venait pas et ne m'appelait pas. Puis, quand je réussissais à le joindre, il trouvait une excuse et disait qu'il viendrait le lendemain à 10 h. Encore une fois, j'attendais toute la journée et il pouvait arriver à 15 h ou 16 h. Il insistait pour rester chez moi parce qu'il n'avait pas de jouets, et cela serait plus facile. J'ai accepté une fois, mais j'ai refusé de lui laisser faire ça et lui ai dit qu'il devait acheter ses propres jouets. Nous avions un accord de garde, mais il n'a jamais payé de pension alimentaire.*
*Mon frère m'a appelée sans prévenir pour me demander pourquoi je retournais avec lui. J'étais confuse, je vivais seule dans mon propre appartement et, même quand il était censé se présenter, il ne venait pas. Alors, pourquoi mon frère penserait-il que je revenais avec mon ex ? Parce que ton ex me l'a dit...*

*J'ai alors appelé toutes les personnes auxquelles je pouvais penser, je leur ai dit que j'étais séparée et que je n'avais aucune intention de revenir avec mon ex, et de ne pas lui divulguer d'informations personnelles ni où j'étais. Mon ex-beau-père pensait également que nous n'avions jamais été séparés, mais que je ne l'aimais pas, et c'est pourquoi je ne le voyais plus avec mon enfant. Je suis allée lui rendre visite pour lui laisser voir son petit-fils et lui ai dit que, dorénavant, il devrait compter sur son fils pour amener son petit-fils chez lui.*

*J'ai décidé de quitter le Québec après avoir été agressée par mon ex-petit ami narcissique et de rejoindre la Gendarmerie royale du Canada (GRC). Pour ce faire, j'avais besoin d'obtenir une ordonnance du tribunal familial pour emmener mon fils hors de la province. Mon fils avait alors 3 ans. J'ai pu obtenir la garde exclusive et l'emmener avec moi.*

*Pendant que je suivais ma formation de 6 mois à Regina, en Saskatchewan, je ne pouvais pas emmener mon fils avec moi, donc je l'ai laissé à la garderie où je travaillais. J'avais une excellente relation avec la propriétaire, mon fils était habitué à l'endroit et connaissait tout le monde. J'ai estimé que c'était la solution la moins perturbatrice pour son bien-être. Mon ex-petit ami narcissique a retrouvé l'endroit où mon fils séjournait et l'a enlevé tout en menaçant le personnel de la garderie. J'ai dû prendre un vol depuis Regina, car la police ne le libérait qu'à moi. J'ai récupéré mon fils et suis retournée à Regina. La femme de l'un des enseignants était française et a accueilli mon fils pour le reste des 6 semaines de formation.*

*J'ai ensuite reçu des papiers de garde. Mon ex-petit ami narcissique, qui avait enlevé mon fils, tentait aussi de me retirer la garde. Cela a été porté devant le tribunal et il a été débouté. Il a tout de même pu voir mon fils à Noël, pendant les vacances de printemps et la moitié de l'été. Il venait chercher mon fils uniquement pour l'été et mon fils appelait chaque jour en pleurant, voulant revenir à la maison. Cela me brisait le cœur.*

*L'été suivant, j'ai pris 4 semaines de congé et je suis allée au Québec avec mon fils. J'ai dit à mon ex-petit ami narcissique qu'il ne pouvait prendre mon fils que s'il passait du temps avec lui. Pendant les 4 semaines, il l'a pris pendant 4 jours. Ce fut la dernière visite de mon fils chez son père jusqu'à ce qu'il ait 18 ans et veuille le rencontrer.*

C'était en 1997, maintenant, les tribunaux sont plus enclins à partager la garde à 50-50. Cela rend les choses beaucoup plus difficiles à gérer avec un narcissique. La seule façon de rendre l'accord équitable et exécutoire par la police est de disposer d'un accord légalement contraignant déposé auprès des tribunaux. Vous pouvez essayer d'organiser un accord à l'amiable, mais le narcissique retardera, reviendra sur ce qu'il a dit et ne signera jamais le document. La seule chose qui a un peu fonctionné pour moi a été de consulter des avocats et des juges, et ce n'est pas la meilleure option, car cela prend du temps et coûte cher, mais avec un narcissique, cela pourrait être votre seule solution.

### Passer prendre, laisser les enfants

Si vous partagez la garde avec un narcissique, si vous le pouvez, demandez à un autre membre de la famille ou à un ami de participer à la prise en charge ou au dépôt des enfants. Sinon, essayez de faire l'échange dans un endroit complètement neutre, comme l'école. Peut-être que l'échange peut avoir lieu le vendredi, et vous récupérez les enfants après l'école. Si les enfants ne sont pas encore à l'école, utilisez une garderie ou un lieu public.

Ils tenteront de vous atteindre et de vous affaiblir dans l'espoir que vous retourniez vers eux après avoir rendu votre vie plus misérable que lorsqu'ils étaient avec vous. Assurez-vous que la personne que vous demandez pour vous aider soit complètement de votre côté et ne puisse pas être influencée par leurs mensonges et manipulations.

Faire la transition d'une maison à l'autre peut être déroutant pour les enfants et très difficile pour l'autre parent. Le narcissique essaiera de rendre cela encore plus difficile en inventant des histoires pour effrayer les enfants.



*Mon ex-mari ne cessait de dire à mes enfants, qui avaient 2 et 3 ans à l'époque, que j'allais les kidnapper et partir vivre au Pérou pour qu'ils ne revoient jamais leur père. Ils étaient terrifiés à chaque fois que je les récupérais et pleuraient à chaudes larmes. Je savais que ce n'était pas parce qu'il les aimait et qu'ils allaient lui manquer. J'étais tellement confuse jusqu'à ce qu'ils soient assez grands pour que je puisse leur demander pourquoi ils pleuraient et ne voulaient pas venir chez moi. J'ai essayé de les rassurer du mieux que je pouvais. J'ai une maison, un bon travail et je ne peux pas laisser tout cela juste pour aller vivre au Pérou. Cela les a calmés, mais chaque fois que je voulais aller quelque part, ils étaient remplis d'anxiété à l'idée de ne jamais pouvoir revenir. Ce qu'il a fait était terrible pour les enfants et a rendu ma vie infernale.*

### Passeport et droit de voyager

Un narcissique vous accusera généralement de ce qu'il prévoit de faire lui-même. Écoutez leurs accusations, et cela vous donnera un aperçu de ce qu'ils sont en train de faire et de penser. Si vous n'avez pas de passeport pour votre enfant, faites-le faire et gardez-le. Le narcissique ne peut pas en obtenir un seul une fois qu'un passeport a été délivré. Assurez-vous que votre ordonnance de garde spécifie que tout voyage nécessite une lettre signée par l'autre parent, afin qu'il ne puisse pas emmener l'enfant sans votre connaissance.

### Les enfants utilisés comme outils

Malheureusement, les enfants deviendront un outil pour continuer à vous manipuler et à vous blesser. Le parent narcissique n'hésitera pas à mentir devant le tribunal et à demander à d'autres de mentir en sa faveur. J'ai divorcé rapidement, mais j'ai dû avoir recours à un avocat pendant vingt ans après la séparation pour faire face à toutes ses manipulations et ses mensonges.

Le parent narcissique tentera de retourner l'enfant contre l'autre parent (aliénation parentale). Il dénigrera l'autre parent, l'insultera, dira aux enfants qu'il les aime davantage et leur fera des promesses (campagne de salissage).

Il contournera les règles en faisant de sa maison un lieu « cool », où les enfants ont davantage de liberté. Cela mine votre autorité et les règles que vous avez mises en place pour protéger vos enfants. Le narcissique ne se soucie pas réellement d'eux lorsqu'ils sont jeunes : ils sont perçus comme une charge et n'ont pas encore d'utilité à ses yeux. Vos enfants ne seront pas protégés des dangers, vous devez donc leur enseigner très tôt des comportements de sécurité. Le narcissique vous fera passer pour quelqu'un d'excessif parce que vous imposez des heures de coucher, des limites, de l'hygiène, des tâches ménagères et des règles de savoir-vivre. Pourtant, vous devez tenir bon : c'est votre rôle de parent de leur transmettre ces compétences.

Le narcissique donnera l'apparence d'aimer ses enfants plus que tout, jusqu'à ce que ceux-ci tournent le dos à l'autre parent. Mais même alors, l'attention qu'il leur porte ne consiste pas à les aider à devenir autonomes, mais plutôt à faire les choses à leur place. L'un des aspects les plus choquants, pour moi, a été de voir mon ex-mari utiliser nos enfants comme compagnons émotionnels et confiants.

Par la suite, les narcissiques se retournent contre leurs enfants pour les contrôler et anéantir toute trace d'individualité, de peur qu'ils ne les quittent. Les enfants se sentiront rejetés : le narcissique retiendra son affection, ignorera leurs émotions et leurs besoins, et leur en voudra de développer leur propre personnalité. Il culpabilisera ses enfants pour leurs ressentis, les punira ou jouera la victime.

À l'âge adulte, le narcissique cherchera à vivre par procuration à travers ses enfants, en leur prodiguant des conseils qui reflètent ses propres désirs plutôt que l'intérêt réel de l'enfant. Les mensonges qu'il profère visent à les contrôler, à limiter leur réussite et à empêcher qu'ils ne quittent la maison ou ne deviennent indépendants.

La meilleure chose que vous puissiez faire est de tenir bon et d'être présent pour vos enfants. Apprenez-leur les règles, les responsabilités, les tâches domestiques et, surtout, le respect des limites.



*Mon ex-mari a dit à nos filles qu'elles ne devraient pas travailler, car cela lui permettrait de recevoir plus de pension alimentaire. Ce qui, bien entendu, est totalement faux. La pension alimentaire est calculée en fonction de mes revenus et n'a rien à voir avec le fait que les enfants travaillent ou non. Cependant, en ne travaillant pas, les enfants deviennent financièrement dépendantes de leur père narcissique. De plus, elles n'acquièrent aucune expérience professionnelle, ce qui limite leur autonomie.*



*J'ai déjà cité l'exemple de mon ex-mari narcissique, qui avait affirmé que j'avais tenté de lui foncer dessus avec ma voiture, puis avait appelé la police. Une enquête a été menée et j'ai été innocentée, mais une caméra de tableau de bord (dashcam) aurait constitué une protection supplémentaire précieuse.*



*J'ai aussi expliqué qu'un an après notre divorce, il a prétendu que je battais mes enfants. Une enquête a été menée par les services de protection de l'enfance et j'ai été blanchie. Mais une fois de plus, j'ai dû faire appel à un avocat pour me défendre.*
*Il savait pertinemment que je n'avais rien fait de tout cela, mais le coût, le stress et la souffrance engendrés faisaient tous partie de sa stratégie pour me nuire.*

*Mon ex-mari conduisait une Porsche, et il avait promis de la donner à notre fille aînée lorsqu'elle obtiendrait son permis de conduire. J'étais opposée à cette idée pour plusieurs raisons. Une adolescente de seize ans ne devrait pas apprendre à conduire dans une voiture sport. Et s'il donnait la Porsche à l'aînée, qu'allait-il offrir à la cadette ? Une autre Porsche ? Il n'en avait clairement pas les moyens, et je n'avais aucune intention d'entrer dans cette logique pour tenter de rétablir un équilibre entre les deux sœurs. Cette promesse a fait en sorte que ma fille se sente aimée et spéciale aux yeux de son père… jusqu'au jour où il lui a remis les clés d'une vieille Jeep usagée, nécessitant des réparations et des pneus neufs. Il l'avait achetée, donc c'était désormais à elle de l'entretenir, ce tas de ferraille.*

Lorsque les enfants atteignent l'âge adulte, ils commencent à voir la réalité en face et à comprendre qu'ils ont été trompés. Mais plus ils ont passé de temps sous l'influence du parent narcissique, plus il leur est difficile de s'en libérer. C'est un chemin qu'ils doivent emprunter par eux-mêmes. Ce que vous pouvez faire, c'est les accueillir avec amour et soutenir leur processus de guérison. Vous ne pouvez pas garder de rancune ni attendre qu'ils s'excusent : ils ont été manipulés et sont eux aussi des victimes. Peu importe ce qu'ils ont pu dire ou faire — tout cela résulte d'un conditionnement. Lâchez prise sur les blessures du passé et commencez à reconstruire une relation avec eux.

### Communication

Tu ne devrais communiquer avec eux que par écrit ou par courriels, afin qu'il y ait une preuve des échanges. Si une rencontre en personne est inévitable, enregistre toutes les interactions. Investis dans une caméra de bord (dashcam) et installe-la sur le pare-soleil de ta voiture.

### L'apprentissage de l'autonomie chez l'enfant

Tu seras la seule personne responsable de leur apprendre l'heure du coucher, à se brosser les dents et les cheveux, ainsi qu'à se laver correctement. Ils bénéficieront également d'apprendre à faire leur lessive, à faire leur lit, à étudier et à se préparer pour l'école.



*Mes enfants revenaient à la maison un vendredi sur deux avec les cheveux sales, emmêlés et non coiffés. Leurs vêtements étaient sales et tachés. Nous avions instauré une routine, car c'était tout ce que je pouvais faire. On commençait par un bon bain, puis je démêlais leurs magnifiques cheveux avec une bouteille entière de revitalisant, avant de les habiller avec des pyjamas propres. Après une semaine passée avec un narcissique émotionnellement indisponible, on s'installait tous ensemble sur le divan pour regarder un film pour enfants, blottis les uns contre les autres.*

### Les limites

Vous avez dû apprendre à poser des limites, vos enfants doivent également apprendre à en poser. Ce n'est pas quelque chose que l'on apprend seul. Le narcissique envahira et piétinera les limites de l'enfant, en ignorant celles-ci, voire en les décourageant. Vous devez expliquer les limites à vos enfants et les aider à créer les leurs.



*Mon ex-mari est allé vivre dans une remorque et prétendait manquer d'espace. Au lieu d'utiliser la deuxième chambre pour les filles, il l'a remplie de cartons et les a fait dormir dans son lit. Elles avaient alors 7 et 8 ans. J'ai dû expliquer aux filles qu'il était temps pour elles de dormir dans leur propre chambre et qu'elles ne devaient pas partager un lit avec un homme, même si cet homme était leur père. Si nécessaire, elles pouvaient dormir sur le canapé, mais pas dans le même lit que leur père.*
*C'est également à ce moment-là que je leur ai appris leurs droits sur leur propre corps et que personne ne devait les toucher sans leur consentement.*

## Discipline

Vous serez probablement la seule personne à appliquer la discipline. Vous devrez peut-être aussi faire respecter vos propres limites pour vous assurer que le parent narcissique n'interfère pas pendant que l'enfant est chez vous. La discipline est un moyen important pour les enfants de réguler leur comportement et d'apprendre les règles. Le narcissique a tendance à enfreindre les lois, à faire ce qu'il veut et à tout mettre en œuvre pour échapper aux conséquences. Votre enfant doit apprendre les règles et les lois, et comprendre pourquoi il est important de les respecter.



*En 2013, ma fille aînée était responsable de rincer les assiettes et de les mettre dans le lave-vaisselle, ainsi que de passer le balai ou l'aspirateur. La plus jeune était responsable de nettoyer la salle de bain. Elles étaient toutes les deux responsables de nettoyer leur chambre et d'amener leur linge sale dans la buanderie. Ma fille aînée passait son temps sur son téléphone à aimer des publications sur Instagram et refusait d'aider à faire la vaisselle. Je lui ai expliqué que j'avais besoin de son aide parce que je devais conduire tout le monde à leurs activités, et cela ne me laissait pas de temps pour garder la maison propre. Elle m'a souri en coin. Je lui ai dit que, si elle ne voulait pas m'aider à faire la vaisselle, je m'en occuperais, mais cela signifiait aussi qu'elle ne pourrait pas aller à son entraînement de soccer. Elle est allée dans sa chambre et est revenue habillée pour l'entraînement. Je lui ai répété qu'elle ne partirait pas et elle m'a répondu qu'elle avait appelé son père et qu'il viendrait la chercher. Je lui ai dit d'aller dans sa chambre et j'ai pris son téléphone. Je suis sortie et j'ai rencontré mon ex-mari. Je lui ai expliqué clairement que, lorsque je discipline les enfants, il y a une bonne raison, et que je ne le laisserais pas saper mon autorité. Elle ne quitterait pas la maison et c'était peut-être une bonne occasion pour elle d'apprendre à être fiable et responsable. Il s'est retourné et est parti.*



Le narcissique finira par être un ami plutôt qu'un parent pour l'adolescent. Il leur dira exactement ce qu'ils veulent entendre. Si vous tentez de faire un rappel à la réalité avec les enfants, ils vous répondront en disant que vous ne croyez pas en eux ou que vous ne voulez pas qu'ils soient heureux. C'est un équilibre fragile à maintenir. J'ai porté des gants blancs et marché sur des œufs pendant 20 ans. J'essayais de rester en contact avec eux, de construire une relation et de ne pas trop les contrarier pour qu'ils ne me coupent pas. Ce n'était ni agréable ni amusant, mais encore une fois, c'était le mieux que je puisse faire dans l'intérêt des enfants.



*Ma fille aînée a été choisie pour faire partie d'une équipe de soccer de haut niveau. J'ai suggéré que nous fassions des courses matinales ensemble et que nous nous entraînions pour qu'elle puisse s'améliorer. Elle m'a répondu que son père lui avait dit qu'elle était incroyable et qu'elle intégrerait l'équipe universitaire avec une bourse complète.*
*J'ai essayé de lui expliquer que c'était un rêve réalisable, mais pas sans un peu de travail acharné et d'efforts. Elle a refusé de m'écouter et a cru au mensonge jusqu'à ce qu'elle ne soit pas acceptée dans l'équipe universitaire et qu'elle ne reçoive pas de bourse.*



*Ma fille sautait sur le lit, je lui avais dit mille fois de ne pas faire ça et, avant que je puisse finir mon avertissement, elle est tombée et s'est cogné l'œil sur le rebord de la fenêtre, ce qui a commencé à saigner. J'ai dû l'emmener à l'hôpital pour des points de suture. En tant que parent responsable, j'ai appelé mon ex-mari pour l'informer. Il est venu à l'hôpital et a commencé à me diffamer, faisant croire au personnel hospitalier que j'avais inventé cette histoire et que j'étais réellement en train de les maltraiter. J'étais transparente pour qu'il ne puisse pas prétendre que je maltraitais les enfants et que j'avais caché le fait qu'elle avait été blessée, et pourtant il a réussi à me faire passer pour une mère horrible.*

### Pension alimentaire

Si vous recevez une pension alimentaire, elle sera souvent en retard, accompagnée d'excuses, et ne sera pas payée à temps pour vous punir, même si cela nuit aux enfants. Je me souviens qu'une fois, mon ex-mari m'a fait mendier pour obtenir le chèque. La meilleure façon de gérer cette situation est de vous inscrire au programme provincial de recouvrement des pensions alimentaires. Ils s'occuperont des collectes, appliqueront des intérêts sur les arriérés et saisiront toute forme d'argent jusqu'à ce que la dette soit réglée. Toute communication passera par eux, ce qui vous évite un moyen supplémentaire pour le narcissique de vous abuser ou de tenter de vous manipuler.

### Vêtements, jouets, fournitures scolaires

Étant donné que nous partagions la garde à 50-50, je pensais que nous pourrions simplement diviser le coût des vêtements et des jouets afin que les enfants puissent emporter un sac et se sentir à l'aise dans chaque maison. J'achetais des vêtements en solde pour l'année suivante, ce qui me permettait d'acheter des articles à 50 à 70 % de réduction, et les enfants étaient bien habillés. Lorsque je lui ai présenté la facture, il a estimé qu'il devait aussi pouvoir acheter des vêtements et est allé faire du magasinage pour des vêtements de marque à prix plein. J'ai mis fin à notre arrangement et, à partir de ce moment-là, il achetait ce qu'il voulait pour sa maison, et je faisais de même.

Je donnais des vêtements soignés aux enfants lorsqu'ils partaient voir leur père, mais les tenues ne revenaient jamais et ils étaient habillés de vêtements sales, déchirés ou tachés d'huile ou avec des brûlures de cigarette.

J'ai cessé d'envoyer les enfants en beaux vêtements et je les renvoyais dans les vêtements avec lesquels ils étaient arrivés, sauf qu'ils avaient été lavés.

Je payais pour les fournitures scolaires et les activités de l'aînée, et lui payaient pour le plus jeune. Ils n'avaient qu'un an d'écart, donc les coûts étaient à peu près les mêmes.

## École

Le narcissique n'aura aucun intérêt à assister aux rencontres parents-professeurs. Il ne se souciera vraiment des notes des enfants que si elles sont exceptionnelles. Vous devez assister à toutes les entrevues parents-professeurs. Il est important de connaître la situation de votre enfant à l'école, ses points forts et les domaines où il a besoin d'aide. Ils ne seront peut-être pas très bons pour exprimer leurs besoins à cause du parent narcissique, donc vous devez redoubler d'efforts. Je passais en revue les leçons et les devoirs de mon enfant. J'enseignais comment étudier afin qu'ils puissent le faire seuls chez le parent narcissique. Si leur bulletin est bon, assurez-vous de leur faire savoir que vous vous en souciez. Il n'est jamais trop tard pour les aider et les soutenir.

### *Exemple :*

*Après que mes deux filles soient allées vivre chez leur père, j'ai continué à m'occuper de leur travail scolaire et à assister aux réunions parents-professeurs. Leurs notes ont chuté, car elles étaient laissées sans supervision et avaient la liberté de faire ce qu'elles voulaient. Mes filles me disaient que je les espionnais. C'était difficile à gérer, mais je faisais abstraction de ce commentaire et me concentrais sur leurs choix de classe, si elles les appréciaient, et non sur leur succès.*

*Lorsque ma fille aînée est entrée à l'université, elle a été mise en probation académique, car elle n'avait pas de bons résultats. Elle était brillante et intelligente, mais cela ne suffit pas à l'université pour réussir. Je lui ai dit que je pourrais peut-être l'aider si elle en avait envie, en lui donnant le choix. Elle a accepté et nous avons vu ensemble ce que sont de bonnes habitudes d'étude. Nous avons aussi parlé du fait d'utiliser un agenda, du début des études pour les examens en petites sections plutôt que de tout mémoriser la veille. Cela a rendu sa vie beaucoup moins stressante, elle a connu une nette amélioration de ses résultats et a intégré ces habitudes dans sa routine.*

## Sports, musique et activités parascolaires

C'est bénéfique pour l'enfant, car cela le sort de la maison. Soyez prêt à tout payer et faites-le de bon cœur, car c'est dans l'intérêt de l'enfant. Soyez également prêt à devoir les amener et les récupérer, car le narcissique oubliera souvent de le faire.

Encore une fois, si votre enfant est doué, le narcissique pourrait s'y intéresser et devenir un tyran, forçant l'enfant à pratiquer pendant des heures pour devenir parfait, et ainsi lui enlever tout plaisir qu'il pourrait tirer de l'activité.

*J'ai eu du mal à trouver quelque chose que les filles pourraient aimer et qui leur permettrait d'échapper au stress pendant un moment. Elles ont essayé le violon, mais cela n'a pas fonctionné. Elles ont toutes deux essayé le baseball, mais cela ne leur plaisait pas. L'aînée a joué au soccer et a trouvé sa passion. La cadette a continué à essayer différentes choses ici et là, mais n'a jamais vraiment accroché à quoi que ce soit.*

*J'ai tout payé jusqu'à ce que l'aînée tombe amoureuse du soccer et devienne assez bonne, puis mon ex-mari est intervenu pour prendre tout le crédit. Il a assisté aux matchs, réalisant que c'était encore un endroit où il pourrait ternir ma réputation et en sortir victorieux. Mais au moins, mon enfant riait, se faisait des amis et n'était pas sous son contrôle pendant les entraînements et les matchs.*

## Aliénation parentale

L'aliénation a plusieurs définitions en fonction du contexte. Cependant, en droit de la famille, l'aliénation se produit lorsqu'un parent manipule un enfant pour qu'il rejette l'autre parent, que ce soit par haine, peur ou manque de respect. Malheureusement, l'aliénation parentale est un phénomène qui peut surgir lors de disputes concernant la prise de décisions, la responsabilité et la parentalité. Cela surviendra certainement si l'autre parent est un narcissique.



*Après avoir convaincu ma fille de venir vivre avec lui, il a changé son école pour une plus proche de sa résidence. Elle était en 7e année, sans amis, dans une école beaucoup plus grande et se sentait perdue. Elle disait qu'elle ne se sentait pas bien et n'a pas assisté à l'école pendant un mois. Il avait dit à l'école que j'avais abandonné mon enfant, qu'il n'avait pas mes informations pour me contacter et qu'il avait la garde exclusive.*

*J'ai contacté l'école pour savoir pourquoi je ne recevais aucune information sur l'école et j'ai dû apporter l'ordonnance de garde partagée pour prouver que j'avais des droits pour savoir ce qui se passait pour ma fille et que je ne l'avais jamais abandonnée.*

*On m'a alors informée qu'elle n'était pas allée à l'école depuis un mois. J'ai contacté mon ex-mari et lui ai demandé pourquoi elle avait manqué un mois entier d'école. Il a répondu qu'elle ne se sentait pas bien. Il n'avait pas envisagé de l'emmener chez un médecin à ce moment-là. Je lui ai dit qu'il devait l'emmener chez le médecin immédiatement, sinon je viendrais la chercher, je déposerais une plainte pour négligence et retirerais tout accès à elle. (Avec du recul, j'aurais dû simplement le faire et ne pas lui dire…) Je ne l'ai pas fait, car elle était fâchée contre moi et j'essayais de l'aider sans empirer les choses entre nous.*

*Cela l'a poussé à l'emmener chez un médecin immédiatement. Elle a avoué se sentir dépassée par la nouvelle école, sans amis, avec un nombre élevé d'élèves, et a déclaré qu'elle aimerait revenir dans son ancienne école où elle se sentait soutenue. Elle est retournée dans son ancienne école, mais mon intervention n'a pas été reconnue. Je restais une mauvaise mère et elle a continué à ne pas me parler pendant plusieurs années.*

*Je ne suis pas restée inactive ; j'ai engagé un avocat. J'ai déposé une plainte pour récupérer ma fille, mais il a fallu plus de 3 ans pour qu'un psychiatre examine toute la famille et que le tribunal reconnaisse finalement que les enfants avaient été manipulés contre moi par le biais de l'aliénation parentale. Il avait réussi à endommager la relation entre ma fille et moi et avait tourné leurs émotions contre moi. Croyez-moi, si vous fissurez une pierre assez longtemps, elle finira par se briser en morceaux. Peu importe combien je les aime et tout ce que j'ai fait pour eux, ils ont complètement reçu un lavage de cerveau. Le tribunal a ordonné une thérapie obligatoire dans un cabinet spécialisé pour l'aliénation, mais a laissé les enfants chez leur père.*

*La thérapie a été coûteuse, inefficace et a échoué. Cela m'a cependant fait réaliser que les filles n'associaient rien de positif aux moments passés avec moi.*

*Quand on leur a demandé quels étaient leurs souvenirs préférés de leur enfance, elles ont cité les soirées cinéma, les soirées jeux et le camping, et ont été surprises de réaliser que toutes ces activités avaient eu lieu chez moi et non chez leur père. C'est ainsi que leurs souvenirs sont déformés.*

### Supporter votre enfant

Pour être un parent soutenant et utile, vous devez rester un parent. Nous devons être le guide pour les aider à naviguer dans ce monde narcissique et les préparer du mieux que nous pouvons. Il faut leur apprendre un langage affirmatif. Apprenez-leur à utiliser des déclarations à la première personne et à exprimer leurs émotions. Ils ne sont pas validés lorsqu'ils sont avec le parent narcissique, alors ils doivent apprendre à dire :

- Je me sens vraiment contrarié et blessé quand…

- Je me sens seul(e) et éloigné(e) de toi lorsque…

- Je veux être traité(e) avec gentillesse.

- J'ai du mal à me concentrer quand il y a du bruit.

- Je préfère prendre ma propre décision à ce sujet.

Vous pouvez aider vos enfants à devenir indépendants en les aidant à expliquer leurs attentes et en clarifiant les vôtres. N'ayez pas peur de poser des questions et de leur permettre de vous en poser. Laissez-les faire partie de votre équipe, impliquez-les dans la planification des vacances en famille ou des sorties du week-end. Aidez-les à mesurer les résultats afin qu'ils puissent apprendre à analyser leur propre comportement et à se corriger. Montrez-leur de l'appréciation pour leurs efforts et faites-les se sentir fiers de leurs réussites. Laissez vos enfants avoir une voix et cherchez à écouter et valider leurs idées. C'est aussi une leçon précieuse sur la planification, l'organisation et la gestion du budget.

Aidez-les à discerner la vérité dans une conversation. C'est une excellente technique pour désarmer l'enfant afin qu'il puisse écouter ce qui est dit, ce qui est vrai, et quand cela devient de la manipulation.



*Le père de mon fils ne venait pas le visiter, mais il l'appelait. Je mettais la conversation sur haut-parleur pour entendre ce qui se disait. Mon fils avait 7 ans à l'époque. Son père lui a dit que s'il l'appelait le lendemain, il lui enverrait un camion de pompiers. Après leur appel, j'ai expliqué à mon fils qu'il était libre d'appeler son père quand il le voulait, mais qu'il ne devait pas appeler ou rester en contact avec quelqu'un juste pour recevoir des cadeaux. Mon fils m'a répondu qu'il n'avait vraiment rien à dire à son père et qu'il ne se souciait même pas du camion de pompiers.*

L'enfant ne va pas apprendre l'empathie du parent narcissique. Vous devez aider votre enfant à comprendre ce qu'est l'empathie et à quoi elle ressemble. Aidez-le à exprimer ses émotions et vérifiez avec lui lorsqu'il raconte un événement. Demandez-lui comment il pense que l'autre enfant s'est senti et aidez-le à expliquer ce qu'il ressent. Posez des questions douces et exploratoires pour en savoir plus sur ce qu'il pense et ressent.
Votre enfant doit apprendre à exprimer ce qu'il ressent, et c'est pourquoi vous devez être guéri et fort. Puisque les enfants ne peuvent pas s'exprimer chez le parent narcissique, la chance de le faire chez vous peut se manifester par de la colère. Vous devez être un modèle et rester calme, enseignant aux enfants comment exprimer leurs sentiments sans être submergés par leurs émotions.



*J'ai un regret. En 2012, ma fille aînée est venue me voir et m'a dit qu'elle ne voulait pas retourner vivre avec son père. Dans mon esprit, je ne voyais que d'autres batailles judiciaires et des honoraires d'avocat coûteux. J'étais fatiguée et épuisée. Je pensais qu'un compromis serait peut-être mieux à ce moment-là. Je lui ai dit qu'elle n'avait qu'un seul père et qu'elle devrait peut-être essayer de lui parler de ce qu'elle n'aimait pas, plutôt que de ne pas lui parler. Quelle pouvait lui parler et trouver une solution acceptable. Elle avait 11 ans à l'époque. J'aurais dû lui demander pourquoi elle ressentait cela, ce qui s'était passé pour qu'elle ne veuille pas retourner chez lui. J'aurais dû m'enquérir de ses sentiments et les valider.*

*J'étais sans soutien et seule, et je n'avais plus d'énergie pour me battre. C'est pourquoi un système de soutien est important. Je dois me pardonner pour ce que je ressens comme une déception totale de ma part en tant que parent.*


Dans une relation de coparentalité saine où les deux parents sont sécurisés, ils respecteront le temps de l'autre parent. Il y a de la flexibilité, par exemple, les enfants peuvent être avec leur mère lors de la fête des Mères, même si ce n'est pas son week-end. Si un événement spécial se présente, des arrangements peuvent être faits.

La coparentalité avec un narcissique ne présente pas ces opportunités. Mon ex-mari a fourni un téléphone portable à ma fille aînée. Je pensais qu'elle était trop jeune, mais il le payait. Inutile de dire que la fille aînée était l'enfant dorée et ma plus jeune fille était le bouc émissaire.

Ce que je n'avais pas réalisé, c'est qu'il l'appelait constamment et lui envoyait des messages, lui disant combien il lui manquait et que sa vie était vide sans elle. Cela se produisait chaque fois qu'il n'avait pas de petite amie. Une fois que j'ai réalisé ce qui se passait, elle devait rendre son téléphone en arrivant et elle n'avait droit qu'à un appel par jour avec son père.

Nos enfants doivent apprendre par l'exemple que leur état intérieur ne dépend pas de ce que font ou ne font pas les autres. Nous devons faire de notre mieux pour montrer l'authenticité, la vulnérabilité, l'honnêteté et l'humilité. Nous devons nous excuser sincèrement pour notre parentalité passée, qui a pu les blesser et assumer pleinement nos manquements. Cela leur apprendra aussi à s'excuser, ainsi que ce qu'est une véritable excuse.

Vos enfants ont aussi une âme qui doit apprendre et choisir cette dynamique particulière pour grandir et évoluer. Vous devez pratiquer le détachement et les responsabiliser pour qu'ils puissent évoluer et devenir indépendants. Vous devez accepter leurs leçons de croissance personnelle et les soutenir avec amour et espace, sans jugements ni critiques.

Soyez le meilleur parent que vous puissiez être et utilisez chaque moment comme une occasion d'apprendre. Si vous vous sentez accablé, cherchez de l'aide et du soutien, ne renoncez jamais et ne vous laissez jamais abattre !

# Conclusion

Je vis maintenant ma vie à découvert. Si tout le monde est au courant, il n'y a aucune possibilité de chantage. J'ai peut-être été célibataire pendant un moment, mais je ne me sens pas seule. Je suis entourée d'amis aimants et j'ai même réussi à faire en sorte que ma famille me respecte et me voie pour ce que je suis, et non pour les mensonges que ma mère a répandus à mon sujet. Ma vie est remplie par mon travail, ma passion pour aider les autres et mes livres. J'ai de nombreux passe-temps, comme le kayak, la peinture, le dessin et la couture. J'aime le ski, la randonnée, la raquette et le vélo. Je voyage beaucoup pour le travail, et j'adore visiter de nouveaux pays, découvrir de nouvelles cultures, de la nourriture et de la musique. J'aime danser et écouter de la musique. Je joue du piano et du violon. Ceux qui m'entourent disent qu'il n'est pas surprenant que je n'aie pas de petit ami, je suis bien trop occupée ! Je suis d'accord, je ne sais même pas quand je pourrais caser un homme dans mon emploi du temps chargé, et, pour l'instant, cela n'a pas d'importance parce que je suis heureuse, remplie de passion, d'énergie, d'idées et d'opportunités. Je ne dis pas que je n'aurai pas de petit ami un jour, mais j'attends de lui qu'il reflète ce que j'ai personnellement construit en moi.

Je suis toujours séparée de mes filles, mais elles sont toutes les deux adultes maintenant, et j'espère qu'elles finiront par voir à travers les mensonges et la manipulation et qu'elles me contacteront. Je suis ici, attendant avec les bras ouverts et le cœur rempli.

Tinay la princesse guerrière est une série construite sur l'idéologie selon laquelle les survivants d'Atlantis se sont échappés dans l'espace et ont établi une colonie sur différentes planètes. Lorsqu'ils ont reconstruit leur civilisation, ils ont décidé de transférer le pouvoir d'un homme et de le distribuer équitablement à 3 femmes : une voyante, une guérisseuse et une gardienne de l'histoire. Ces trois femmes peuvent augmenter leurs dons en faisant équipe les unes avec les autres. La voyante Palétis se sentant supérieure et minée par les 2 autres a décidé de les éliminer et de régner seule. La position précaire dans laquelle elle se trouve a plongé la société dans le chaos et de nombreux innocents ont souffert sous son règne. C'est à notre héroïne de se battre pour trouver la vérité et ramener l'équilibre.

### L'initiation livre1

Mani, une bibliothécaire canadienne, raconte comment, il y a de nombreuses années, le peuple d'Atlantis a été contraint de quitter la Terre pour établir une colonie dans l'espace afin d'échapper à l'annihilation. Ils ont fini par s'installer sur la planète isolée de Sasgorg. Après plusieurs millénaires de paix, la Méchante Reine a pris le contrôle et a détruit l'équilibre entre le bien et le mal. Cinquante ans sous son règne se sont écoulés et la survie même des derniers descendants d'Atlantis est menacée. Leur destin repose sur les épaules inconscientes de Tinay, une jeune Atlante. Elle doit subir le rite de passage traditionnel pour devenir apprentie artisane tout en étant involontairement entraînée à devenir guerrière. Le destin de Tinay est de renverser la Méchante Reine et de rendre la pareille à son peuple, mais une adolescente de quatorze ans est-elle à la hauteur de la tâche ?  ISBN **978-1990067129**

### L'apprentie livre 2

Tinay est maintenant une jeune fille de quinze ans et commence son apprentissage d'artiste sur la planète Os, colonie de survivants d'Atlantis. Séparée de sa famille, elle découvre comment les décisions de la méchante reine ont conduit la société au désastre. Elle est témoin de la pauvreté, de la faim, des maladies, ainsi que des privilégiés et des gloutons. Elle a son premier aperçu de Palétis. Elle sera en contact avec les membres de la résistance, innocemment au début, et prise dans le dilemme, elle doit décider de rester à l'écart ou de se joindre à eux. Elle est en conflit pour déterminer ce qui est bien, ce qui est mal ou la zone grise acceptable. Sa confusion atteint un nouveau sommet lorsqu'elle

apprend que son ami est condamné à mort pour avoir lu un poème controversé qui soutient la résistance. Elle décide que s'il meurt, son poème devrait être entendu, et elle fait son premier pas en tant que membre de la résistance. Elle aidera à guérir la victime de la reine, mais est-elle assez forte pour rétablir l'équilibre ?
ISBN **978-1990067136**

À venir:

## L'Artiste  livre 3

Tinay poursuit son aventure et son apprentissage grâce à ses dons de guérison et essaie de développer ses capacités artistiques et dans sa quête d'identité. Disponible en novembre 2025

**Moi Dragon: Biographie d'une transformation spirituelle**

**Autobiographie de Sonya Roy qui relate sa vie et son évolution spirituelle. Le livre vous donne un aperçu que je n'étais pas une enfant comme les autres. Après une enfance difficile et une adolescence tumultueuse, je tente de m'échapper mais je suis poursuivie par mes démons, mes peurs et un système de croyances qui continue de saboter tous mes efforts pour une vie équilibrée. Ce livre explique le parcours d'un être humain qui doit se pardonner et continuer à avancer malgré ses faux pas et ses échecs. Je partage mon histoire afin de vous inspirer pour que vous sachiez que vous n'êtes pas seul dans votre quête et qu'il y a de l'espoir. Le livre explique mon parcours, mon apprentissage et comment vous pouvez faire de même avec votre vie. Un livre honnête qui vous permet d'être imparfait et de vous aimer pleinement. Chaque concept d'apprentissage est expliqué avec des exemples concrets qui facilitent l'intégration du travail spirituel accompli.**

**ISBN : 978-1999443788**

## Narcissism: 12 steps to successfully heal and flourish from Narcissistic Abuse.

Ce livre a été créé à partir de mes connaissances en psychoéducation et de mon expérience personnelle dans le traitement d'une mère narcissique, d'un petit ami et finalement d'un ex-mari. Je me suis rendu compte que je ne continuerais sur le même chemin si je ne changeais pas. J'ai guéri de mon expérience personnelle et j'ai aidé de nombreuses personnes à faire de même. Ce livre illustre ce qu'est le narcissisme, car pour le vaincre, vous devez le comprendre. Ensuite, nous passons en revue ce qui vous arrive sur le plan émotionnel, physique, mental et spirituel lorsque vous êtes victime d'un narcissique, qu'il s'agisse d'un parent, d'un membre de la famille, d'un patron, d'un collègue ou d'un conjoint. La partie principale du livre se concentre sur le rétablissement, la guérison, puis le dépassement des abus et l'épanouissement. Trouver la joie, la paix et la liberté d'être qui vous êtes, de vous aimer et d'être heureux.

Les 12 étapes vous aideront à reconstruire ce qui a été brisé ou n'a jamais vraiment existé et à reconstruire une base solide sur laquelle vous pourrez vous appuyer. Le programme est conçu pour que vous puissiez aller à votre rythme, tout ce dont vous avez besoin est ici. Après la section des 12 étapes, j'explique comment gérer un narcissique que vous ne pouvez pas complètement couper de votre vie et comment gérer les problèmes de garde avec un narcissique.

Isbn: 978-1-990067-17-4

## Livres Usui Reiki Ryoho tous niveaux

Que vous soyez étudiant ou enseignant, ces livres ont été créés pour faciliter l'apprentissage et la mise en pratique. Illustrés, faciles à suivre, ils sont un excellent outil pour les débutants comme pour les enseignants.

### USUI Reiki Ryoho : Niveau 1 : Soins énergétiques pour débutants

Niveau 1 Ce livre comprend des explications sur ce qu'est le Reiki, comment il guérit et fonctionne, l'énergie du Reiki, les chakras, l'histoire du Reiki, les termes japonais. Il couvre également les 5 principes du Reiki. Ce manuel contient des informations détaillées sur une séance d'auto-Reiki, une séance sur chaise et une explication pour une séance de Reiki sur table. il est disponible en couleur.

ISBN : **978-1990067051**

### Usui Reiki Ryoho : Niveau 2 : Guérison par l'énergie pour praticien

Niveau 2 Ce livre comprend des explications sur les symboles (CKR, SHK, HSZSN), les techniques de guérison à distance, la guérison mentale et émotionnelle. Ce manuel contient des informations détaillées. Explication pour une séance de table. Il est disponible en couleur.

ISBN : **978-1990067013**

### Usui Reiki Ryoho : Niveau 3 : Soins énergétiques pour maître praticien

Maître Praticien Ce livre comprend une explication sur le symbole du maître (UDKM). Des devoirs et des leçons sur la méditation, l'histoire du Reiki. L'aura et les liens psychiques, la grille de cristal avec le Reiki et la géométrie sacrée. Ce manuel contient des informations détaillées. Explication d'une séance de table et de l'intégration du symbole du maître. Il est disponible en couleur.

ISBN : **978-1990067020**

### Usui Reiki Ryoho Tibétain : Niveau 4 : Guérison énergétique pour Maître Enseignant

NIVEAU 4 Tibétain Ce livre comprend une explication des symboles des maîtres tibétains (Raku, Serpent de feu, DKM). Il couvre les techniques de respiration, la respiration violette et la respiration du rein bleu, la méditation en mouvement, les différents Reiki, le style de partage et la soirée Reiki avec le professeur. Il couvre la valeur et l'importance spirituelle d'un maître enseignant, comment enseigner, l'importance de la méditation, les devoirs et la pratique quotidienne. Il comprend l'administration des cours, le développement commercial et les idées de marketing. Harmonisation entièrement illustrée pour les niveaux 1, 2, 3, 4 d'harmonisation de guérison et d'harmonisations psychiques. Il est disponible en couleur.

ISBN : **978-1990067037**

### Reiki Ryoho Tibetan Universal©TM : Niveau 4 : Guérison énergétique pour maître enseignant (Manuel de certification Usui Reiki Ryoho)

Ce livre comprend une explication des symboles des maîtres tibétains (Serpent de feu, Dai ko Mio). Il couvre les techniques de respiration, la respiration violette et la respiration du rein bleu, la méditation en mouvement, les différents Reiki, le style de partage et la soirée Reiki avec le professeur. Il couvre la valeur et l'importance spirituelle d'un maître enseignant, comment enseigner, l'importance de la méditation, les devoirs et la pratique quotidienne. Il comprend l'administration des cours, le développement commercial et les idées de marketing. Harmonisation entièrement illustrée pour les harmonisations de guérison de niveau 1, 2, 3, 4 et les harmonisations psychiques. Disponible en couleur.

ISBN : **978-1990067044**

### 13 Chakra de l'ancienne Égypt

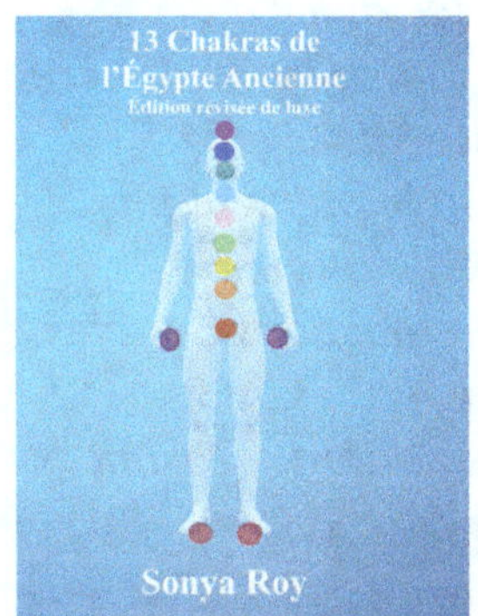

Ce livre vous aide à retrouver la santé grâce à l'utilisation de méthodes naturelles, simples et faciles à utiliser. Le livre explique chaque chakra en détail, ce qu'est un chakra sain et un chakra déséquilibré. Le blocage est-il émotionnel, mental, spirituel, physique ou éthérique ? Ensuite, il énumère un certain nombre de moyens pour vous de guérir le déséquilibre grâce à l'utilisation de cristaux, du yoga, de la méditation, de la nutrition, de l'aromathérapie et de l'aide de l'archange et des maîtres ascensionnés.

ISBN : **978-1999443726**

## Le système des 13 chakras de l'Égypte ancienne : édition révisée de luxe

Ce livre contient toutes les illustrations pour une référence plus facile et contient également une annexe spéciale sur les cristaux entièrement illustrée.

Les informations sont les mêmes que dans Le système des 13 chakras de l'Égypte ancienne.

Nous voulions faciliter la recherche de réponses des gens et fournir des images de cristaux plus rares et peut-être plus difficiles à trouver et aider à identifier les cristaux que vous aviez chez vous mais que vous avez oubliés.

Un exemplaire à couverture rigide pour une année de durabilité et de référence. ISBN : **978-1990067150**

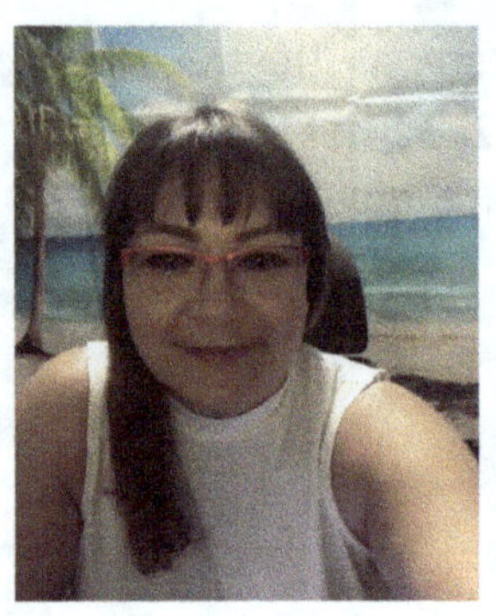

**Biographie :**

Sonya Roy est conférencière en métaphysique, guérisseuse holistique, enseignante, mentor spirituel et conseillère, ainsi qu'auteure de plusieurs livres, dont la série *Tinay, la princesse guerrière*. Ses œuvres ont été traduites en français et en anglais. Depuis le début de sa carrière en tant que psychoéducatrice et enseignante, Sonya a aidé des personnes à découvrir et à exploiter leur potentiel créatif pour leur développement personnel et leur autoguérison. Sonya est la propriétaire et l'opératrice du *Redu Spiritual Wellness Center* à Drumheller, en Alberta, qui propose des cours, des ateliers et des séances de guérison contribuant à la guérison de la communauté, une personne à la fois. Au cours des trente dernières années, elle a développé ses dons en tant que médium, guérisseuse holistique de maître et praticienne chamanique pour guérir ceux qui l'entourent. Ces enseignements lui ont été transmis par sa grand mère maternelle. Elle a commencé à pratiquer le Reiki en 2013, mais elle pratique la guérison énergétique depuis son jeune âge. Elle enseigne et partage ses connaissances à travers des ateliers et des conférences dans le monde entier. Elle partage sa sagesse partout dans le monde et a créé l'École de la Sagesse pour la Transformation spirituelle. Elle a également créé des manuels bilingues pour tous les niveaux de maîtres enseignants en Reiki Usui tibétain.

*« Je travaille avec les gens pour les autonomiser et les aider à reconnaître leur divinité intérieure. J'ai été formée par ma grand-mère dès mon plus jeune âge et j'aide ceux qui souhaitent s'aider eux-mêmes. Nous reconnaissons que l'individu n'est pas simplement un corps physique, mais qu'il porte également un corps émotionnel, mental, spirituel, ainsi qu'une dette karmique accumulée dans des vies passées. La perspective chamanique inclut tous les corps et est spirituelle par nature, accueillant les gens de toutes nations, croyances et langues. Les services sont offerts en anglais et en français. »*

Sonya a développé une chaîne de balado où elle explore ces thèmes. Les balados sont également disponibles en vidéo sur YouTube et Facebook.

- **Publications : 2008 : L'initiation ; 2015 : L'apprentie ; 2018 : Le système des 13 chakras de l'Ancienne Égypte ; 2019 : I Dragon, biographie d'une transformation spirituelle ; 2020 : Reiki Usui Ryoho, niveaux 1, 2, 3 et Maître Enseignant tibétain et Maître Enseignant Universel ; 2022 : Le système des 13 chakras de l'Ancienne Égypte (édition deluxe couverture rigide en couleur, entièrement illustrée) ; 2025 : Le narcissisme : 12 étapes pour guérir avec succès et s'épanouir après un abus narcissique.**

# References


https://www.ncbi.nlm.nih.gov/books/NBK556001/#:~:text=Introduction,model%20of%20%22Personality%20Disorders.%22

The 12 Steps for adult children by friends in recovery, published by RPI Publishing Inc. 1996 ISBN : 0-941405-12-5

Adult children of emotionally immature parents by Lindsay C. Gibson published by New Harbinger Publications, INC.2024 ISBN : 978-1-64848-300-4

Diagnostic and Statistical Manual of Mental Disorders, Text Revision DSM-5 TR 5ED Aug 15th 2022, ASIN BOBBZRGYQQ by TREZ

The drama free workbook by Nedra Glover Tawab, published by Penguin Random House LLC, 2024  ISBN: 978-0-593-71267-2

You can thrive after narcissistic Abuse by Melonie Tonia Evans, published by Watkins Media Limited, 2018 ISBN: 978-1-78678-166-6

Surrounded by narcissists by Thomas Erickson, published by St-Martin's Essentials, 2022 ISBN: 978-1-250-78956-3